작가와 함께 하는
그림책 토론 수업

작가와 함께 하는
그림책 토론 수업

그림책 학교 6

작가가 들려주는
그림책 이야기와
10개의 토론 수업

그림책사랑교사모임 지음

학교도서관저널

머리말

『작가와 함께 하는 그림책 토론 수업』은 『생각이 자라는 그림책 토론 수업』 후속작이다. 2018년 『생각이 자라는 그림책 토론 수업』이 출간될 당시에는 그림책 토론 수업 사례를 담은 책이 거의 없었다. 독자들은 이 책을 새롭게 받아들였고, 교실에서 바로 적용 가능한 12가지 토론 기법이 활용하기 좋다는 이유로 많은 사랑을 받았다.

그렇지만 한편으로 아쉬움이 계속 남아 있었다. 『생각이 자라는 그림책 토론 수업』처럼 그림책을 읽고 만든 학생들의 질문으로 토론하는 과정이 좋기는 하지만, 그림책 토론에서 중요한 요소인 작가와 독자의 대화, 상호작용이 잘 이루어지지 않았기 때문이다. 물론 그림책을 읽고 질문하고 토론하는 것으로도 충분하다고 할 수 있다. 그런데 작가 이해를 바탕으로 그림책을 읽은 후 이루어지는 토론은 깊이가 달라진다.

『작가와 함께 하는 그림책 토론 수업』에서는 그림책을 읽는 독자들에게 작가가 던지는 질문, 아이들의 생각을 끌어내기 위해 교사가 던지는 질문, 아이들이 그림책을 읽고 만든 질문을 소개했다. 그 질문들을 바탕으로 아이들이 펼친 토론 현장의 상세한 장면을 담고, 그림책마다 다른 토론 기법을 활용해서 토론을 어려워하는 선생님들이 쉽게 토론 수업을 할 수 있도록 안내했다.

　예전에는 교실로 들어가는 발걸음이 무거웠다. 아이들과의 수업이 즐거움이 아니라 두려움으로 다가올 때가 더 많았다. 교사의 일방적인 가르침을 무작정 수용해야만 하는 아이들, 그로 인해 삭막해진 교실 안에서 아이들을 대하는 게 쉽지 않았다. 하지만 그림책을 만나고 달라졌다. 그림책은 아이들의 생각을 자극하고 대화를 이끌어내는 힘이 있다. 아이들은 글과 그림의 상호작용을 파악하며 다양한 질문을 만들어낸다. 수업 내용이 어려워 참여하지 못하는 아이들, 수업에 흥미를 잃은 아이들도 그림책에 집중한다. 교실을 나올 때 "선생님, 다음 시간에도 그림책 수업해 주세요."라는 아이들의 목소리는 교사를 춤추게 한다.
　교실에서 아이들은 삶의 이야기가 담긴 그림책을 읽고 친구들과 이야기하면서 성장한다. 나를 돌아보고 친구와의 관계를 고민하고, 우리 사회 모습을 비판적으로 바라보며 더 나은 사회를 꿈꾼다. 그리고 그런 사회를 만들기 위해 무엇이 필요한지 치열하게 토론한다. 그런 아이들을 바라보며 교사는 희망을 발견한다.
　교실로 들어서는 발걸음이 무겁다고 느끼는 선생님이 있다면 그림책으로 아이들을 만나면 좋겠다. 그림책 토론으로 아이들의 생각하는 힘을 길러 주었으면 좋겠다. 오늘도 우리는 그림책을 들고 교실에 들어간다. 아이들 생각 속에서 재탄생할 그림책과 그 속에서 찾아낸 철학적 질문과 토론을 생각하면 가슴 벅차다.

'아이들이 무슨 질문을 던질까?'
'아이들은 어떤 이야기를 쏟아낼까?'

그림책을 사랑하는 마음을 담아
집필진 일동

차례

1장 작가의 의도를 알고 토론 수업하기

아이들의 질문을 되살리는 그림책   12

누구나 할 수 있는 토론 수업   13

작품을 이해하는 생생한 작가 인터뷰   15

작가의 의도를 알고 이야기 나누기   18

그림책으로 토론 수업 진행하기   19

2장 작가와 작품을 이해하고 그림책 토론 수업하기

이별을 극복하는 법을 알려 주는 『철사 코끼리』(고정순)   26
– 육색생각모자 토론

동물과 인간이 모두 행복한 『동물원』(이수지)   56
– 독서 마블 토론

장애를 보는 다른 시선 『위를 봐요!』(정진호)   88
– 피쉬 본 토론

진정한 관계를 만드는 거절법 『곰씨의 의자』(노인경)   **118**
– 만다라트 토론

꿈을 찾아가는 과정을 알려 주는 『산타 할머니』(진수경)   **149**
– 포스트잇 인터뷰 토론

타인에 대한 배려를 알려 주는 『행복한 우리 가족』(한성옥)   **182**
– 5Why 토론

서로의 다름을 인정하고 공존하는 『다른 사람들』(미안)   **216**
– IF~토론

생명과 공존에 대한 고민 『멋진 하루』(안신애)   **240**
– 생각톱니 토론

서로의 마음을 알아가게 하는 『걱정 상자』(조미자)   **275**
– 질문 만들기 토론

아픈 역사를 기억하는 법 『씩스틴』(권윤덕)   **307**
– 질문형 의미지도 토론

1장

작가의
의도를
알고

**토론
수업하기**

아이들의 질문을 되살리는 그림책

아이들은 살면서 다양한 주제들에 관해 묻고 따지며 스스로 문제를 해결해야 한다. 이를테면 나, 삶, 사랑, 죽음, 우정, 아름다움, 용기, 행복, 평화, 공정, 중요한 것 등에 대해서 말이다. "왜 사람은 죽을까?", "용기는 우리 몸 어디에서 나올까?", "아기일 때 나를 기억 못 하는데, 그게 나일까?" 이런 질문을 할 수 있는 능력이 이미 아이들 안에 있다. 어른들이 그 질문들을 무시하며 쓸데없는 질문이라고 치부하여 사라진 것일 뿐이다.

그림책은 아이들의 사라진 질문을 되살리는 힘을 갖고 있다. 아이들이 질문하고 대답하고 사고하게 하는 최적의 텍스트이다. 그림책을 펼치기도 전에 아이들의 질문은 쏟아지고, 그림책을 덮으면서도 사고의 꼬리는 이어진다.

그림책은 삶의 다양한 주제를 이미지와 서사를 활용하여 우리 앞에 맛깔나게 차려놓는다. 고정순 작가의 『철사 코끼리』는 삶과 죽음, 이별의 아픔을 들여다보게 한다. 이수지 작가의 『동물원』은 인간과 더불어 살아가야 하는 동물들의 권리 문제를 생각하게 하고, 안신애 작가의 『멋진 하루』는 인간에게 좋은 삶이 지구상에 존재하는 다른 생명체들에게도 좋은지를 생각하게 한다. 정진호 작가의 『위를 봐요!』, 노인경 작가의 『곰씨의 의자』, 한성옥 작가의 『행복한 우리 가족』, 미안 작가의 『다른 사람들』은 사회적 존재로서 타인과 더불어 사는 삶을 이야기한다. 권윤덕 작가의 『씩스틴』은 아픈 현대사가 생각나서 주먹을 불끈 쥐게 하며, 진수경 작가의 『산타 할머니』는 성 역할, 성평등의 문제를 제기한다. 조미자 작가의 『걱정 상자』는 누구에게나 있는 걱정이라는 마음을 들여다보며 자신의 본모습을 성찰하게 한다.

누구나 할 수 있는 토론 수업

아이들은 토론 수업을 무척 부담스러워한다. 토론 주제도 이해하기 어려운데 근거 자료를 조사하고 정리하는 것이 어지간한 노력으로는 되지 않기 때문이다. 아이들이 토론에 적극적으로 참여해야 논리적 사고능력이든, 상대방을 설득하는 말하기 능력이든 기를 수 있을 텐데, 토론을 두려워하는 아이들의 심리적 장벽이 너무 높다.

하지만 그림책 토론 수업은 부담이 적다. 주제만 주어지는 일반 토론과는 달리, 다양한 글과 그림을 통해 주제를 쉽게 이해하고 공감할 수 있기 때문이다. 그림책은 텍스트의 분량이 적어 짧은 시간 안에 주제에 대한 이해가 가능하기 때문에 시간적 부담이 줄어든다. 그리고 그림책 안에서 토론에 필요한 자료를 찾을 수 있어 토론 준비에 대한 부담이 적다. 토론을 위한 주제, 토론의 배경 설명, 논증에 필요한 이유와 근거도 찾을 수 있다. 그래서 아이들도 '쉽다',

'할 수 있다'라는 자신감을 갖고, 긴장감보다는 편안한 마음으로 토론에 참여하여 자신의 주장을 펼칠 수 있게 된다.

교사도 그림책 토론 수업을 편하게 생각하고 많이 시도하지만 그림책 토론 수업에도 어려움은 있기 마련이다. 그림책을 수준 낮게 보는 아이들을 설득하는 것이 어렵다. 교사는 아이들에게 새로운 세상의 문을 열어 주듯 그림책을 펼쳐 줄 수 있어야 한다. 그러기 위해서는 어떤 그림책을 고르고 어떻게 아이들과 함께 읽고, 이야기를 나눌지에 대한 '교사의 감'이 필요하다. 그 '감'을 발달시키기 위해서는 교사도 그림책을 좋아해야 하고, 다양한 그림책을 접하고, 나누는 경험이 필요하다. 그렇다고 엄청난 노력이 필요한 것은 아니다. 교육 전문가로서 '교사의 감'이 기본적으로 장착되어 있는 교사들이 다양한 그림책을 만나면 마치 요리사가 다양한 식재료를 얻은 것처럼 다양하게 요리되어 학생들 맞춤 요리로 낼 수 있다. 그러면 그림책을 바라보는 아이들의 시선도 달라진다.

또 다른 어려운 점은 그림책에서 토론을 위한 질문을 뽑아내는 것이다. 교사가 토론 주제를 마음속으로 어느 정도 정하고 들어가는 경우, 사전에 토론 수업 구상을 할 수 있어 구조화된 토론이 가능하다. 그렇지만 교사의 의도대로 아이들의 의견을 몰아가면 수업이 지루해지는 경우가 많다. 아이들은 자신들이 만든 질문에 따라 수업이 진행될 때 재미를 느낀다. 또한 질문을 만들면서 아이들의 생각은 더욱 풍성해진다. 나아가 아이들은 자신들의 경험을 바탕으로 그림책 이야기를 재해석하고 마음속 이야기를 조심스레 털어놓는다. 그 마음속 이야기들에 귀 기울이고 공감해 주면 아이들은 마음을 열고 교사에게 다가오게 된다.

그림책 토론 수업은 만병통치약이 아니다. 처음부터 너무 높은 목표를 두고 시작하면 교사도 학생도 지치게 된다. 작은 성공에도 학생들과 함께 즐기면서 수업을 해 나간다면 처음 하는 그림책 토론 수업도 잘 할 수 있다. 실패하더라도 실패를 통해서 배움을 얻고 성장할 수 있다.

작품을 이해하는 생생한 작가 인터뷰

많은 교사가 그림책을 교육 목표 달성을 위한 도구로만 활용하고 있다. 그림책을 토론 논제를 만들기 위해서, 토론의 흥미를 돕기 위해서, 난이도를 낮추기 위해서 등의 이유로 활용한다. 이때 그림책은 주인공이 아닌 조연이다. 아니면 단역만 하고 사라지는 경우도 있다. 『작가와 함께 하는 그림책 토론 수업』에서 그림책은 그림책 토론 수업 시작부터 끝까지 이어지는 스토리이자 배경이며, 아이들이 노는 무대가 된다. 그림책에 반영된 작가의 생각과 그림책을 다양하게 해석하는 독자 즉 아이들의 생각이 교차된다. 교사는 작가와 독자인 아이들의 대화를 이끌어내는 역할을 한다. 작가만의 독특한 개성이나 창작 의도를 알고 하는 질문과 생각은 전혀 다르다.

그림책은 그림책만이 가진 힘이 있다. 그림과 글이 하나로 어우러져 던지는 메시지는 독자의 마음과 만나 공명한다. 읽는 것만으로도 독자의 마음을 움직이고 생각을 바꿀 수 있다. 하지만 토론을 위한 도구로만 사용되었을 때는 그 힘을 온전히 발휘할 수 없다.

　그림책의 고유한 힘을 그림책 토론에 오롯이 담아내기 위해 그림책 자체를 더욱 깊이 이해할 필요가 있었다. 이를 위해『작가와 함께 하는 그림책 토론 수업』에서는 그림책 작가들에게 질문을 던졌다. 그림책을 만들게 된 계기, 만드는 과정, 각 장면의 의미, 앞으로의 계획 등에 관한 이야기를 작가들에게 직접 들었다. 작가의 생각이 더해지니 작품을 더 깊이 이해할 수 있었다.

　그림책을 만들 때 작가는 자기 삶의 인상적인 장면을 포착한다. 그 장면이 추상화되고, 이미지화되어서 그림책으로 만들어진다. 그림책을 읽는 독자는 추상화된 이미지를 통해서 구체화한 자기 삶의 장면을 떠올린다. 그래서 어떤 과정을 겪으면서 작가가 되었는지, 작품을 어떻게 만들게 되었는지 등을 들으면서 독자는 자신의 생각과 마음과 들여다볼 수 있다.

　실제로 이수지 작가 인터뷰를 통해『동물원』탄생의 배경과 뒷이야기를 들을 수 있었다.『동물원』은 그림책의 형식에 대해 다양한 실험을 할 때 만들어졌다고 한다. 표지와 면지, 속표지, 본문이 서로 어떻게 연결되는지, 그림책에서 글과 그림의 관계가 어떠한지, 그림만으로 독자적인 이야기를 끌고 갈 수 있을지 등 그림책의 세계를 넓혀가기 위해 작가는 끊임없는 고민과 실험을 하고 있었다. 인터뷰를 통해 또 하나 새롭게 알게 된 것은 동물원을 바라보는 이중적인 관점이다. 인간의 관점에서 바라본 동물원과 동물의 관점에서 바라본 동물원은 극단적으로 다른 의미가 담겨 있다. 또 작가는 같은 시간, 같은 장소에서 아이와 어른이 서로 다른 것을 보고 느끼는 것에 관해 이야기하고 싶어 했다는 것도 알게 되었다.

정진호 작가와의 인터뷰는 『위를 봐요!』를 전혀 다른 작품으로 만나게 해 주었다. 『위를 봐요!』의 그림은 위에서 아래를 내려다보는 평면도 형식인데, 그림 속 인물들 얼굴에는 눈, 코, 입이 그려져 있지 않다. 인터뷰를 하기 전에는 그저 작가의 개성이겠거니 하고 무심히 넘겼는데, 알고 보니 건축을 전공한 작가가 의도적으로 그림책에 건축의 시선을 담은 것이었다. 그리고 눈, 코, 입을 그려 넣지 않은 것은 그림 속 인물들의 감정과 생각을 상상하게 하려는 의도적인 장치였다는 것을 알게 되었다. 정진호 작가는 『위를 봐요!』를 장애인을 위한 책으로만 읽지 않았으면 한다는 말도 덧붙였다. 어떤 위치에서 바라보느냐에 따라 보이는 것이 달라지듯이 이 책은 사회 구성원들이 서로를 바라보는 시선에 집중하고 있었다. 작가의 의도를 알고 나니 아이들과 토론하고 싶은 주제도 다양해지고 깊어졌다.

『멋진 하루』를 그린 안신애 작가와의 인터뷰를 통해서는 우리가 덜 충격적으로 받아들인 그림책의 장면들이 얼마나 많은 수정을 거듭하여 완성된 것인지 알게 되었다. 학대받는 동물들의 끔찍한 실상을 보고 작가가 받은 충격을 고스란히 전하려는 분노와 독자인 아이들을 고려해 적절한 선을 유지해야 한다는 마음 사이에서 갈등했다는 것을 알고 그림을 다시 보게 되었다. 아이들은 작가의 이야기를 듣고 그림책 속 너머의 실제를 상상할 수 있었고, 더 공감할 수 있었다. 잔인한 장면을 직접 보지 않고도 그 이상의 효과를 얻었다.

작가의 의도를 알고 이야기 나누기

작가와 작품에 대해 깊이 이해하고 그림책 토론 수업을 진행하는 방법은 교수자의 입장에서 모험이고 도전이다. 교수자로서 교과를 가르치기 위하여 교과의 성취기준이나 핵심 주제, 개념 중심으로 그림책을 선정하고, 아이들이 잘 이해하도록 토론 수업을 디자인했다. 이런 방식은 현장 교사들에게 매우 익숙한 교수법이다. 그러나 작가의 생각과 목소리를 교실 수업에서 반영하여 수업을 고안하는 것은 새로운 시도이다. 이 수업의 가장 큰 장점은 작가의 의도와 메시지를 알고 그것을 중심으로 이야기를 나누면서 작가와 아이들의 생각을 비교해 볼 수 있다는 점이다. 작가에게도 자신의 그림책이 아이들에게 어떻게 받아들여지는가를 알 수 있는 매우 흥미로운 기회가 된다.

그림책을 교실에서 읽을 때 아이들의 반응은 작가의 의도와 일치하기도 다르기도 한다. 아이들은 작가가 왜 이렇게 그렸을까, 어떤 메시지를 던지고 싶었을까 등을 궁금해하며 그림책을 읽는다. 글과 그림 외에도 표지와 면지 같은 주어진 모든 정보를 동원하여 작가의 생각을 조금이라도 더 이해하려고 애쓴다. 책의 주제를 상상, 추리해 보고 깊이 읽어가는 과정에서 작가의 고민을 함께 공감한다. 작가가 창작의 전 과정에서 갖고 있던 주제 의식이나 사회적 배경, 개인적 경험에 대해 아이들은 최대한 작가의 고민과 그 배경을 이해하려고 노력하면서 작가가 의도한 깊이까지 도달하려고 한다.

아이들의 그림책 읽기는 여기서 그치지 않는다. 자신들의 경험에 따라 다양한 해석을 만들어 낸다. 나이, 자신을 둘러싼 주변 상황,

교과 내용에 따라 그림책 속의 인물과 배경을 보는 시선이 달라진다. 그림책이 던지는 메시지에 대한 입장도 달라지고 중요하다고 여기는 쟁점도 다양해진다. 이는 독자가 반응하고 받아들이는 인식의 경험이 다르므로 당연하다. 작가들은 독자의 다양한 해석을 어떻게 생각할까? 인터뷰를 진행한 작가들은 독자들의 다양한 해석을 반가워했다. 주제의식이 뚜렷한 그림책일지라도 작가의 의도대로만 읽히기를 원하지 않는다. 작가는 독자의 해석능력을 믿는다. 그 순간 그림책은 천 권의 그림책, 만 권의 그림책으로 다시 태어난다.

한성옥 작가는 '읽는 것은 독자의 몫'이라며 다양한 각도에서 다양한 시각으로 읽혔으면 좋겠다고 한다. 아이들과 그림책 수업을 반복할수록 신기하게도 어른보다 아이들이 그림을 더 잘 읽어내는 것을 볼 수 있다. 그러니 교사가 의도를 가지고 그림책을 제시했는데 의도와 다르게 반응을 보인다 한들 잘못된 수업이라고 할 일이 아니다. 그런 점을 충분히 고려하여 너그럽게 받아들일 수 있어야 그림책 토론 수업은 날개를 달 수 있다.

그림책으로 토론 수업 진행하기

『작가와 함께 하는 그림책 토론 수업』은 기존 그림책 토론 책들과 다르다. 그림책 토론 수업 사례를 바로 보여 주지 않고, 그림책 작품을 먼저 소개한다. 그림책 내용 소개와 함께 교사가 그림책에서 찾은 문제의식을 제시한다. 뒤이어 그림책 작가와의 인터뷰 내용을 소개한다. 그림책 작가가 된 이유, 그림책 작가의 장점, 앞으로 어떤 활동을 할 것인지에 대한 작가의 생각을 듣는다. 그리고 가장 중요한 질문, 그림책을 만든 계기와 애착이 가는 한 장면에 관한 작가의 생각을 듣는다.

그런 다음 그림책 토론 수업 사례로 넘어간다. 기존 토론 수업 책들과 다른 점은 단순히 학생들이 만든 질문으로 토론하지 않는다는 점이다. 그림책에 따라, 토론 방법에 따라 작가 질문, 교사 질문, 학생 질문을 적절히 활용했다. 각각의 책에서 적용된 토론 수업은 다음과 같다.

『철사 코끼리』 – 육색생각모자 토론

육색생각모자는 문제 상황을 다양한 각도에서 바라볼 수 있다. 각 색깔의 모자마다 특정한 사고를 하도록 해서 확장적인 사고를 가능하게 하기 때문이다. 따라서 『철사 코끼리』를 읽고 주인공 데헷이 이별을 마주하는 모습을 보면서 객관적인 사실 파악뿐만 아니라 데헷을 바라보면서 어떤 감정이 들었는지, 이별의 장단점과 이별의 아픔을 극복하는 해결책까지 다양한 측면에서 학생들의 생각을 듣고 싶어 육색생각모자를 활용했다.

『동물원』 – 독서 마블 토론

『동물원』은 그림책의 형식면에서는 글과 그림이 서로 다른 이야기를 하고 있고, 그림 속에 숨겨진 단서들을 찾아보면서 주제의식을 찾아보는 퍼즐 같은 책이다. 이수지 작가는 그림책을 읽고 아이들의 머릿수만큼 다른 질문과 다른 답들이 나오기를 바랐다. 그리고 그림책 장면 속에 숨겨진 주제의식에 관한 단서를 학생들 스스로 찾아보며 그림을 '읽는' 기쁨을 스스로 깨달았으면 좋겠다고 했다. 독서 마블 토론은 학생들이 만든 다양한 질문을 최대한 많이 활용할 수 있는 토론 기법이다. 또 동물원의 문제점을 이미지 카드로 제작하는 활동을 추가해 그림을 '읽는' 재미를 느낄 수 있도록 구성했다. 게임의 형태로 토론을 구조화하면 학생들의 흥미를 자극하고 참여를 이끌어낼 수 있다.

『위를 봐요!』 – 피쉬 본 토론

『위를 봐요!』는 어떤 위치에서 보느냐에 따라 보이는 것이 달라지듯이 사회 구성원들이 서로를 바라보는 시선에 집중하고 있었다. 피쉬 본 토론은 문제의 원인을 다각도로 분석해 해결책을 모색하는 데 적합한 토론 기법이다. 성급하게 해결방안을 내놓는 것보다 문제 상황을 깊이 있게 들여다보고 문제의 원인을 찾을 수 있다. 그래서 학생들의 의견을 구조화할 수 있는 피쉬 본 토론을 활용했다.

『곰씨의 의자』 – 만다라트 토론

『곰씨의 의자』는 곰씨의 관점에서 토끼 가족과의 관계를 풀어낸 그림책이다. 그래서 토끼의 관점에서 책을 들여다보고 싶었다. 등장인물의 성격을 분석하고 그것을 토대로 다시 새로운 이야기를 엮어낼 수 있다는 점에서 만다라트 토론을 적용했다.

『산타 할머니』 - 포스트잇 인터뷰 토론

『산타 할머니』는 성 역할 측면에서의 고정관념에 물음표를 던지는 작품이다. 어떻게 읽고 이야기를 나누냐에 따라 물음표만 발견할지, 그 뒤에 따라오는 느낌표까지도 함께 느낄지 결과가 사뭇 다른 작품이다. 즉 등장인물의 상황과 감정에 공감하는지 여부가 중요한 작품이다. 따라서 학생들이 자연스럽게 작품 속 등장인물에 대해 숙고하고 이해하는 과정을 경험할 수 있도록 포스트잇 인터뷰 토론을 선택했다.

『행복한 우리 가족』 - 5Why 토론

『행복한 우리 가족』은 우리 사회에 만연한 도덕적 민감성이 부족한 한 가족의 이야기를 보여 준다. 학생들은 그림책을 읽고, '나도 ~한 적 있다.'고 고백한다. 5Why 토론은 해결방안을 모색하기 위해 근본적인 원인을 찾아가는 데, 또 해결을 위한 방안을 검증하는 데 무엇보다도 유용한 토론 기법이다.

『다른 사람들』 - IF~토론

IF~토론은 찬반의 입장을 기본으로 설정한 토론이다. 토론자는 찬성과 반대 입장 모두를 경험하며 토론한다. IF~토론의 주제는 가장 중요한 시점에서 그림책의 진행 과정과 반대되는 선택을 한 경우를 '만약 ~한다면' 가정하여 만든다. 결과를 상상해 보고 예측해 보면서 그림책에 대한 공감과 이해를 도울 수 있다.

『멋진 하루』 - 생각톱니 토론

『멋진 하루』는 토론 주제가 더 나은 합의점이나 해결책을 찾는 논제여서 학급 아이들과 자유롭게 생각하고 대화하면서 나름의 답을 찾고 싶었다. 그래서 교실 전체가 하나의 큰 생각톱니 덩어리가 되어 협력하도록 하기 위해 생각톱니 토론을 사용했다.

『걱정 상자』 - 질문 만들기 토론, 또래 심리 상담소

상담은 내담자가 스스로 자신에게 맞는 삶을 찾아나가는 과정이다. 답은 결과일 뿐이다. 함께 질문 만들기를 하면, 친구에게 묻는 질문인 동시에 자신에게 묻는 질문이 된다. 『걱정 상자』에서 주주와 호가 함께 걱정을 나누고 해결해 나가는 것처럼 함께 만든 질문으로 대화한다. 상담 활동은 고민 해결책 제시가 아니라 질문을 통한 상황 이해에 초점을 두었다. 어설픈 해결책 제시보다 친구와 함께 자신의 걱정을 명확히 이해하고, 다양한 각도로 바라볼 수 있도록 했다.

『씩스틴』 - 질문형 의미지도 토론

의미지도는 그림책의 글과 그림 텍스트, 또는 제3의 의미를 구조화하여 나타낼 수 있다. 질문형 의미지도 토론에서는 그림책 이야기를 바탕으로 질문을 만들고 유형별로 범주화하여 이유와 근거에 대해 서로 토론하고 의미지도를 그려 본다. 질문형 의미지도 토론은 그림책에 대한 질문과 확장된 해석의 흐름을 한눈에 파악할 수 있는 토론 기법이다.

이별을 극복하는 법을 알려 주는
『철사 코끼리』

『철사 코끼리』
고정순 지음
만만한책방

아무나 오를 수 없는 돌산 아래 소년 데헷이 살고 있다. 소년 곁에는 언제나 아기 코끼리 얌얌이 있다. 데헷은 얌얌과 행복한 시간을 보낸다. 그러던 어느 날 얌얌이 죽고 만다. 데헷은 울음을 멈출 수 없다. 데헷의 슬픔은 시간이 지나도 여전하다. 데헷은 얌얌을 그리워하는 마음으로 철사로 코끼리를 만든다. 데헷은 철사 코끼리를 얌얌이라고 믿는다. 데헷은 철사 코끼리, 아니 얌얌과 항상 함께한다. 얌얌을 끌고 돌산을 넘느라 손이 철사에 찔려 상처투성이가 되는 것쯤은 상관없다. 얌얌과 함께할 수 있으면 그걸로 충분하다.

어느 순간 데헷은 철사 코끼리가 얌얌이 아닌 것을 알아차리고, 철사 코끼리를 뜨거운 용광로에 밀어 넣는다. 대장장이 삼촌이 철사 코끼리를 녹인 쇳물로 작은 종을 만들어 준다. 이제 데헷은 바람에 종소리가 들려오면 얌얌이 곁에 있다고 생각한다.

많은 사람들이 사랑하는 대상과의 이별로 고통을 겪는다. 그 아픔으로 인해 하루 종일 멍하니 있거나 일상생활을 해 나가기 힘들어 한다. 특히 죽음으로 인한 이별이라면 아픔은 훨씬 크다.

이별은 누구나 겪는다. 나이가 든다는 것은 이별에 익숙해진다는 것이다. 이별이 자신에게 찾아왔을 때 이별을 어떻게 이겨내는지가 중요하다. 이별을 모른 척하고 회피하는 사람들이 있다. 이럴 경우 잠시 이별의 아픔에서 벗어날 수 있을지 모른다. 하지만 쌓였던 아픔은 언젠가 한꺼번에 터져 나온다. 그렇게 되면 감당하기 힘들다. 그래서 우리는 이별을 회피하지 않고 그대로 받아들이며 슬퍼하는 연습이 필요하다. 슬픔은 감추지 말고 솔직하게 표현할 수 있어야 한다. 그래야 이별의 아픔에서 벗어날 수 있다.

얌얌을 잃은 데헷은 얌얌을 대신할 철사 코끼리를 만들어 이별의 아픔에서 벗어나려 한다. 하지만 철사 코끼리는 얌얌을 대신할 수 없었다. 데헷은 마음껏 슬퍼하며 슬픔에 직면하고 나서야 슬픔에서 벗어날 수 있었다. 얌얌을 기억하게 하는 종소리를 만들고 나서야.

그런데 과연 데헷은 얌얌과 이별한 것일까? 눈에 보이지 않는다는 이유로 이별이라고 말할 수 있을까? 데헷의 가슴 속에서는 항상 얌얌이 있다. 얌얌을 기억하는 데헷이 있기에 둘은 함께 있다고 할 수 있지 않을까?

"행복한 사람들 사이에서
울지도 웃지도 못하는 사람에게
그림책으로 말을 건네다."
- 고정순

> **작가 소개**
> 그림책 작가로 활동하며 글로 쓸 수 없는 이야기를 그림으로 그리고 있습니다. 지은 책으로 『시소』, 『가드를 올리고』, 『철사 코끼리』, 『엄마 왜 안 와』, 『오월 광주는, 다시 희망입니다』, 『솜바지 아저씨의 솜바지』, 『점복이 깜정이』, 『슈퍼 고양이』, 『최고 멋진 날』, 『안녕하다』 등이 있습니다.

그림책 작가가 된 이유

어렸을 때 난독증을 앓았습니다. 글을 읽을 수 없다는 건 어린 저에게 닫힌 세상에 살고 있는 공포를 주었습니다. 글을 읽게 된 이후에도 크고 작은 학습장애가 제 일상에 암초처럼 저를 붙들었습니다. '왜'라는 질문에 답이 될지 모르겠지만, 나를 표현할 수 있는 혹은 타인과 의사소통이 가능한 수단이 많지 않았던 나에게 그림책은 '언어'가 되어 주었습니다. 어떤 훈계나 설교 없이 보이지 않는 이치와 흐름을 내게 알려 준 책이 바로 그림책입니다.

그림책 작가의 장점

그림책 작가가 되고 좋은 점은 어린아이 같은 면을 자연스럽게 드러낼 수 있는 게 아닐까 싶습니다. 엄마가 늦게 오는 이유가 길 잃은 동물친구들 때문이라고 생각하거나, 코끼리 아저씨의 코가 손이라고, 슬픔의 덩어리가 돌산을 넘어 용광로 속으로 사라졌다고 말할 수 있지요. 내 안에 살고 있는 자라지 않은 아이에게 그래도 괜찮다고 다독일 수 있어 좋습니다.

『철사 코끼리』를 만든 계기

사람의 마음속에 문이 하나씩 있다고 하는데 내 안의 문은 언제나 늦게 열리고 늦게 닫힌다고 생각한 적이 있습니다. 이별 후에도 한참을 제자리에 서서 꿈쩍도 하지 않는 자신이 원망스러운 적이 있었습니다. 책 서문에 쓴 '잊어야 한다는 마음으로 울고 있는 사람'이 바로 나였고, 나와 같은 사람이 또 있다면 그들에게 말을 건네고 싶었습니다.

가장 애착을 느끼는 한 장면

주인공 데헷이 어떤 마음으로 철사를 구부렸을까, 그런 상상을 하며 그린 장면입니다. 그래서 고민이 많았고 애착이 가는 장면입니다. 내 안에서 나온 이야기지만 주인공의 마음을 전부 안다고 말하긴 힘듭니다. 거리를 두고 어느 정도의 슬픔일까 생각하면서 그렸습니다. 이 장면이 나오기까지 많은 과정을 거쳤습니다.

어떤 마음으로 철사를 만들었을지 상상하다 보니 그림이 쉽지 않았습니다. 색의 농도를 달리하는 방식으로 고민하게 되었습니다.

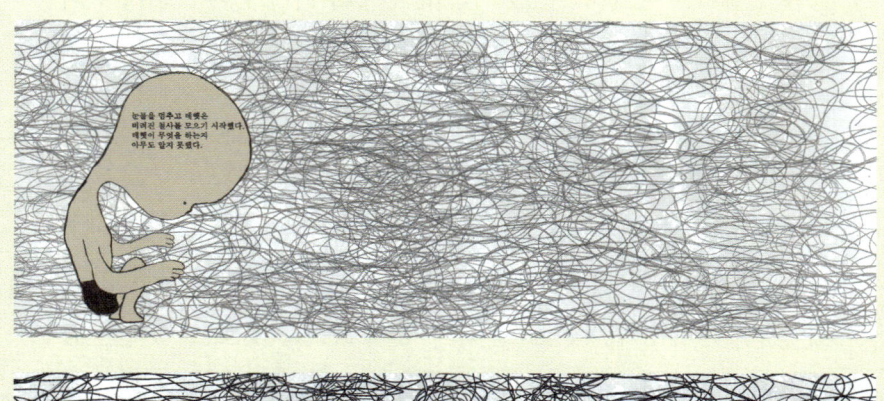

▌ 데헷이 철사를 구부리며 어떤 마음이었을지 상상하며 그린 장면. 색의 농도와 철사의 굵기를 달리하며 슬픔의 깊이를 헤아리고자 했다. 편집된 최종에서는 그림을 한쪽에만 넣고 글은 백면에 따로 두었다.

슬픔의 깊이를 헤아리고 싶었거든요. 철사의 굵기가 너무 굵거나 너무 가늘면 그 깊이를 제대로 묘사하기 어렵다고 판단했습니다.

앞으로의 계획과 한마디

오늘을 사는 우리의 이야기를 하고 싶어요. 꿈같은 이야기도 좋겠지만 좀 더 현실적인 이야기가 하고 싶습니다. 손으로 만질 수 있는 구체적인 이야기를 쉽고 편한 우화의 방식으로 풀어 보고 싶다는 꿈이 있습니다.

그림책이 유행처럼 사람들의 관심을 끄는 요즘 어쩌면 우리는 이야기에 목말라 있는지도 모르고 위로와 위안을 그림책 속에서 찾고 싶은지도 모릅니다. 제가 만든 그림책은 대체로 교육적 활용도가 적고 주제도 모호한, 한마디로 아이들에게 불친절한 그림책입니다. 하지만 그림책에 담은 마음만은 '행복한 사람들 사이에서 울지도 웃지도 못하는 사람'에게 어떤 말을 건네고 싶었습니다. 그림책을 통해 다름과 이해를 볼 수 있길 바랍니다.

고정순 작가가 권하는 『철사 코끼리』 읽기

그림책을 읽는 데 따로 방법이 있는지 모르겠지만, 이 책은 조용한 공간에서 차분히 읽었으면 좋겠습니다. 어린 코끼리만 한 슬픔이 멀리서 다가오는 느낌 혹은 친구의 아픔을 이해해 보려는 느낌으로 말입니다.

아무래도 은유로 만들어진 이야기다 보니 아이들이 이해하기 어렵지 않을까 걱정입니다. 삼촌이 왜 종을 만들었을지에 대해 고민해 보길 바랍니다. 남의 아픔에 공감하는 능력에 관해 아이들에게 살짝 말하고 싶었거든요. 이별의 아픔을 겪은 사람은 바로 주변에 있을지 모르니까요. 『철사 코끼리』를 통해 이별의 아픔을 이야기하고 누군가에게 위로받고 싶은 마음을 자연스럽게 받아들일 수 있길 바랍니다.

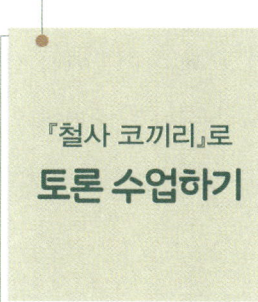

『철사 코끼리』로
토론 수업하기

토론 전 활동

무엇이든 물어보세요.*

'무엇이든 물어보세요'는 아무 상관없는 것 같은 질문과 낱말을 연결하는 놀이이다. 단순히 재미를 위한 것이 아니라 학생들이 제시한 낱말과 질문을 연결하는 과정에서 생각하는 힘을 길러 주는 놀이이다.

① 놀이 참가 학생 수 2배만큼 색깔이 다른 포스트잇을 준비한다.
② 첫 번째 포스트잇에는 질문, 두 번째 포스트잇에는 낱말을 적는다.
③ 각각 질문과 낱말이 적힌 포스트잇을 교탁 위에 분류해 놓는다.
④ 문제를 제시하고 싶은 학생이 질문과 낱말이 적힌 포스트잇을 한 장씩 뽑는다.

---

* 『생각을 키워주는 게임』, 로버트 피셔, 해냄, 2004. 인용 및 참고. 질문, 낱말, 답은 p.17 인용.

⑤ 다른 학생들은 학습지에 질문과 낱말을 연결하는 답을 적는다.
⑥ 답을 먼저 쓴 학생 순서대로 발표한다.

질문   왜 꽃은 겨울에 피지 않을까?
낱말   경찰
답   우리가 경찰 아저씨를 무서워하는 것처럼 꽃들도 겨울의 추위를 무서워해서 겨울에는 피지 않는 것이다.

그림책을 읽고 '무엇이든 물어보세요' 놀이를 할 때는 먼저 그림책을 읽고 떠오르는 낱말과 질문을 적는다. 그런데 그림책과 관련된 낱말과 질문만을 적을 경우 뻔한 답이 나올 가능성이 높아 낱말과 질문을 연결하는 과정에서 창의적 사고가 잘 이뤄지지 않을 수 있다. 가급적이면 그림책 내용과 전혀 상관없는 질문도 만들어 낱말과 연결한다. 다소 엉뚱해 보일 수 있으나 상관없는 질문과 낱말을 연결하는 과정에서 생각하는 힘이 더욱 길러진다.

'무엇이든 물어보세요' 놀이는 진행 방법을 사전에 안내하지 않는다. 질문과 낱말을 연결하는 놀이임을 알게 될 경우 연결하기 편하게 질문과 관련된 낱말을 적는 경우가 많다. 질문과 낱말을 모두 적은 다음 놀이 설명을 한다.

첫 번째 학생이 '하늘이 파란 이유는 무엇일까?'라는 질문과 '추억' 낱말을 뽑자 많은 학생들이 당황했다. 질문과 낱말을 어떻게 연결하나, 왜 이렇게 뽑았나 등 볼멘소리가 이곳저곳에서 터져 나왔다.

무엇이든 물어보세요 질문과 낱말

분류	내용
그림책 관련 질문	• 데헷은 왜 철사로 코끼리를 만들었을까? • 데헷은 왜 얌얌과 헤어지게 되었을까? • 데헷은 왜 종소리를 들을 때 행복했을까? • 데헷은 철사 코끼리를 볼 때 무슨 생각을 했을까? • 아기코끼리 얌얌은 데헷에게 어떤 존재였을까? • 철사 코끼리를 다시 녹인 이유는 무엇일까? • 아무나 오를 수 없는 돌산이라고 한 이유는 무엇일까? • 데헷이 자신이 다치면서까지 철사 코끼리를 끌고 다닌 이유는 무엇일까?
그림책 관련 없는 질문	• 중학교는 왜 3년을 다닐까? • 착한 아이의 기준은 무엇일까? • 학교 시험은 왜 필요할까? • 물은 왜 100도에서 끓을까? • 하늘이 파란 이유는 무엇일까? • 사람은 혼자서 살아갈 수 있을까? • 인간관계가 넓은 것이 좋을까? • 나답게 산다는 것은 어떤 것일까?
낱말	그리움, 대체품, 행복, 그림자, 코끼리, 추억, 이별, 극복

머리를 절레절레 흔들면서도 질문과 낱말을 연결하기 위해 집중하기 시작했다. 답을 적을 일정 시간을 주고 다음 학생이 다시 질문과 낱말을 뽑고 답을 적기를 반복했다. 모든 질문과 낱말을 뽑은 후에는 최종적으로 정리할 시간을 주었다.

질문 하늘이 파란 이유는 무엇일까?
낱말 추억
답   파란 하늘을 보며 아름다웠던 추억을 떠올리기 위해서이다.

질문 아기코끼리 얌얌은 데헷에게 어떤 존재였을까?

낱말 행복

답 데헷과 얌얌은 서로가 서로에게 행복을 전달해 주는 존재이다.

질문 학교 시험은 왜 필요할까?

낱말 코끼리

답 코끼리가 코를 사용해서 먹이를 먹는 것처럼 학생은 시험을 통해서 학생에게 있는 숨겨진 역량을 발견할 수 있다.

질문 데헷은 왜 종소리를 들을 때 행복했을까?

낱말 이별

답 종소리를 들을 때마다 이별했던 얌얌이 생각났기 때문이다.

질문 나답게 산다는 것은 어떤 것일까?

낱말 그림자

답 그림자처럼 누군가를 따라하는 게 아니라 자신의 길을 걸어가는 것이다.

이 외에도 재미있으면서도 의미 있는 답이 많이 나왔다. 이번 수업에서는 모든 학생들이 시간적 여유를 갖고 질문과 낱말을 연결하는 것에 목적을 두었기 때문에 경쟁적 요소를 제외했다. 하지만 경쟁식으로 놀이를 진행하면서 우승자를 뽑을 수도 있다. 이 경우에는 한 명씩 질문과 낱말을 연결한 답을 발표하고 다른 학생들이 검증을 하게 하면 된다. 이때 교사는 가급적 개입하지 않아야 한다. 연결이 이상하거나 억지스럽다는 반론을 받으면 이에 대해 재반론을 펼치고 타당성 여부를 판단하게 한다. 검증을 통과하지 못하면 다음으로 빨리 질문과 낱말을 연결한 학생에게 기회를 준다. 가장 먼저 검증을 통과한 학생이 우승한다.

토론 활동 1
교사 질문으로 토론하기 : 육색생각모자 토론

그림책 속 주인공의 입장이나 문제 상황을 다양한 방향에서 바라볼 수 있도록 육색생각모자 특성에 맞게 교사가 질문을 사전에 준비한다.

하얀 모자	데헷에게 어떤 일이 일어났는가?
빨간 모자	데헷을 보면서 어떤 감정이나 느낌이 들었나?
노란 모자	데헷이 얌얌과의 이별을 통해 얻은 좋은 점은 무엇일까?
까만 모자	데헷이 얌얌과의 이별을 통해 얻은 나쁜 점은 무엇일까?
녹색 모자	데헷은 얌얌과의 이별의 아픔에서 벗어나기 위해 종을 만들었는데 더 나은 방법, 해결책은 무엇이 있을까?
파란 모자	토론하는 과정에서 무엇을 배우게 되었나?

육색생각모자

에드워드 드 보노(Edward de Bono) 박사가 개발한 육색생각모자는 각 색깔의 모자마다 특정한 사고를 하도록 한다. 토론 참가자들은 돌아가면서 6가지 색깔의 모자를 쓰고 각 색깔의 특성에 맞게 생각한다. 그 과정에서 자신의 사고 틀 안에서만 생각하는 자기중심적인 사고에서 벗어날 수 있다. 또한 문제 상황을 다양하게 생각해 보아 문제를 이해하고 해결할 수 있는 실마리를 얻을 수 있다.

하얀 모자 (information)	중립적이고 객관적인 사고로 학생들에게 주어진 문제 상황과 정보, 사실 등을 확인하도록 한다.
빨간 모자 (feelings)	직관에 의한 감정이나 느낌으로 주어진 문제 상황에 대한 자신의 감정, 떠오르는 느낌을 말하도록 한다.
노란 모자 (strengths)	밝고 긍정적인 생각으로 주어진 문제 상황에서 장점, 강점, 좋은 점을 말하도록 한다.
까만 모자 (weakness)	부정적이고 비판적인 생각으로 학생들에게 주어진 문제 상황에서 단점, 약점, 나쁜 점을 말하도록 한다.
녹색 모자 (new ideas)	새롭고, 창의적이고, 대안을 말하도록 한다.
파란 모자 (thinking about thinking)	메타 인지적 사고로 침착하고 냉정하게 다른 색깔 모자에서 나온 이야기를 정리, 평가한다.

『토의·토론 수업방법 84』(4판), 정문성, 교육과학사, 2017, p.188.

4인 1모둠 구성하기

그림책 토론을 하려면 일반적으로 4인 1모둠 구성이 좋다. 토론 참가자가 4인 이상이면 무임승차자가 발생하고 참가자들간 물리적 거리가 있어 대화 집중력이 떨어진다. 4인 이하면 다양한 생각의 공유가 어렵다. 육색생각모자 토론에서도 4인 1모둠 구성을 추천한다. 4명이서 6가지 색깔 모자를 차례대로 쓰면서 색깔의 특성에 맞게 다양한 의견을 나눌 수 있기 때문이다.

　물론 경우에 따라서 6인 1모둠을 구성할 필요도 있다. 토론 시간이 부족할 경우에는 참가자가 같은 색깔 모자를 차례대로 쓰고 토론하지 않고 서로 다른 색깔의 모자를 쓰고 토론하도록 하는 것이다. 2~3회 정도 서로 다른 모자를 쓰고 토론을 하면 주어진 질문을 대체로 논의할 수 있다. 하지만 모둠 내에서 토론의 과정을 제대로 거치기 위해서는 토론 참가자가 동시에 같은 모자를 쓰고 토론하고 다음 색깔로 넘어가며 논의해야 한다. 이처럼 충분한 시간을 갖고 모든 참가자가 생각을 공유하기 위해서는 4인 1모둠 구성이 가장 바람직하다.

6가지 색깔 모자 특성 안내하기

토론하기에 앞서 학생들에게 6가지 색깔 모자의 특성을 안내해야 한다. 토론 중에 안내할 경우 집중이 되지 않아 토론이 잘 이루어지지 않는다. 토론 시작 전에 학생들에게 토론 진행과정을 미리 알려 주는 것은 반드시 필요하다. 하얀 모자부터 파란 모자까지 모자를 쓰고 있을 때는 각 모자의 특성에 맞게 생각하고 발표해야 한다고 알려 준다.

색깔 모자를 바꿔 쓰며 토론하기

모둠원이 각 색깔 모자를 쓰면서 토론하는 단계다. 시간이 여유 있을 경우 모둠별로 모자를 만드는 시간을 가지면 좋다. 하지만 모자를 만들 시간이 부족하다면 각 색깔을 상징하는 물건 등을 활용해도 충분하다. 처음 시작은 교사가 전체 모둠에게 안내하지만 이후부터는 모둠별 진행 순서에 따라서 모둠별로 토론을 하면 된다.

여기서는 4명이 같은 색깔 모자를 쓰고 토론한 후 다음 색깔 모자를 쓰고 토론하는 방식을 선택했다.

[하얀 모자] 데헷에게 어떤 일이 일어났는가?

학생1 얌얌과 헤어지고 얌얌을 그리워한다. 철사로 코끼리를 만들어 얌얌이라고 믿으며 데리고 다니다가 얌얌이 아님을 깨닫고 용광로로 밀어 넣었다. 종소리가 들리면 얌얌이 곁에 있다고 믿으며 살게 되었다.

학생2 데헷은 코끼리 얌얌과 항상 함께했지만 얌얌은 더는 데헷의 곁에 없다. 데헷은 얌얌이 그리워 철사로 코끼리를 만들어 끌고 다닌다. 철사 코끼리가 얌얌이 아니란 걸 깨달았고 자신의 곁에는 항상 얌얌이 있다고 생각하며 철사 코끼리를 용광로에 넣어 버렸다.

학생3 얌얌과 이별을 하고 데헷은 철사를 모아 얌얌을 닮은 코끼리를 만들었다. 철사 코끼리는 얌얌과는 다른 존재였지만 데헷은 얌얌이라고 믿고 데리고 다닌다. 점점 사람들의 소리를 듣지 못하게 되었지만 데헷이 멈췄을 때 사람들의 목소리가 들려오면서 철사 코끼리는 얌얌과 다르다는 걸 깨닫고 철사 코끼리를 용광로에 넣었다. 삼촌은 그것을 종으

	로 만들어 주었고 데헷은 종소리를 좋아했다.
학생 4	아무나 오르지 못하는 돌산 아래 데헷은 아기 코끼리 얌얌과 살았다. 어느 날 얌얌이 떠나자 데헷은 얌얌이 그리워 고철을 주워 철사 코끼리를 만들었다. 그렇게 만든 철사 코끼리와 삼촌이 있는 곳으로 가던 중 사람들은 철사 코끼리에 대해 부정적으로 이야기했다. 삼촌의 용광로에 넣은 철사 코끼리는 녹았고 그것으로 삼촌은 데헷에게 작은 종을 만들어 주었다.

[빨간 모자] 데헷을 보면서 어떤 감정이나 느낌이 들었나?

학생 1	데헷이 얌얌과 이별한 뒤 너무 슬프고 그리워하며 잊으려고 해도 잊지 못하는 것 같은 모습이 안타깝고 슬펐다.
학생 2	철사 코끼리를 만들어 데리고 다니는 모습이 너무 안쓰럽지만 비슷한 상황에 놓인 대부분의 사람들의 모습을 너무 잘 표현했다는 생각이 들었다.
학생 3	처음에는 안타까운 마음이 컸다. 얌얌과의 이별의 충격으로 철사 코끼리를 만들어 데리고 다녔지만 철사 코끼리는 아무런 느낌과 표정, 온기가 없는 그저 모습만 얌얌이었다. 하지만 데헷은 결국 철사 코끼리가 얌얌이 아니라는 것을 알게 되었으니 환상이 아닌 현실을 바라볼 수 있게 되어 데헷이 기특했다.
학생 4	데헷에게는 아주 소중한 존재였던 얌얌이 죽자 데헷은 매

우 슬퍼했다. 얌얌과 함께한 추억이 좋았고 곁에 있을 때 너무 소중한 존재였기에 오랫동안 그리워한다. 데헷이 슬퍼하는 것을 보니 가족이 사라진 것과 같은 외로움이 느껴졌다. 얌얌이 보고 싶어, 자신이 다치는 것은 상관하지 않고 철사 코끼리를 만들어서 함께 산을 오르는 장면을 보면서 데헷이 너무 안쓰러웠다.

[노란 모자] 데헷이 얌얌과의 이별을 통해 얻은 좋은 점은 무엇일까?

학생1 데헷이 얌얌과의 이별을 통해서 상처받고 아프겠지만 이를 점차 극복해 나가면서 좀 더 단단해지고 이후의 이별에 조금이나마 침착하게 대응할 수 있게 되었다.

학생2 이별을 통해 이별을 이겨내는 법과 허상과 진실을 구별할 수 있는 힘을 키우게 되었다.

학생3 데헷은 얌얌과의 이별을 통해 자신에게 소중한 무언가와 같은 곳에 있지 않아도 함께할 수 있는 방법을 배우게 되었다.

학생4 얌얌이 자신에게 정말 소중하고 하나뿐인 존재였다는 것을 깨닫고 다른 사람들도 소중히 대할 수 있다. 이별을 하고 혼자 남아도 적응하는 방법을 배우고 외로움과 그리움을 달래는 방법을 배웠다.

[까만 모자] 데헷이 얌얌과의 이별을 통해 얻은 나쁜 점은 무엇일까?

학생1 자신의 인생에서 많은 부분을 차지하던 얌얌과 헤어지게

	되어 후유증이 크고 허전하고 공허하여 정상적인 생활을 하지 못했다.
학생2	이별의 아픔이 너무나 커 안개가 많이 낀 나무 숲에서 헤매는 것처럼 이별의 고통에서 헤어 나오지 못할 수 있다.
학생3	데헷은 얌얌과 이별하며 큰 아픔을 겪어서 더 이상 얌얌만큼 친한 관계를 만들지 않을 가능성이 있다.
학생4	친구 같은 존재가 사라지면 외로움과 그리움이 많이 남아 일상생활을 할 수 없을 정도의 고통을 느끼게 된다.

[녹색 모자] 데헷은 얌얌과의 이별의 아픔에서 벗어나기 위해 종을 만들었는데 더 나은 방법, 해결책은 무엇이 있을까?

학생1	데헷이 얌얌과 비슷한 모습의 철사 코끼리를 만든 것처럼 얌얌의 자리를 대신할 수 있도록 새로운 대상과 관계를 형성하는 것이 좋겠다.
학생2	얌얌을 잊을 수 있는 새로운 무언가를 새로 찾는 것은 좋지 않다. 오히려 얌얌과의 추억이 담긴 물건을 간직하고 얌얌을 위한 편지 또는 일기를 쓰면서 슬퍼하는 시간을 충분히 갖는다.
학생3	데헷은 오직 얌얌만이 가장 친한 친구라고 생각해서 많이 힘들어 했지만 새로운 친구를 사귀어서 그 친구와 지내며 아픔을 치유하는 것이 더 나은 방법이라고 생각한다.
학생4	얌얌과 함께한 장소를 가지 않는다. 얌얌에게 매일 편지를

쓴다. 얌얌이 생각나지 않게 바쁘게 일을 하거나 무언가 한다. 소중한 다른 사람과 만난다. 얌얌을 대신할 수 있는 동물, 친구, 사람, 가족 등과 함께한다.

[파란 모자] 토론하는 과정에서 무엇을 배우게 되었나?

학생1   이별에 대해서 다시 한 번 생각해 보고 이별의 장단점과 이별의 아픔에서 벗어나는 방법 등을 알아보며 누구나 겪는 이별을 내가 나중에 겪게 된다면 이 활동을 하기 전보다는 당황하지 않고 차분하게 받아들일 수 있게 될 것 같다.

학생2   진짜 이별은 서로가 멀리 떨어지는 것이 아니라 상대를 잊었을 때라는 것을 알게 되었다. 앞으로 나에게 이별이 찾아와도 많이 아파하지 않고 조금 더 의연하게 견뎌내는 법을 배웠다.

학생3   사람은 누구나 이별을 겪게 되고 이별 뒤에는 큰 시련과 아픔이 있지만 이것을 잘 견뎌낸다면 다음에 오는 이별을 이겨낼 수 있고 점점 성장할 수 있다. 또 사람은 각각 생각이 다르기 때문에 자신의 방법으로 이별을 이겨내는 것이 그 무엇보다 가장 좋은 방법임을 배웠다.

학생4   나도 데헷과 비슷한 일을 겪은 적이 있다. 이 책을 읽고 질문에 답을 하면서 생각해 보고 나니 데헷이 얌얌과 만나고 싶다는 마음을 진심으로 잘 느낄 수 있었다. 나도 잊으려고 많이 노력했으나 1년이 지난 지금도 기억이 나기에 데헷의 마음이 잘 이해된다. 나도 데헷처럼 이별의 아픔에서 벗어나기 위해 무언가를 해야겠다는 다짐을 하게 되었다.

그림책을 활용한 육색생각모자 토론 질문 중에서 가장 중요한 질문은 파란 모자 질문이다. 파란 모자 질문은 메타 인지적 사고를 위한 질문으로 다른 색깔 모자에서 나온 이야기를 정리, 평가하게 한다. 토론을 통해 무엇을 배우게 되었고, 그 배움이 내 삶에 어떤 영향을 끼쳤는지에 대해 논의할 수 있다.

토론이 끝나면 모둠별로 토론 결과를 발표하는 시간을 갖는다. 다른 질문들에 대한 토론 결과는 모둠 대표 학생이 발표해도 충분하지만 파란 모자 질문에 대한 답변은 가급적 토론에 참가한 전체 학생이 발표하는 것을 추천한다. 머릿속에서 생각하는 것에 그치는 것이 아니라 발표를 통해 배움이 삶에 스며들 수 있다.

토론 활동 2
학생 질문으로 토론하기

"데헷과 얌얌은 이별한 것일까?"

학생들은 다양한 질문을 냈는데, 그중 다수결로 학생들이 토론하고 싶은 질문을 선정했다. 선정된 학생은 질문을 만든 이유를 이렇게 말했다.

"얼마 전 오랫동안 키우던 고양이가 죽었습니다. 아직 고양이를 마음속에서 떠나보내지 못했습니다. 학교에 등교해서도 고양이 생각뿐입니다. 특히 고양이와 함께한 추억이 깃든 집에서 보내는 시간이면 더욱 더 고양이와 함께 있다고 느껴져서 이 질문을 만들었습니다."

'데헷과 얌얌은 이별한 것일까?' 질문에 대해 신호등 토론을 변형 활용하여 학생들과 토론했다. 신호등 토론은 주어진 질문에 대해 토론 참가자들의 전체 의견을 한꺼번에 확인할 수 있다는 장점이 있다. 질문에 찬성하면 녹색, 중립이면 노란색, 반대하면 빨간색 카드를 들면서 이유를 제시하기 때문에 토론 전 생각을 확인하고 토론하는 과정에서 변화된 생각을 알 수 있으며, 토론 후 최종 의견을 확인할 수 있다. 또한 질문에 대해 최종 합의 여부도 손쉽게 확인할 수 있다. 신호등 카드를 구입하기 힘든 경우에는 손가락을 활용해서 진행할 수 있다.

학생들에게 '데헷과 얌얌은 이별한 것일까?'라고 질문을 하고 이별했다고 생각하면 엄지손가락을 위로, 이별하지 않았다고 생각하면 엄지손가락을 아래로, 아직 의견을 정하지 못했으면 엄지손가락을 옆으로 하게 했다. 그 결과 질문을 만든 학생을 제외한 모든 토론 참가 학생이 엄지손가락을 위로 올렸다. 질문을 만든 학생을 제외하면 데헷과 얌얌은 이별한 것이라고 생각했다. 이유는 모두 같았다. 얌얌은 죽었으니 당연히 데헷과 함께할 수 없다는 것이었다. 학생들이 당연하게 생각하는 것을 당연하지 않은 것으로 생각해 보게 하기 위해 다음과 같이 연속 질문을 하면서 의견을 나누었다.

- 살면서 이별을 한 경험이 있는가?
- 이별했을 때 어떤 감정을 가졌는가?
- 이별이란 무엇인가?
- 이별했다는 것을 알 수 있는 근거는 무엇인가?
- 있다와 없다의 기준은 무엇인가?
- 있음과 없음은 공존할 수 있는가?
- 눈에 보이지 않는다면 함께한다고 할 수 없는가?
- 데헷과 얌얌은 이별한 것일까?

토론 후 학생들의 최종적인 의견을 확인했다. 데헷과 얌얌은 이별하지 않았다고 손가락을 아래로 내린 학생이 2명 더 생겼다. 비록 대부분의 학생이 처음과 같은 의견이었지만 토론하는 과정에서 당연한 것을 당연하지 않게 생각해 볼 수 있는 기회를 제공한 것으로 만족스러웠다. 이후 '데헷과 얌얌은 이별한 것일까?'에 대한 최종적인 생각을 글로 써 보게 했다.

학생1 데헷과 얌얌은 이별했다.

　　　　데헷과 얌얌은 이별했다고 생각한다. 그 이유는 이 둘은 상상 속에서만 함께할 수 있기 때문이다. 이별은 헤어짐이다. 마음속에서는 항상 함께하고 있고 언제나 떠올릴 수 있어서 이별이 아니라 생각할 수도 있다. 그러나 이는 그리운 마음에 상상 속에서만 가능한 것일 뿐이고 현실에서는 불가능하다. 상상과 현실은 다르다. 상상이 현실이 될 수 없다. 데헷은 눈물을 흘렸고 그 눈물은 얌얌을 향한 눈물이었다. 데헷처럼 슬픈 이별을 맞이했을 때 눈물을 흘리는 사람들이 있고 그런 사람들 마음속에 얌얌이 있는 것처럼 이별의 대상을 떠올릴 수 있다. 마음속에 항상 함께한다고 해도 그것은 허상일 뿐, 내 옆에 같이 웃고 울고 하지 않고 곁에 이미 없다. 사람들은 이것을 미련 또는 그리움이라고 한다. 따라서 데헷과 얌얌은 이별했다.

학생 2 데헷과 얌얌은 이별하지 않았다.

데헷과 얌얌이 이별하지 않았다고 생각한다. 눈에 보이는 것이 전부는 아니다. 어떤 사람이나 대상이 보인다고 마음에 남지는 않는다. 자신의 마음에 와 닿았을 때만이 의미 있는 존재가 된다. 무의미하게 스쳐 지나간 것들은 자신의 마음에 존재하는 것은 아니다. 겉으로 보았을 때 데헷과 얌얌은 함께 있지 않아 헤어졌다고 생각할 수도 있다. 하지만 진정한 이별이란 서로의 마음에서 떠나보내는 것이다. 데헷은 얌얌을 잊지 않았고 항상 마음속에 얌얌이 있기 때문에 데헷과 얌얌이 이별하지 않았다고 생각한다. 이별이란 잊혀짐이다. 잊혀지지 않는 한 이별한 것은 아니다.

> 토론 활동 3

작가 질문으로 토론하기

"삼촌은 왜 종을 만들어 주었을까?"

고정순 작가는 '상실의 아픔 때문에 사람에게 어떤 변화가 찾아온다. 이건 당연한 과정이며 진정한 이별은 쉽게 찾아오지 않음을 알려 주고 싶고 또 위로하고 싶다는 마음 때문에 이 질문을 만들었다.'고 했다. 학생들도 작가와 같은 생각을 하는지, 다른 생각을 갖고 있는지 궁금했다. 작가의 의도를 알리지 않은 채로 이 질문을 하자 학생들은 아래와 같이 답변했다.

학생1 데헷은 얌얌을 잊지 못하고 그리움에 갇혀 얌얌을 형상화한 철사 코끼리를 데리고 다니며 사람들과 소통도 하지 않고 상처받고 외로워했다. 그래서 삼촌은 데헷이 그리움에 갇혀 있지 않고 이별의 아픔을 이겨내 얌얌이 곁에 있다고 믿을 수 있도록 철사 코끼리를 녹여 종으로 만든 것 같다.

학생2 얌얌은 죽었다. 데헷은 얌얌을 그리워하며 철사로 아무 감정도 느낌도 소리도 없는 코끼리를 만든다. 철사 코끼리를 보며 얌얌을 떠올리면서 기뻐했지만 무거운 철사 코끼리는 얌얌과는 다른 코끼리에 불과했다. 하지만 철사 코끼리를 녹여 만든 종의 종소리를 듣는 순간 데헷은 마음이 편안해진다. 삼촌은 얌얌에 대한 그리움을 채워 주고 싶어 종을 만든 것 같다.

학생 3　데헷은 얌얌이 그리워 철사로 코끼리 모형을 만들었다. 하지만 철사 코끼리는 얌얌이 아니다. 철사 코끼리를 용광로에 넣어 형태는 없어졌지만 데헷은 바람에 종소리가 들리면 얌얌이 온다고 믿었다. 그 마음을 아는 삼촌이 데헷의 슬픔을 조금이나마 덜어 주기 위해 종을 만들어 준 것 같다. 잊어야 한다는 생각보다는 잊지 않아도 된다고 위로하는 것 같다.

　학생들의 생각을 들은 다음 마지막에 고정순 작가의 의도를 알려줬다. 작가와 같은 생각을 한 친구는 "와, 내 생각과 작가님 생각이 같았어. 나도 그림책 작가해도 되겠다."며 좋아했다. 반면 생각이 다른 친구는 살짝 의기소침했다. 그때 이렇게 말해 줬다.
　"그림책을 읽고 해석할 때 가장 중요한 것은 독자가 자기 나름대로 받아들이는 것이에요. 작가의 의도를 그대로 받아들이지 말고 여러 의견들 중 하나라고 생각하세요. 그림책 작가들도 여러분들이 어떻게 느끼고 받아들이는지를 알고 싶어 합니다."

토론 후 활동
나만의 그림책 표지 만들기

『철사 코끼리』를 읽고 토론을 마친 후 사랑하는 대상을 그리워하며 보고 싶은 마음을 담아 자신만의 그림책을 만들어 보면 좋다. 그림책 만들기는 가장 적극적이고 주체적인 토론 후 활동이다. 작가가 전하는 그림책 주제와 메시지를 이해하고 자신만의 해석으로 그림책을 재창조하는 과정이기 때문이다.

하지만 그림책 한 권을 만드는 데는 시간이 많이 필요하고 창작에 대한 부담을 느끼는 학생들이 많다. 그럴 때에는 그림책 표지 만들기를 하면 좋다. 일반적으로 그림책 표지에는 그림책의 핵심 내용이 담겨 있어 표지만 잘 살펴보아도 그림책의 많은 부분을 이해할 수 있다.

그림책 표지를 만들기 위해서는 자신의 경험을 정리하는 과정이 필요하다. 『철사 코끼리』를 모티브로 삼아 자신의 이별 이야기로 그림책 표지를 만들어 보도록 했다. 우선 각자의 삶에서 겪은 이별 경험을 떠올려 보고 글로 정리하는 시간을 먼저 갖는다. 학생들이라 직접적인 이별 경험이 없는 경우가 있다. 그럴 때에는 책이나 영화 등에서 본 간접적인 경험도 괜찮다고 말해 주면 학생들의 부담을 줄일 수 있다.

글로 자신의 경험을 정리했으면 글의 내용을 바탕으로 그림책 표지를 만든다. 표지에는 자신의 경험 중에 가장 강조하고 싶은 부분이나 전하고 싶은 주제나 메시지가 잘 담겨 있어야 한다고 알려 준다. 표지를 어떻게 꾸밀지 정리가 되면 앞표지에 들어갈 제목과 그림을 완성하게 한다. 그림 그리기에 부담을 느끼는 학생에게는 그림을 잘 그리는 것은 중요하지 않으며 자신의 경험에 맞는 제목과 메시지가 잘 담겨 있는 그림이 훌륭한 표지 그림이 될 수 있다고 알려

보고 싶은 마음이 커
한숨만 내쉬는 사람들에게

고양이님은
마녀가 보고 싶었습니다.
고양이님은
제일 밝은 별을 보며
마녀를 떠올리곤 했습니다.

설명   '데헷과 얌얌은 이별한 것일까?'에 대해 토론하다 보니 키우던 고양이가 죽어서 힘들어 하는 친구의 아픔이 공감되었다. 예전에 본 만화에서 사랑하는 주인 마녀가 죽자 묘지에서 하염없이 그 자리를 지키던 고양이가 떠올라 '안녕 나의 마녀님' 이라는 그림책 표지를 만들었다.

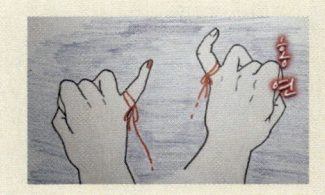

너와의 실이 끊어짐과 동시에
너와 이별이 찾아왔다.

이젠 나는 무엇을 해야 할까?

설명   중학교 입학 후 처음으로 남자친구를 사귀었다. 성격, 취미 등 비슷한 점이 많아 처음부터 마음이 잘 맞았다. 함께하는 시간이 늘어날수록 좋아하는 마음도 커졌다. 그런데 갑자기 남자 친구가 이별을 통보했다. 제대로 된 이유도 듣지 못한 채 이별을 맞이하고 나서 무엇을 해야 할지 몰라 한동안 힘들었다. 그때의 경험을 바탕으로 그림책 표지를 만들었다.

| 설명 | 아직까지 가까운 이들과 이별을 경험한 기억이 없다. 그래서 예전에 봤던 드라마 내용을 바탕으로 표지를 만들었다. 어린 딸이 엄마를 남겨두고 먼저 세상을 떠나는 이야기여서 눈물을 흘리며 봤었다. 먼저 떠나는 딸이 엄마에게 편지를 보낸다는 상상을 했다. |

준다. 뒤표지에는 책에서 전달하고자 하는 메시지를 담은 짧은 글을 써 보게 했다.

이별의 아픔은 누구나 겪는다. 어린 학생들도 마찬가지다. 사랑하는 가족의 죽음으로 이별하기도 하고 친한 친구와 헤어짐을 겪기도 한다. 그 외에도 애완동물이라든지 아끼는 물건과도 이별한다. 이별의 경험을 글로 정리하고 표지를 만드는 과정에서 아픈 경험을 들추어내 힘들 수도 있지만 이런 과정을 거치면서 얌얌과 이별의 아픔을 극복한 데헷처럼 학생들도 이별의 아픔을 이겨낼 수 있는 힘을 얻게 된다.

📗 **함께 읽으면 좋은 그림책**

『100만 번 산 고양이』, 사노 요코 지음, 비룡소
『내가 함께 있을게』, 볼프 에를브루흐 지음, 웅진주니어
『너무 울지 말아라』, 우치다 린타로 글, 다카스 가즈미 그림, 한림출판사
『동물들의 장례식』, 치쿢 지음, 고래뱃속
『마음이 아플까 봐』, 올리버 제퍼스 지음, 아름다운사람들
『무릎딱지』, 샤를로트 문드리크 글, 올리비에 탈레크 그림, 한울림어린이
『어느 늙은 산양 이야기』, 고정순 지음, 만만한책방
『여행 가는 날』, 서영 지음, 위즈덤하우스

동물과 인간이 모두 행복한
『동물원』

『동물원』
이수지 지음
비룡소

엄마 아빠랑 놀러 간 동물원에서 아이는 신이 나 있다. 하지만 그림 속 동물원은 온통 회색빛으로 적막하다. 동물원의 입구에서 엄마가 사 준 공작새 풍선을 든 순간, 아이는 진짜 공작과 눈이 마주친다. 부모가 동물들의 빈 우리를 구경하는 사이, 아이는 풍선을 놓고 공작새를 따라나선다. 공작새를 따라 걸어가는 아이의 무채색 옷 색깔이 예쁜 분홍색으로 변해 간다. 아이는 코끼리랑 곰이랑 물장구치고 기린 목에서 미끄럼 타고 물새처럼 하늘을 나는 경험을 한다.

부모는 뒤늦게 아이가 없어진 걸 알고 놀라서 여기저기 헤맨다. 텅 텅 빈 우리 사이로 아이를 찾아 헤매다 다행히 벤치에 잠들어 있는 아이를 발견하고 안도하며 동물원을 나선다. 아이는 동물원을 나서며 활짝 웃고 있는 동물들을 본다. 하지만 부모의 눈에는 보일 리 없다. "동물원은 정말 신나는 곳이에요. 엄마 아빠도 재밌었죠?"라는 아이의 말에 부모는 의아한 표정으로 텅 빈 동물원을 바라본다.

동물원은 대표적인 가족 나들이 장소다. 그러나 최근 동물원에 대한 다양한 목소리가 나오고 있다. 동물권과 동물복지 등에 관한 사회적 논의가 확대되면서 동물원 내 동물 학대에 관한 담론이 형성되고 있다. 요즘 동물원은 시대의 요구에 발맞춰 어느 정도 동물 복지에 신경을 쓰는 모습을 보여 주고 있지만, 동물원에 대한 비판의 목소리는 끊임없이 제기되고 있다. 동물의 안전과 복지에 관한 규정이 부족해 결국 그 피해는 고스란히 동물들에게 돌아간다. 일부에서는 야생 동물을 가두어 놓고 인간의 볼거리용으로 고통을 주는 전시 행위는 사라져야 하고 동물을 자연으로 돌려보내야 한다는 주장도 있다. 반면 종족 보존 차원에서 필요하다는 견해도 있어 동물원의 존재 이유에 대해서는 끊임없이 논란이 되고 있다.

『동물원』의 앞표지는 선명하고 밝은 분홍색의 '동물원' 간판과 대조적으로 우리는 텅 비어 외롭고 쓸쓸해 보인다. 뒤표지에는 철창 안 우리로 돌아온 고릴라가 소녀의 장화를 소중히 바라보고 있다. 그 옆으로 '동물을 사랑합시다'라는 표지판이 보인다. 사람이 동물을 사랑하며 함께 살아가는 방법은 무엇일까? 동물원의 문제에 대해 생각해 보고 동물과 인간이 함께 살아가야 할 방법을 생각해 보자.

"그림의 힘으로 이끄는 이야기를
책이라는 그릇에 담고 짓고
독자와 함께 노닐고 싶다."
- 이수지

> **작가 소개**
> 한국과 영국에서 회화와 북아트를 공부했습니다. 한국출판문화상, 미국 뉴욕 타임스 그림책 상, 보스턴 글로브 혼 북 명예상 등을 받았습니다. 쓰고 그린 책으로 『강이』, 『선』, 『거울 속으로』, 『파도야 놀자』, 『그림자놀이』, 등이 있고, 그린 책으로 『물이 되는 꿈』, 『이 작은 책을 펼쳐 봐』 등이 있습니다.

그림책 작가가 된 이유

대학에서 회화를 전공했는데, 좀 더 다양하고 많은 관객(독자)과 만날 수 있는 다른 통로와 가능성에 관심이 있었습니다. 그림 한 장이 있으면 그저 하나의 그림일 뿐이지만 옆에 한 장 더 놓으면 두 그림 사이에 '이야기'가 생겨납니다. 그림 하나를 더 놓을 때마다 점점 이야기는 단단해져 갑니다. 그것을 묶어내면 책이 됩니다. 그림의 힘, 그 힘이 이끌어 가는 이야기, 그리고 그 이야기를 담는 그릇(책)에 관한 생각에 관심이 생겼습니다. 바로 '그림책'이었습니다.

그림책 작가의 장점

그림이 좋고, 책이 좋고, 그림+책이 좋아서 그림책의 세계로 들어왔습니다. 그림책의 우산은 크고 넓어서 모든 주제의 이야기, 모든 형식 실험이 가능해서 이미지와 이야기를 다루는 작가로서 늘 즐겁습니다. 그림책의 독자도 다양하고, 특히 아이들이 창조적인 해석을 들려줄 때 작가로서 기쁨을 많이 느낍니다. 세계 여러 나라의 독자들을 만날 기회가 있는 것도 참 좋지요. 처음에는 늘 신이 나서 달려들지만, 처음의 생각을 발전시키며 그림책의 형태로 정리해 가는 과정은 늘 어렵습니다.

『동물원』을 만든 계기

동물원은 그림책의 세계에 퐁당 빠져, 한참 그림책의 형식 실험에 관심이 있을 때 만들었습니다. 표지와 면지, 속표지, 본문은 서로 어떻게 연결되고 서로 소통하는가? 그림책에서 글과 그림의 관계는 어떤가? 그림만으로 하나의 축을 가진 독자적인 이야기를 끌고 갈 수 있는가? 글과 그림이 서로 다른 곳을 볼 때 어떤 효과가 생겨나는가? 그림에서 제한된 색의 사용도 내용의 일부가 될 수 있는가? 이런 질문을 스스로에게 던져 볼 수 있는 작업이었습니다. 주제 면에서는 동물원이라는 공간에 대한 관심에서 시작되었습니다. 동물원은 경이로운 자연을 배우는 곳이면서 동시에 박제된 자연에 대한 연민을 접하는 장이기도 합니다. 자연을 가장 인공적으로 표현하는 곳이지요. 같은 시간, 같은 장소에서 서로 다른 것을 보는 아이와 어른도 그려 보고 싶었습니다.

가장 애착을 느끼는 한 장면

애착이 가는 그림을 굳이 고르자면 뒷면지에 들어간 작은 컷입니다. 아이와 신나게 놀고 온 고릴라도 우리에 들어가기 싫습니다. 주저하며 버티는 고릴라를 다른 동물들이 밀어 넣는 장면으로, 살짝 섭섭함이 느껴지지요. 고릴라가 손에 쥔 분홍 장화가 보이시지요?

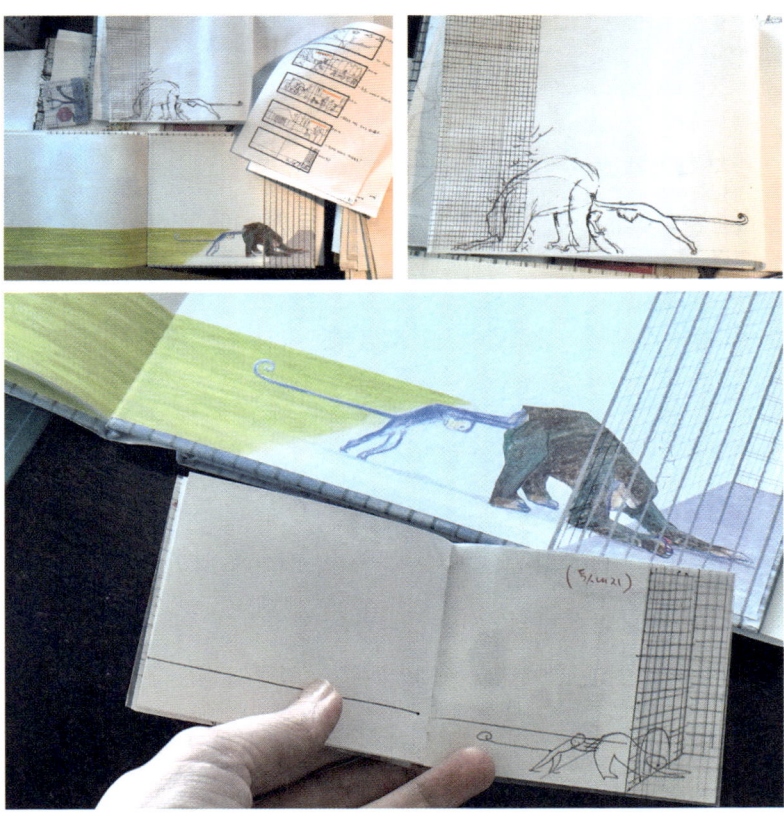

▍고릴라가 우리에 들어가려고 하지 않아 다른 동물들이 밀어 넣는 장면. 고릴라의 서운함이 표현되어 가장 애착을 느끼는 장면이다. 『동물원』은 그림책의 형식을 많이 고민하며 표지부터 면지까지 연결되도록 구성했다.

앞으로의 계획과 한마디

읽을거리가 많고 이야기할 거리가 많은 그림책을 만들고 싶습니다. 무궁무진한 그림책의 세계에서 잘 놀고 싶습니다. 눈부신 아이들을 그리는 그림책에 대한 열망도 늘 있고요. 다양한 장르와 만나는 그림책도 꿈꾸고 있습니다. 지금 이 글을 쓰는 시점에 막 '노래 그림책' 한 권이 출간되었습니다. 음악과 그림책이 만나는 지점에도 관심이 많습니다.

이수지 작가가 권하는 『동물원』 읽기

표지로 전체 이야기 상상해 보기 – 앞표지만 보고 어떤 이야기일지 상상해 봅니다. 아이들의 이야기를 다 듣고 난 후, 뒷표지를 제시합니다. 고릴라는 왜 분홍 장화를 들고 있을까? 각자 이야기를 상상해 본 후 책을 읽기 시작합니다.

글과 그림의 대위법의 효과 – 글만 먼저 읽어 주고, 어떤 그림이 책 속에 있을지 아이들이 상상해 보도록 합니다. 『동물원』의 글은 무척 평이한 일기체의 글입니다. 오로지 오늘 어디 어디에 갔었고, 그저 재미있었다는 언급만 있을 뿐입니다. 그림은 보지 않은 채 글만 듣고 어떤 그림이 담겨 있을지 예상하거나 혹은 간단히 그려본 다음 함께 그림책을 보면서, 글과 그림이 서로 엇갈리면서 생겨나는 재미를 느낄 수 있습니다.

『동물원』은 퍼즐 같은 책입니다. 한 번에 단서들을 발견하기 쉽지 않고, 여러 번 다시 보아야 보이는 이야기들이 있습니다. 교사가 먼저 제시하거나 유도하지 않고, 학생들이 스스로 천천히 충분히 보면서 발견한 것, 추측한 것을 서로 이야기하며 발견의 기쁨을 느꼈으면 좋겠습니다.

『동물원』에는 여러 읽을거리가 동시에 제시됩니다. 예를 들어, 사라진 아이를 찾아 헤매는 부모가 있는 공간은 아이가 동물과 놀고 있는 곳과 같은 공간이라는 시각적 단서가 있습니다. 부모는 물새장 앞에서 헤매고 있고 물새장 안에는 큰 나무가 있지요. 마찬가지로 아이가 새들과 날고 있는 공간에는 같은 모양의 큰 나무가 있습니다. 이것을 단서로 같은 시간, 같은 장소라는 것을 읽어낼 수 있으면 좋겠습니다. 그림 속에서 아이는 날고 있고, 아이가 신고 있던 분홍 장화가 한 짝 떨어집니다. 오른쪽 아래 구석에서 손이 하나 쑥 나와 그 신발을 받지요. 그 손은 누구의 손인지, 그 누구는 어디에 처음 나왔는지, 그 장면은 어떻게 앞면지 뒷면지와 이어지는지, 그리고 뒷표지에서 드러나는 이야기는 무엇인지, 표지를 완전히 펼쳤을 때 하나로 이어지는 그 공간은 결국 누구의 공간인지 등 연결고리를 생각해 봅니다. 이 모든 질문과 발견의 고리들이 학생들에게서 나왔으면 좋겠습니다. 한 번에 쉽게 발견되지 않아도, 결국 아이들의 머릿수만큼 다른 질문과 다른 답들이 나오도록 기다려 주었으면 좋겠습니다. 그림을 '읽는' 기쁨은 스스로 깨달을 때만 오는 것 같습니다.

『동물원』으로 토론 수업하기

토론 전 활동

이미지 한 컷 그리기와 감정 나누기

『동물원』은 앞표지부터 뒤표지까지 전체가 하나의 연결구조로 이루어진 이미지 덩어리이다. 그리고 그림과 글이 서로 다른 이야기를 하고 있다. 글은 열 번 나오고 완벽한 문장으로 끝나는 것은 일곱 문장에 불과하다. 게다가 글의 비중 및 장소, 사건의 균형감과 긴장감 등을 잃지 않고 현실과 환상을 오가는 여러 장치들은 작품의 매력을 더하고 있다. 또 흑백과 컬러로 대비하는 환상과 현실 세계는 책에 빠져드는 또 하나의 장치이며 작가가 전달하고자 하는 핵심 메시지를 담고 있다. 이 책은 이미지가 중심 내용을 이끌며 책 속으로 빠져들게 해 학생들과 이미지의 힘을 경험하기 위한 토론 전 활동을 구성해 보았다.

『동물원』의 글만 읽고 자신의 경험을 토대로 떠오르는 이미지를 비주얼씽킹으로 표현하는 것으로 글만 읽었을 때 어떤 감정이 느껴졌는지, 어떤 내용이 상상되는지 표현해 보는 활동이다.

『동물원』에 나오는 글만 먼저 읽어 준다. 어린아이의 평범한 동물원 체험 일기 같은 글을 듣고 학생들은 자신의 경험을 떠올리며 감정을 표현할 수 있는 장면을 한 컷의 그림으로 표현해 본다. 감정 표현이 서툰 학생들을 위해 감정 카드를 함께 제시하면 훨씬 더 다양한 감정을 표현할 수 있다.

교사 『동물원』을 글만 읽었을 때 어떤 감정을 느꼈나요?
학생1 부모님과 함께 동물원으로 나들이 간다는 설렘과 즐거운 마음이 느껴졌어요.
학생2 풍선도 사고, 맛있는 것도 먹으면서 동물들을 구경하면서 신났던 장면을 표현한 것 같아요.
학생3 가족들과 손잡고 소풍 가는 기분으로 신나는 장면이 떠올라서 들뜨고 행복한 느낌이 들었어요.

글만 읽어 주었을 때 아이들이 느끼는 감정은 대부분 즐거움, 설렘, 신남, 행복이다. 어린 시절 부모님과 함께 갔던 동물원의 모습을 떠올리며, 우리 안에 있는 동물들의 모습을 관람하며 즐거워하는 자신의 모습을 표현한다. 지극히 인간 중심적 관점으로, 동물원은 인간의 즐거움을 위한 대상인 게 당연하다고 여기는 모습이다.

이번에는 그림을 함께 보여 주며 그림책을 읽는다. 그림을 함께

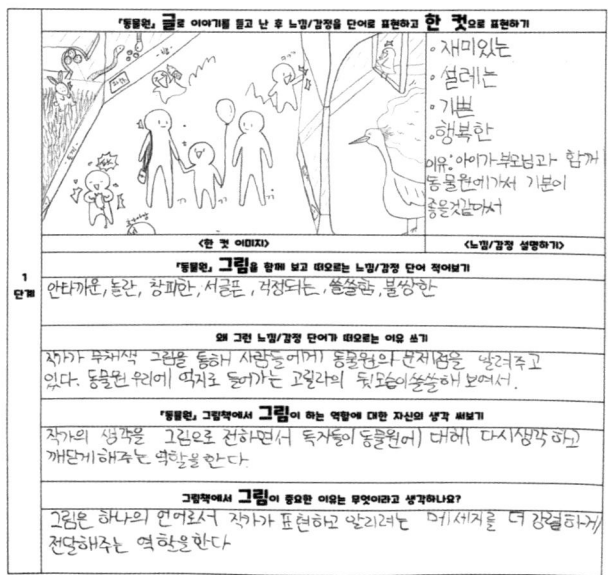

토론 전 활동으로 글만 읽고 인상적인 장면을 그린 학생들의 활동지. 글만 읽었을 때는 대체로 행복한 가족의 모습으로 표현했다.

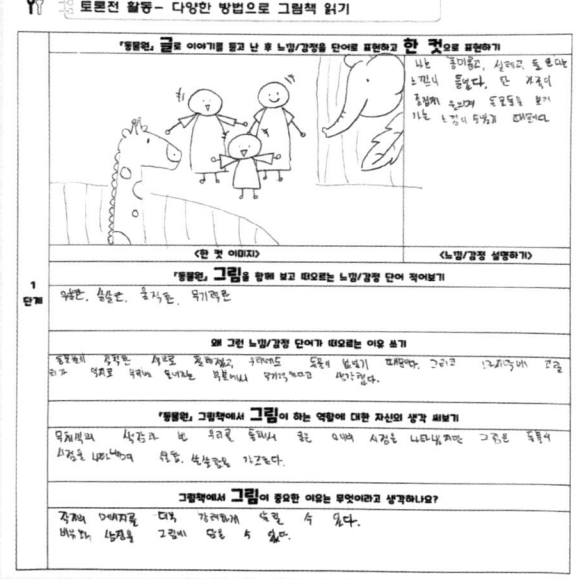

읽어 가며 다시 어떤 감정을 느꼈는지 처음과 다른 감정을 느꼈다면 왜 그런지 이야기를 나눠 본다.

교사 글만 읽었을 때와 그림과 함께 읽었을 때 어떻게 다르게 느껴졌나요?

학생1 글만 읽었을 때는 내가 동물을 바라보는 관점에서 생각했기 때문에 동물의 입장은 생각하지 못했어요. 그런데 막상 그림 속 동물원의 모습을 보니까 동물들의 입장이 되어 볼 수 있어서 좀 씁쓸한 생각이 들었어요.

학생2 동물원이 무채색으로 그려져서 차갑고 삭막한 느낌이 들었어요. 동물원에 갇혀 있는 동물들의 마음처럼 느껴졌어요.

학생3 동물들이 있어야 하는 우리가 텅텅 비어 있는 것을 보고 동물들이 있어야 할 곳은 작고 좁은 우리가 아니라는 생각이 들면서 동물들에게 미안한 생각이 들었어요.

교사 글만 읽었을 때와 다르게, 그림을 함께 보며 읽으면 다른 느낌이 들 겁니다. 이수지 작가님의 『동물원』은 글과 그림이 상반된 이야기를 하는 독특한 구조의 그림책입니다. 글을 먼저 읽고 그림을 나중에 읽으면 그림의 역할이 매우 중요하다는 사실을 알게 되지요. 왜 작가는 글과 그림을 상반되게 표현했을까요?

학생1 글과 그림이 서로 다른 이야기를 보여 주면서 그림이 표현한 동물원의 문제점에 대해 강조하고 싶었던 것 같아요.

학생2 동물원에 대해 기존에 가지고 있던 사람 중심의 관점에서 벗어나 동물의 관점에서 바라보기를 바라는 마음이 담겨 있는 것 같기도 해요.

학생3 직설적으로 글과 그림이 같이 동물원의 문제점을 이야기하는 것보다 훨씬 더 강하게 동물원의 문제점에 대해 생각해 보게 하는 것 같아요.

그림을 함께 읽은 학생들은 동물원을 바라보는 시각이 사뭇 달라진다. 동물들이 없는 텅 빈 우리, 무채색의 차갑고 쓸쓸한 동물원의 전체적인 색감은 즐겁고 설레는 공간과는 거리가 멀다. 텅 빈 하마 우리에 비친 사람들이 오히려 동물원 우리에 갇힌 존재처럼 보인다. 작가는 글과 다른 그림을 통해 동물원의 문제점에 대해 강조하고 싶었던 것은 아닐까?

토론 활동

독서 마블 토론＊

독서 마블 토론이란 그림책을 읽고 학생들이 만든 질문을 활용해 게임판을 만들어 게임의 형태로 진행하는 토론방법이다. 학생들이 만든 질문들과 비주얼씽킹을 활용해 만든 동물원의 문제 카드를 활

＊ 학토재에서 만든 독서마블을 변형해서 만든 보드게임형 독서토론방법이다.

용해 다양한 질문과 생각거리를 나눌 수 있다. 게임처럼 진행되기 때문에 학생들의 능동적이고 흥미로운 참여를 이끌어낼 수 있다.

서클맵으로 질문 만들기

그림책을 읽고 난 후 개인 활동으로 서클맵을 통해 질문을 만들어 본다. 먼저 서클맵 가운데에 책 제목인 '동물원'을 쓰고, 바깥 원에 그림책을 읽으면서 떠올랐던 인상 깊은 단어들을 적는다. 그리고 원

학생 질문

단어	질문
빈 우리	• 빈 우리가 의미하는 것은 무엇일까? • 동물원의 동물 우리에는 왜 동물이 없을까? • 빈 하마 우리의 물 위쪽에 비친 사람들의 모습이 의미하는 것은 무엇일까?
공작새	• 공작새의 역할은 무엇일까? • 아이가 들고 있던 공작새 풍선의 역할은 무엇일까?
장화	• 소녀의 장화가 의미하는 것은 무엇일까?
색깔	• 아이의 옷 색깔의 변화는 무엇을 의미하는가? • 왜 공작새의 색깔만 두드러질까? • 동물원은 왜 무채색일까? • 환상의 세계는 왜 유채색일까?
동물원	• 동물원의 동물은 행복할까? • 동물들이 마지막에 우리로 돌아가는 것은 무슨 의미일까? • 동물들에게 행복할 권리는 왜 지켜지지 않을까? • 동물을 동물원에 가두는 것은 정당할까?
고릴라	• 고릴라가 소녀의 장화를 가져온 이유는 무엇일까? • 고릴라는 왜 우리에 들어가기 싫어했을까?
환상	• 아이가 다녀온 곳은 어디일까? • 왜 아이만 환상의 세계를 볼 수 있었을까?

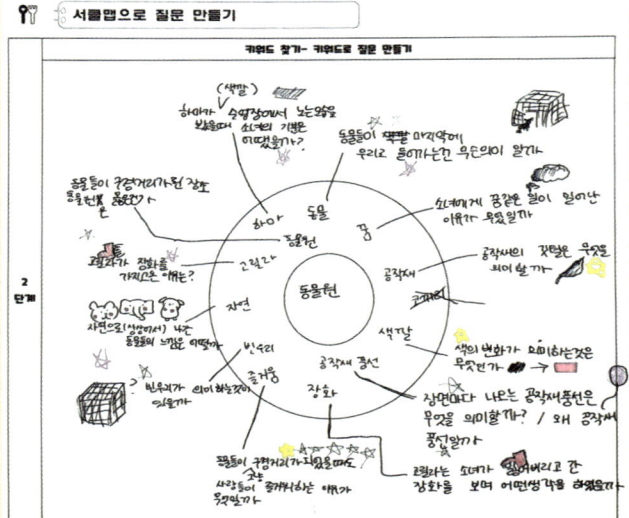

▌서클맵으로 질문 만들기 활동지. 한가운데 '동물원'을 쓰고 인상 깊은 단어를 적은 다음 질문을 만들어 적었다.

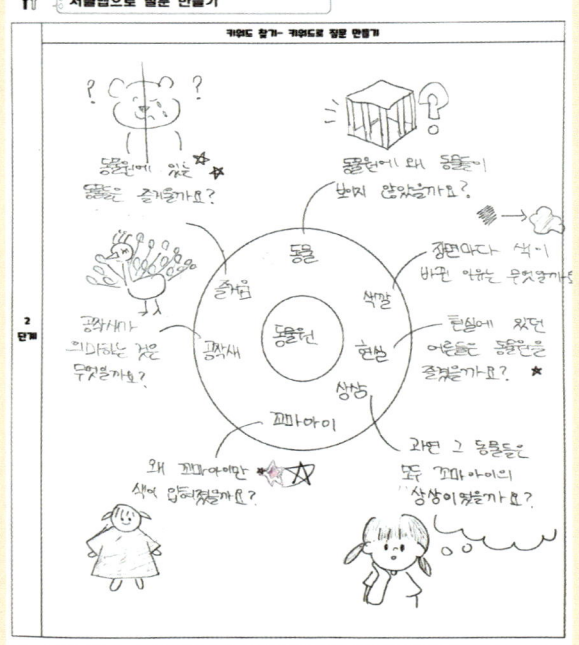

밖에 인상 깊은 단어를 활용해서 질문을 만든다. 그림책 속 이미지와 관련된 질문이나 그림책이 시사하는 문제 등 다양한 질문을 만들도록 한다.

이수지 작가는 그림책 본문을 자세히 보면서 다음과 같은 질문들에 관해 생각해 보기를 권한다. 독서 마블 토론에 학생들이 만든 질문과 함께 작가 질문을 활용하면 토론을 더욱 풍성하게 진행할 수 있다.

작가 질문

질문
• 동물원의 동물 우리에는 왜 동물이 없을까?
• 책에서 묘사한 동물원의 느낌은 어떤가? 밝은가? 행복한가? 우울한가? 차가운가?
• 작가는 동물원에 대해 어떤 관점을 표현하는가?
• 왜 공작새의 색깔만 두드러질까?
• 공작새의 역할은 무엇인가?
• 아이의 옷 색깔의 변화는 무엇을 의미하는가?
• 아이가 보는 것과 부모가 보는 것은 같을까 다를까? 다르다면 왜 다를까?
• 아이가 갔던 곳과 부모가 갔던 곳은 다를까? 아이는 어디를 다녀온 걸까?
• 아이가 들고 있던 풍선의 역할은 무엇일까?
• 주인공 외에 등장하는 동물원 안의 많은 인물들은 각자 무슨 이야기를 가지고 있을까?
• 엄마 아빠는 아이의 말처럼 동물원이 즐거웠을까?
• 엄마 아빠의 하루는 어땠을까?
• 글은 그림을 도와주는가?
• 글 없이 그림만으로 이야기가 가능할까?
• 그림책을 구성하는 표지와 면지, 본문은 어떻게 연결되는가?

비주얼씽킹으로 그린 동물원 문제 카드

인간들에 의해 강제적으로 포획당해 자유로움을 뺏긴다.

원래의 서식지와 다른 환경으로 동물들이 힘들어한다.

훈련을 위한 학대가 있다.

좁은 우리에 갇혀 스트레스를 받는다.

동물들이 정형행동을 한다.

사람들의 오락거리의 대상이 된다.

이미지 문제 카드 만들기

비주얼씽킹 방법으로 동물원의 문제점을 담은 이미지 문제 카드를 만들어 본다. 동물원의 문제점을 생각해 보고 되도록 이미지로만 문제점을 표현해 보는 활동으로 학생들의 호기심과 표현력을 기를 수 있다. 4명씩으로 구성된 모둠에 한 사람당 3개씩 동물원의 문제점을 비주얼씽킹으로 표현해 본다.

엽서 크기의 흰 종이를 준비한 후 개인별로 3장의 카드를 나눠 준다. 동물원을 읽고 느낀 동물원의 문제점을 비주얼씽킹으로 표현하고 카드 뒷면에 그림이 의미하는 내용을 적는다.

독서 마블 게임판 만들기

독서 마블 토론을 하기 전에 우선 게임판을 만든다. 게임판은 다음과 같이 만들 수 있다.

[준비물] 4절 머메이드지, 채색 도구, 주사위, 게임용 말

① 4절 머메이드지를 모둠당 1장씩 준비한다.
② 상단 맨 위에 그림책 제목과 독서 마블 제목을 적는다.
③ 독서 마블의 규칙을 만들어 적는다.
  - 말은 개인당 1개씩 갖는다.
  - 주사위를 던져 나온 숫자만큼 이동한다.
  - 이동한 말판에 적힌 질문에 대한 자기 생각을 말한다.
  - 문제 카드 칸에 도착할 때 문제 카드 더미에 있는 동물원의 문

    제점을 맞혀야 한다.
    - 도착점에 먼저 도착하면 승리한다.
  ④ 동물원의 문제점으로 만든 이미지 카드로 문제 카드 더미를 만든다.
  ⑤ 가로 6칸, 세로 5칸의 독서 마블 게임판을 만든다.
  ⑥ 총 30개의 게임판이 만들어지면 앞서 서클맵으로 만든 질문을 게임판에 적어 채운다.
  ⑦ 게임판 중간중간에 뒤로 가기 등 벌칙을 넣으면 더욱더 게임을 재미있게 할 수 있다.

독서 마블 토론하기

게임판과 문제 카드를 만들어 사전 준비가 끝나면 4명이 게임에 참여한다. 주사위를 굴려 해당하는 칸으로 말이 이동하고 도착한 해당 칸에 질문이 있으면 해당 질문에 대한 자기 생각을 말해야 한다. 질문에 대한 자신의 생각을 말했을 때 게임에 참여한 사람들의 공감을 얻으면 말이 이동할 수 있다. 자신의 생각을 말하지 못하거나 공감을 얻지 못하면 원래의 자리로 되돌아가야 한다.

　문제 카드 칸에 걸리면 문제 카드 더미에서 한 장을 들어 그림이 설명하고 있는 동물원의 문제점을 맞히면 된다. 만약 맞히지 못하면 원래의 자리로 되돌아간다. 도착점까지 먼저 가는 사람이 승리한다. 게임을 진행하는 동안 다양한 질문에 대한 서로의 생각을 나눌 수 있다.

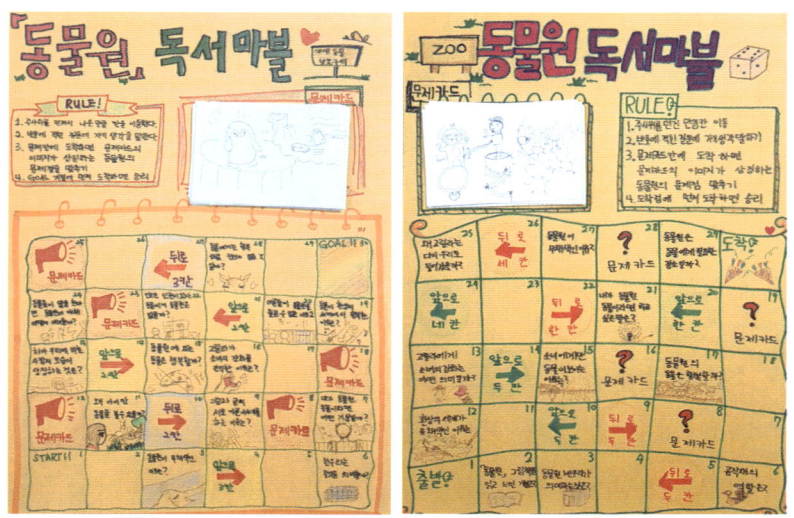
■ 학생들이 직접 만든 독서 마블 게임판. 각각의 칸에 질문을 적고 중간중간 벌칙을 넣었다.

독서 마블 질문에 대한 아이들의 토론 내용

- 빈 우리가 의미하는 것은 무엇일까?

  동물들의 자유를 억압하고 있는 공간이라는 것을 강조하기 위한 것이라고 생각한다.

  동물이 있어야 할 곳은 좁은 우리가 아니라는 것을 강조하기 위해 우리를 비워둔 것 같다.

- 동물원 우리에는 왜 동물이 없을까?

  동물들이 있어야 할 곳이 아니라고 생각했기 때문이다.

  동물들은 원래의 서식지에서 살아야 하기 때문이다.

- 공작새의 역할은 무엇일까?

  이상한 나라의 앨리스에 나오는 토끼처럼 아이가 환상의 세계로 들어가게 하는 역할을 하는 것 같다.

- 아이가 들고 있던 공작새 풍선의 역할은 무엇일까?

  현실의 세계와 환상의 세계를 이어 주는 역할을 하는 것 같다.

- 소녀의 장화가 의미하는 것은 무엇일까?

  자유로운 동물들과 진심 어린 만남을 통해 동물들과 함께하는 교감을 상징하는 것 같다.

  동물원에 갇혀 있는 동물들을 사랑하는 방법은 관람의 대상이 되는 것이 아니라 자연환경에서 살아가게 해야 한다는 의미 같다.

- 아이의 옷 색깔의 변화는 무엇을 의미할까요?

  아이가 환상의 세계로 들어가는 것을 표현하기 위해 색이 변한 것 같다.

  현실의 세계에서 아이의 눈에만 보이는 환상의 세계로 넘어가는 순간을 색의 변화로 표현한 것 같다.

- 왜 공작새의 색깔만 두드러질까?

  기대감과 상황의 변화가 일어날 것이라는 상징을 의미하는 것 같다.

- 동물원은 왜 무채색일까?

  인간에 의해 자유를 빼앗기고 살아가는 동물들의 슬픔을 표현하기 위해서, 동물원은 동물들의 진정한 생명력을 잃게 만드는 곳이라는 것을 보여 주고 싶어서이다.

- 동물원의 동물은 행복할까?

  행복하지 않을 것 같다. 왜냐하면, 안전은 자유로움을 대신할 수 없기 때문이다. 동물이 스스로 동물원 우리에 갇히는 것을 선택하지 않았기 때문이다.

  스스로 선택해서 동물원을 나갈 수 없다는 점은 행복할 수 없을 것 같다.

- 동물들이 마지막에 우리로 돌아가는 것의 의미는 무엇일까?

  현실의 문제는 아직 해결되지 않았다는 것, 동물들에게 여전히 동물권이 보장되지 않았다는 것을 의미한다.

- 동물들에게 행복할 권리는 왜 지켜지지 않을까?

  인간 중심의 생각이 동물을 인간의 소유물이나 인간을 위해 존재하는 것이라는 생각을 하고 있는 것 같다. 모든 생명에 대한 존중의식이 부족한 것 같다.

- 동물을 동물원에 가두는 것은 정당할까?

  동물들의 의지가 반영된 것이 아니라서 정당하다고 할 수 없다고 생각한다. 동물을 보호하기 위한 목적이라면 관람형 동물원이 아닌 동물들의 서식지를 보호해 주는 구역을 만드는 것이 옳다고 생각한다.

- 고릴라가 소녀의 장화를 가져온 이유는 무엇일까?

  고릴라는 우리에서 벗어나 소녀와 함께 즐겁게 지내면서 느꼈던 교감과 희망을 간직하고 싶었던 것 같다.

- 고릴라는 왜 우리에 들어가기 싫어했을까?

  우리는 고릴라가 살고 싶은 곳이 아니기 때문에 들어가기 싫어했을 것 같다.

  자유를 뺏기고 갇혀야 하니까 들어가기 싫어했을 것 같다.

  사람들의 구경거리가 되는 게 싫어서 들어가기 싫어했을 것 같다.

- 아이가 다녀온 곳은 어디일까?

  아이의 꿈과 상상 속일 것 같다. 아이들의 동심은 세상 모든 것을 아름답게 보이게 하는 것 같다.

  아이의 신발 한 짝이 고릴라에게 있는 것을 보면 마냥 꿈속이나 환상이라고 말하기 어려운 열린 결말 같다.

- 왜 아이만 환상의 세계를 볼 수 있었을까?

  어른들의 시각은 인간 중심의 시각으로 동물을 단지 관람의 대상이나 인간을 위해 존재하는 대상으로 생각하지만 아이는 동물을 친구로 바라볼 수 있는 순수함이 있기 때문이다.

  어른들과 아이들이 바라보는 관점이 다를 수 있다는 것을 보여주는 것 같다.

> 토론 후 활동 1

동물원의 문제점에 대한 해결방안 찾기

독서 마블 토론이 끝나면 학생들이 제시한 동물원의 문제점에 대한 해결 방안을 찾아본다. 의지와는 상관없이 좁은 우리에 갇혀서 살아가야 하는 동물, 좁은 공간이나 단순한 환경에 갇혀 살 때 나타나는 정형행동을 보이는 동물, 야생의 본성을 잃어가는 동물, 자신이 원래 살았던 서식지와는 다른 환경으로 고통받는 동물, 쇼를 선보이기 위해 훈련의 고통을 겪어야 하는 동물, 사람들이 오락의 대상으로 여겨 함부로 대하는 행동 때문에 고통을 겪는 동물. 동물원에 갇혀 살아야 하는 동물들이 겪는 문제에 대해 해결방안이 무

▌비주얼씽킹으로 만든 이미지 문제 카드를 붙이고 포스트잇에 해결 방안을 써서 옆에 붙인다.

엇이 있을지 생각을 나눠 본다. 모둠별로 만든 이미지 문제 카드를 펼쳐 놓고 각 문제를 해결하기 위한 방법들을 포스트잇에 작성해서 붙이게 한다.

교사   동물원의 문제점을 해결하기 위한 방안들에는 무엇이 있을까요? 모둠에서 나누었던 내용을 함께 공유해 봅시다.

학생1   저는 동물원이 동물들의 자유를 억압하고 있다는 문제점에 대한 해결방안으로 동물들이 자유롭게 살 수 있도록 그들의 서식지를 야생동물보호구역으로 지정하는 방안을 제시했어요. 원래 살았던 환경에서 살 수 있도록 동물들의 삶의 터전을 인정하고 보호해야 한다고 생각했기 때문입니다.

학생2   저는 동물원의 동물들이 인간의 관람과 오락의 대상이 되는 문제점에 대한 해결방안을 생각해 보았어요. 요즘같이 IT기술이 발달한 환경에서는 AR이나 VR을 통해서 동물들의 생태를 생생하게 관람할 수 있다고 생각합니다. 진보된 기술력을 활용한다면 동물들이 사람들의 시선으로부터 스트레스받는 것을 줄일 수 있다고 생각합니다.

학생3   저는 동물원 관리에 대한 정부의 책임에 대해 말하고 싶습니다. 비좁은 우리와 동물들의 안전과 복지가 보장되지 않는 동물원에 대한 관리 감독이 꼭 필요하다고 생각합니다. 또 동물을 학대하는 경우 처벌할 수 있는 제도적 장치가 필요하다고 생각합니다.

학생 4   저는 동물을 대하는 인식의 문제점을 해결하는 방안을 제시하고 싶습니다. 동물도 사람들과 똑같은 생명을 가진 존재이므로 행복하고 자유롭게 살 수 있는 권리를 인정하는 태도를 갖는 것이 우선 되어야 합니다. 우리가 살아가는 공간은 인간만의 세상이 아니라 인간을 포함한 모든 생명을 가진 존재가 함께 살아가야 하는 공간이라는 생각을 할 수 있도록 정규 교육과정에서 가르치고 인식을 개선할 수 있도록 해야 한다고 생각합니다.

문제점을 해결할 수 있는 방안들을 함께 이야기 나눈 다음 버블맵˚으로 정리해 본다. 버블맵은 가운데 버블에 주제를 쓰고 주변에

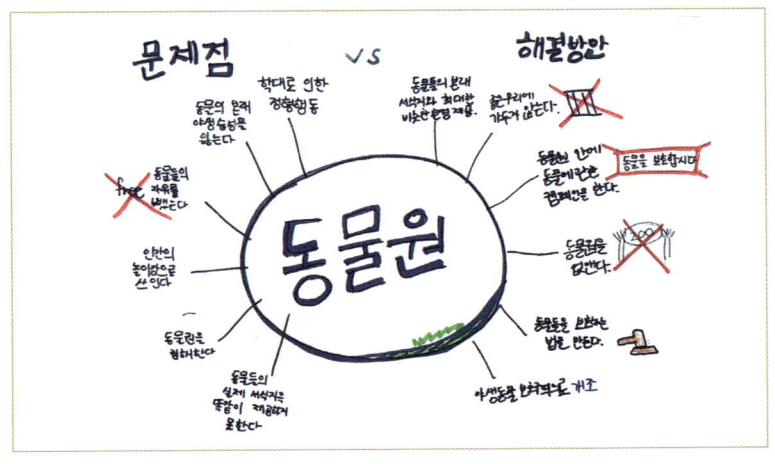

---

* 『그림을 그리면 생각이 보인다 비주얼씽킹 수업』, 우치갑 외, 디자인펌킨, 2015, p. 76-77 참조.

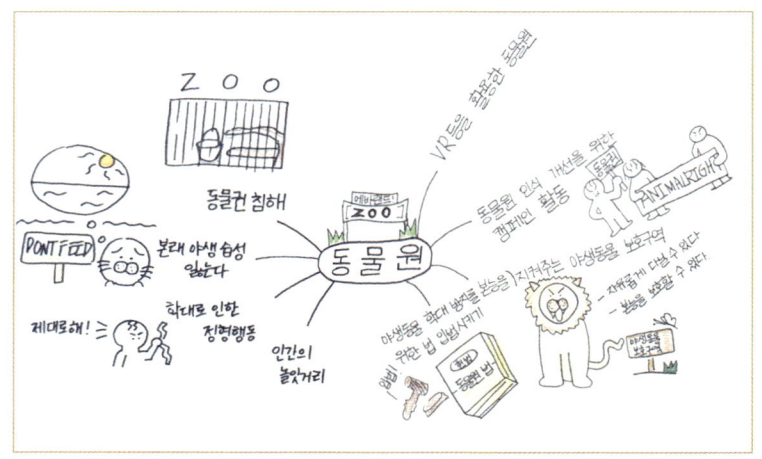

▎학생들이 정리한 버블맵. 동물원의 문제점과 해결방안을 양쪽으로 나누어 쓰도록 했다.

학습주제와 관련된 속성을 쓰는 활동이다. 중심 버블에 '동물원'이라고 쓰고 왼쪽에는 문제점을 오른쪽에는 해결방안을 정리해 본다.

토론 후 활동 2
동물 권리선언문 작성하기

『동물원』은 인간을 위해서 자유로운 삶의 공간을 빼앗긴 동물들의 쓸쓸함과 상실감을 빈 우리를 통해 표현하는 것처럼 보인다. 동물들은 좁은 철창 우리에 갇혀 사람들의 구경거리가 되고, 부드러운 흙과 풀 대신 차가운 시멘트 바닥에서 생활해야 하며, 싱싱한 고기와 나뭇잎 대신 인간이 주는 사료를 먹어야 한다. 마음껏 뛰어놀 수 있는 공간도 없다. 야생의 본능을 잃고 자유와 행복을 뺏긴 채 사람들이 감상하고 즐기는 오락거리의 대상이 된다. 『동물원』 속 텅 빈 우리를 통해 동물들이 있어야 할 곳이 동물원의 차가운 우리가 아니라는 것을 말하고 있다. 소녀와 만나는 환상의 공간은 울타리도 없고 시멘트 바닥도 아닌 동물들이 원래 있어야 할 본래의 서식지 모습이다. 그곳에서 동물들은 무척이나 행복해한다.

동물원은 인간의 이기심이 만들어 낸 폭력의 공간이다. 우리는 동물의 권리와 행복에 대해 얼마나 생각해 보았을까? 동물들의 행복과 권리가 인간을 위해 희생되는 것은 당연한가? 인간과 모든 생명이 함께 공존하고 행복해야 할 당연한 권리를 외면하고 살아온 것에 대해 되돌아봐야 한다. 동물들과 인간이 함께 공존하며 살아가는 방법들은 무엇이 있을까? 학생들과 동물이 행복해지기 위한 권리, 동물이 동물답게 살아갈 수 있는 동물의 권리에 관해 이야기를 나눠 본다.

동물권(動物權, animal rights)은 사람이 아닌 동물 역시 인권에 비견되는 생명권을 지니며 고통을 피하고 학대당하지 않을 권리 등을 지니고 있다는 견해를 말한다. 동물권에 대해 인식하고 동물권 증진을 위해 노력하는 사람들이 각각의 의견과 다른 접근 방식을 가지고 있으면서 공통으로 갖는 견해가 있다. 그것은 동물이 돈의 가치로, 음식으로, 옷의 재료로, 실험 도구로, 오락을 위한 수단으로 쓰여서는 안 되며 인간처럼 지구상에 존재하는 하나의 개체로 받아들여져야 한다는 것이다.

동물권에 기초해서 동물원의 동물들이 행복해지기 위해 권리선언문을 쓴다면 어떤 내용을 쓸 수 있을까? 아이들과 함께 동물의 권리선언문을 작성해 본다. 구체적으로 어떻게 동물들의 권리를 보장해야 할 것인지 생각해 본다. '모든 동물은 ○○할 수 있는 권리가 있다.'는 형태로 작성한다.

- 모든 동물은 행복한 삶을 살 권리가 있다.
- 모든 동물은 자유롭게 행동할 권리가 있다.
- 모든 동물은 적절한 치료를 받을 권리가 있다.
- 모든 동물은 인간들에게 잡히지 않을 권리가 있다.
- 모든 동물은 인간의 손에 맞춰 진화되지 않고 습성에 따라 진화할 권리가 있다.
- 모든 동물은 인간의 손에 잡혀 살지 않고 자유로울 권리가 있다.
- 모든 동물은 자연을 누릴 권리가 있다.
- 모든 동물은 종마다 어울리는 환경에서 살아갈 권리가 있다.
- 모든 동물은 학대받지 않을 권리가 있다.
- 모든 동물은 자유로울 권리가 있다
- 모든 동물은 사람들의 구경거리가 되지 않을 권리가 있다.
- 모든 동물은 기본적인 삶을 누릴 권리가 있다
- 모든 동물은 공포와 스트레스를 받지 않을 권리가 있다.
- 모든 동물은 생명을 보호받을 권리가 있다.

`토론 후 활동 3`

동물권 홍보엽서 만들기

동물원의 서식지 환경 개선과 구조적 문제의 해결도 중요하지만 그와 동시에 동물들을 대하는 사람들의 인식개선도 필요하다. 동물도 인간의 인권에 견줄 수 있는 동물권을 가지고 있으며 고통받거나 학대당하지 않을 권리가 있다. 이러한 동물권에 대해 인식하고 동물을 대하는 태도의 변화가 중요하다고 생각한다. 이러한 동물들의 동물권을 알리는 홍보엽서를 만들어 본다.

[준비물] 캘리그래피용 엽서, 채색 도구

앞면은 동물권 의미를 설명하거나 동물권의 문제를 알릴 수 있는 내용이 드러나게 문구를 구성한다. 그리고 비주얼씽킹이나 이미지 자료를 활용한다.

뒷면은 동물권을 알리기 위한 글을 적는다. 동물권이 무엇인지, 왜 동물권을 존중해야 하는지 등을 알리기 위한 편지글의 형태로 작성한다. 편지를 받는 대상은 자유롭게 정할 수 있다.

동물원은 동물들에게 어떤 공간이 되어야 할까? 적어도 좁은 우리 안에 가둬 놓고 전시되어 많은 사람들에게 관람과 오락의 대상이 되는 곳은 아니어야 한다. 다행히 기존의 동물원들이 생태동물원으로 전환하고 있는 것이 세계적인 추세이다. 답답하고 좁은 철창 속이 아닌 원래의 서식지와 유사한 환경으로 개선하기 위한 노력은

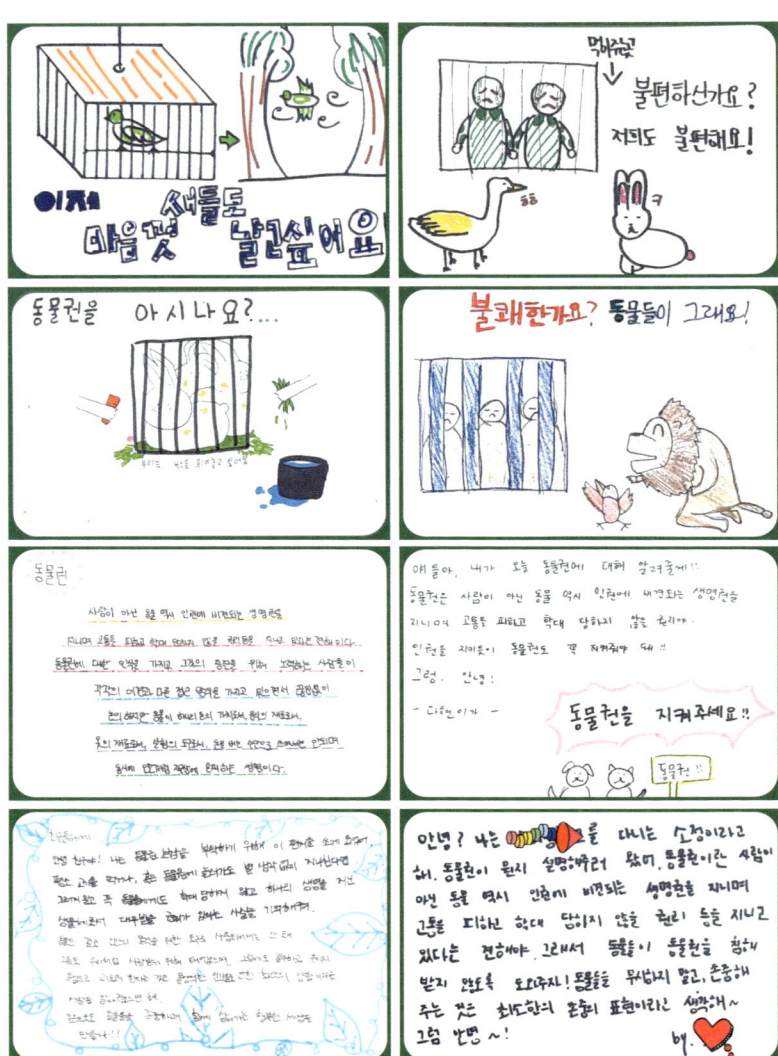

▍학생들이 만든 동물권 홍보엽서. 앞면에는 비주얼씽킹으로 만든 이미지를 활용하고, 뒷면에는 동물권을 알리는 편지글을 적었다.

지속되어야 한다. 이러한 사육 환경의 개선과 아울러 사람들의 인식을 전환할 수 있는 교육이 필요하다. 동물원에 갇혀 살아가는 동물들은 인간에 의해 서식지를 잃고 멸종위험에 처해 원서식지로부터 떠나 오게 된 경우가 많다. 우리는 동물원을 통해 동물들이 원서식지를 떠나 동물원에 오게 된 이유, 동물원을 찾는 사람들의 생각과 태도, 인간과 동물의 관계, 동물원의 역할과 존재 이유 등에 대해 교육해야 할 필요가 있다. 이런 교육을 통해 동물원을 새로운 시각으로 바라보고, 동물과 사람이 행복하게 공존할 수 있는 방법을 찾기 위해 노력해야 한다.

📖 **함께 읽으면 좋은 그림책**

『동물원』, 앤서니 브라운 지음, 논장
『우리 여기 있어요, 동물원』, 허정윤 글, 고정순 그림, 킨더랜드
『이상한 동물원』, 이예숙 지음, 국민서관
『63일』, 허정윤 글, 고정순 그림, 킨더랜드
『서로를 보다』, 윤여림 글, 이유정 그림, 낮은산

장애를 보는 다른 시선
『위를 봐요!』

『위를 봐요!』
정진호 지음
현암주니어

수지는 차를 타고 가족 여행을 가는 중이다. 그런데 자동차 사고가 나는 바람에 수지는 다리를 잃는다. 그날 이후 수지는 매일같이 아파트 베란다에서 무채색의 거리를 내려다본다. 길에는 많은 사람들이 앞만 보며 바쁘게 걸어간다. 수지는 검정 머리만 보이는 사람들이 마치 개미 같다고 생각한다. 아이들과 강아지가 놀기도 하고, 비가 오면 우산들의 행렬이 생기기도 한다. 수지는 묵묵히 그 모습들을 지켜본다. 어느 날 수지는 마음속으로 힘껏 외친다.

  '내가 여기에 있어요. 아무라도 좋으니…… 위를 봐요!'

  수지의 간절한 외침을 듣기라도 한 듯, 기적처럼 한 아이가 고개를 들어 수지를 쳐다본다. 위에서 내려다보면 제대로 안 보일 거라면서 아이는 자신의 전신을 다 보여 주기 위해 팔다리를 활짝 펴고 드러눕는다. 아이의 이상한 행동은 지나가던 사람들의 발길을 멈추게 한다. 장바구니를 들고 가던 아주머니도, 강아지와 함께 산책하던 아이도, 손잡고 데이트 하던 커플도, 가방 메고 학교 가던 학생도, 자전거 타고 가던 청년도 모두 거리에 누워 위를 본다. 그제야 수지도 고개를 들어 위를 본다. 따스한 봄날, 무채색의 거리에는 알록달록 화사한 꽃이 가득 피어나고, 그 아래 친구와 나란히 앉아서 위를 보며 미소 짓는 수지가 있다.

학교에서는 통합학급을 운영해 장애학생과 비장애학생이 한 공간에서 함께 배운다. 하지만 우리 사회는 아직 장애인들의 권리와 그들의 삶에 대한 공감이 많이 부족하다. 우리나라의 장애인구는 2001년부터 2011년까지 꾸준히 증가하다가 2012년을 기점으로 감소 추세를 보였다. 그러다 다시 장애인구가 증가해 왔다.

장애인들을 다른 사회 구성원들과 동등하게 바라볼 수 있는 사회, 장애가 있더라도 더불어 잘살 수 있는 사회가 되기 위해서는 학교 교육에서 장애 이해 교육이 반드시 제대로 이루어져야 한다. 장애 이해 교육은 장애인의 입장을 이해하고 공감하는 데서부터 시작해야 한다. 이것은 비단 장애인뿐만 아니라 사회적 약자들을 이해하는 교육이기도 하다. 장애인들을 이해하기 위해서는 시선 바꾸기를 통해 그들의 입장에 서서 바라보아야 한다.

"누군가를 바라보고 싶은 마음,
그리고 그곳에 존재하는
사람의 감정과 느낌을 궁금해하는
마음으로 그림책을 만든다."

- 정진호

> **작가 소개**
>
> 이야기가 담긴 집을 꿈꾸며 건축을 배웠습니다. 병원에서 보낸 어린 시절 동화와 이야기를 벗 삼아 자랐습니다. 첫 그림책 『위를 봐요!』로 2015 볼로냐국제아동도서전 라가치상, 『벽』으로 2016년 황금도깨비상 우수상, 『부엉이』로 한국 안데르센상 미술부문 우수상을 수상했습니다. 그린 책으로는 『벽』, 『3초 다이빙』, 『오리 돌멩이 오리』 등이 있습니다.

그림책 작가가 된 이유

그림책 작가로 데뷔하고 나서 가장 많이 받았던 질문입니다. 건축은 인류의 발전과 궤를 같이해 온 만큼 품고 있는 의미가 굉장히 넓습니다. 예를 들어, '춤추다', '노래하다'가 무용인과 가수의 작업만을 의미하는 것이 아니듯, 마찬가지로 건축도 건축적인 사고와 시각을 가지고 무엇을 고민하는 행위 전체를 저는 '건축하다'라고 생각합니다. 이런 의미에서 저는 건축 교육을 받은 사람으로서 지닐 수 있는 시각과 소재를 사용해서 그림책을 만들기에 그림책 작가이지만 건축을 하고 있다고 표현합니다. 저의 '그림책으로 건축하기, 건축으로 그림책 하기'는 앞으로도 계속 이어질 것입니다.

그림책 작가의 장점

어릴 때부터 창작이 좋았습니다. 무엇을 만들고 구성하는 일들을 좋아했습니다. 그림책 작가가 되고 나서 제 창작물을 세상에 발표할 수 있다는 점이 가장 좋았습니다. 만드는 일만으로도 즐거운데 그것을 세상에 소개하고, 내 창작물을 사람들이 읽고 평하고, 그것으로 저는 제 삶을 영위할 수 있다는 과정 자체가 즐겁고 행복합니다. 또 작가가 되기 전에는 알지 못했던 즐거움이 있는데, 바로 독자의 존재입니다. 내 책을 좋아하고, 내 책에 대해 이야기하고 싶은 분들을 직접 만나는 일이야말로 작가로 데뷔한 이래 가장 신기하면서도 행복한 기억들입니다.

『위를 봐요!』를 만든 계기

『위를 봐요!』를 만든 계기를 구성하는 두 개의 축이 있습니다. 하나는 제가 겪었던 병원에서의 경험이고, 다른 하나는 건축적 시선입니다.

『위를 봐요!』는 제 첫 번째 책이고, 저의 경험이 일부 녹아 있습니다. 다른 인터뷰에서도 여러 번 언급했던 부분인데요, 저는 두 살 때 오른손 약지에 화상을 입었습니다. 압력밥솥 김에 손을 대었다가 손가락 피부가 녹아 버렸습니다. 7살 때까진 중지와 약지가 붙어 있었습니다. 한번 녹아 버린 피부는 자라지 않는데 손가락뼈는 계속 자라기에 완전히 피부 이식을 했던 중학생 때까지 손가락이 굽어 있습니다. 전신 마취를 해야 하는 큰 수술을 4차례나 받았기 때문에, 어린 시절 상당히 많은 시간을 병원에서 지내야 했습니다. 그

때 병원에서 만났던 친구들과의 추억과 경험들이 책에 많이 녹아 있습니다.

『위를 봐요!』는 평면도의 구성으로 책 전체가 이루어져 있습니다. 평면도는 집의 전체적인 모습과 넓이를 보여 주기 위한 도면입니다. 일반적으로는 시각적 이해를 돕기 위해 비교 대상으로 사람을 함께 그려 넣습니다. 저는 대학생 때, 평면도를 그리며 집 안에 있는 사람들의 표정이 궁금했습니다. 왜냐면 평면도에서는 사람들의 머리 꼭대기만 보이니까요. 평면의 세계에서 공간을 바라보는 사람은 어떤 표정과 감정을 느낄까? 그렇다면 그 사람의 감정과 표정을 보여 주려면 어떡해야 할까? 저는 종종 위를 바라보는 사람들을 평면도에 그려 넣곤 했습니다.

그리고 두 가지 축들이 합쳐져 『위를 봐요!』라는 그림책이 탄생하게 되었습니다. 책의 메시지는 읽는 사람마다 다를 것입니다. 하지만 누군가를 바라보고 싶은 마음, 그리고 그곳에 존재하는 사람의 감정과 느낌을 궁금해하는 마음, 그런 것들을 표현하고 싶었습니다.

가장 애착을 느끼는 한 장면

가장 애착이 가는 장면은 사람들이 "모두 위를 봐요!"라고 외친 후, 수지가 웃는 얼굴로 고개를 드는 장면입니다. 첫 더미북에서는 그 장면이 책의 마지막 장이었습니다. 이후 출간되며 후일담의 형태로 색깔과 꽃이 핀 장면이 추가되었습니다. 수지의 얼굴을 보여 준다는 아이디어가 굉장히 마음에 들었습니다. 하지만 아이들은 제 의도와는 다르게 수지의 웃는 입이 찢어진 것 같다며 무서워합니다. 이 점도 재미있어서 아끼는 장면입니다.

『위를 봐요!』는 제가 그림책 작가일 때 만든 책이 아니고, 대학생 때 취미로 만든 작업이다 보니 더미북이나 원화 같은 것이 없습니다. 조각조각 그린 데다가 그림 조각들이 들어 있는 노트는 송파 책박물관에 전시되어 있습니다. 이후는 대부분 컴퓨터 작업이라 지금 책으로 출간된 장면이 그냥 처음 만든 그대로라 생각하시면 됩니다.

앞으로의 계획과 한마디

씨앗 같은 책을 쓰고 싶습니다. 사실 그림책은 짧습니다. 표현할 수 있는 한계점도 분명히 존재합니다. 얼핏 보면 작은 씨앗 한 개입니다. 하지만 어디에 심어지냐에 따라 다양하게 피어나고 새로운 씨앗을 맺게 됩니다. 제 책이 그런 역할을 하길 바랍니다. 한 권에 모든 것이 다 들어 있는 책이 아니라, 독자에게 심어졌을 때 비로소 각각이 다른 모습으로 자라나는 책을 만들고 싶습니다.

정진호 작가가 권하는 『위를 봐요!』 읽기

『위를 봐요!』는 세 가지 방향으로 돌려보며 읽는 것을 추천합니다. 첫 번째는 원래 책이 제본된 방향대로 읽어가는 방식, 두 번째는 책을 90도 돌려서 베란다에 앉은 수지를 마주하고 읽는 방식, 마지막으로는 다시 책을 180도 돌려서 바닥에 누운 사람들의 입장에서 책을 읽어 보는 방식입니다. 세 가지 모두 조금씩 다른 경험을 줄 것

▎길을 가던 사람들이 모두 위를 올려다보고 수지도 하늘을 보며 활짝 웃는 장면.
건축의 조감도와 같은 느낌으로 내려다보는 구도로 표현했다.

입니다.

아무래도 장애인이 주인공인 책이다 보니 『위를 봐요!』를 장애인을 위해 쓴 책으로 소개하는 분들도 계십니다. 하지만 수지가 장애를 가졌다는 점만이 전부가 아니기 때문에 그런 소개는 책을 이해하는 폭을 좁히게 됩니다.

또 장애인을 '위한다'는 말은 개념이 굉장히 모호하며 또 시혜적인 시선으로 착각하기 쉽습니다. 저는 애초에 장애인을 '위해야' 하는 대상이라고 생각하지 않습니다. 그냥 '머리 붉은 사람, 수염 난 사람, 키 큰 사람'처럼 어떤 이유, 어떤 사정인지 궁금해하지 않아도 자연스럽게 받아들일 수 있는 우리 사회의 한 구성원의 모습일 뿐이라고 생각합니다. 그냥 장애인이 주인공인 책 정도가 이 책을 소개하는 가장 좋은 방향일 것입니다.

『위를 봐요!』로
토론 수업하기

토론 전 활동

수지의 방 그리기

'수지의 방 그리기'는 사고를 당하기 전과 후, 달라진 방의 모습을 구체적으로 그려보면서 주인공의 삶 속으로 들어가는 활동이다.

① 종이, 연필, 색연필 등 그림 도구를 준비한다.
② 종이를 좌우로 이등분하여 왼쪽에는 '사고 전', 오른쪽에는 '사고 후'라고 적는다.
③ 수지의 방을 그린 후, 변한 점과 그 이유를 적는다.
④ 모둠원들에게 자신이 그린 그림을 보여 주며 설명한다.

청소년 시기에는 자아가 강해지기 때문에 다른 사람의 입장에서 생각하는 것이 더 어렵다고 한다. 만약 "수지의 삶은 사고를 당하기 전과 후에 어떻게 달라졌을까요?"라고 질문한다면 학생들은 "휠체어를 타야 하니까 모든 것이 불편해졌을 거예요.", "우울해져서 집에만 있을 것 같아요." 정도의 피상적인 대답을 할 것이다. 하지만 수지가 사는 공간을 그리게 하면 학생들은 수지의 입장에 몰입해서 생각하게 된다. 자신들과 똑같이 잠을 자고, 밥을 먹고, 공부를 하고, 꿈을 꾸던 '수지'라는 인물의 삶을 구체적이고 생생하게 그리게 되는 것이다. 이 과정에서 학생들은 '시선 바꾸기'를 경험하게 된다. 비장애인의 시선으로 장애인을 보는 것이 아니라, 장애인의 시선으로 삶의 공간을 그려 보는 것이다. 수지의 방을 그린 후에는 모둠별로 자신의 그림을 설명한다. 이때, 공간 변화에 대한 자신의 생각에 이유를 들어 말하면 '시선 바꾸기'는 더 정교하고 생생해진다. 자신이 미처 발견하지 못한 친구의 '시선'을 통해 생각이 더 확장되고 그 과정에서 공감 능력을 키울 수 있다.

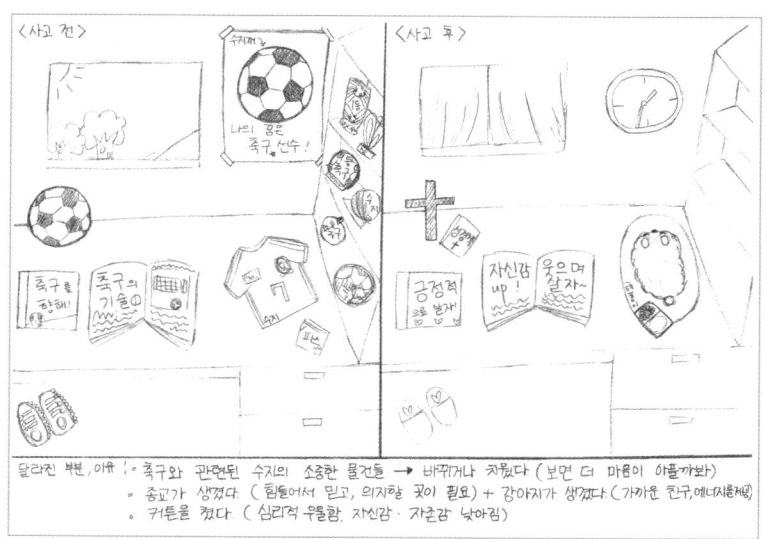

학생1	나는 수지가 축구선수를 꿈꾸는 학생이었을 거라고 상상해 봤어. 다리를 잃었으니 축구선수의 꿈을 버릴 수밖에 없었을 거야. 너무 슬펐을 거고, 그래서 축구와 관련된 물건들은 다 치웠어. 꿈을 잃고 힘들어 하는 수지는 마음을 의지하기 위해 종교를 가지거나 강아지처럼 반려동물을 키우기 시작했을 것 같다는 생각을 했어. 하지만 심리적으로 많이 힘들었겠지. 자존감이 낮아져서 바깥세상을 두려워하는 마음을 창문에 커튼을 친 것으로 표현했어.
학생2	달라진 점은 예전보다 방이 예쁘게 변했다는 거야. 왜냐하면 수지의 부모님이 사고의 충격으로 우울해할 수지를 위해 방 꾸미기에 신경을 쓰셨기 때문이야. 책상은 휠체어에 비해 낮아 공부하기 편하도록 높은 책상으로 바꼈고, 잠자

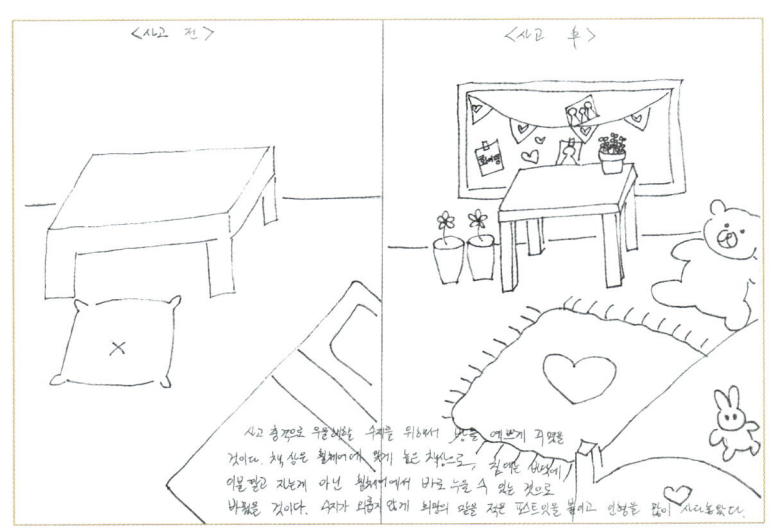

리도 휠체어 높이에 맞춰서 바로 누울 수 있는 침대로 바꿨을 것 같아. 또 수지를 외롭게 하지 않기 위해 희망의 말을 적은 포스트잇을 붙이고, 인형을 많이 사다 놓은 모습으로 그려 봤어.

학생들은 수지의 방을 그리면서 자신의 방을 떠올렸고, 자신의 물건 중에서 수지에게는 무용지물일 것이라 생각되는 것들을 지워 나갔다. 그러면서 그동안 당연하게 할 수 있었던 신체활동을 수지는 더 이상 할 수 없다는 점, 좋아하던 것과 장래 희망을 포기해야 한다는 점을 안타까워했다. 대부분의 학생들은 수지의 우울한 심리 상태를 걱정해서 위로와 용기를 주기 위한 물건을 그려 넣었는데, 몇몇 학생은 수지가 또 다른 꿈을 갖게 되었을 수도 있다면서 앉아서 작업할 수 있는 컴퓨터와 주변 장비를 그려 넣기도 했다.

모둠 내에서 그림을 발표하면 학생들끼리 의견의 차이가 발생할 수도 있다. 그럴 경우, 교사가 개입해서 이 활동의 목표는 장애인의 입장에서 생각해 보는 것이므로 옳고 그름을 따지지 않도록 안내한다. 여유가 있다면 각 모둠에서 가장 구체적이고 독창적인 시선으로 그린 작품을 뽑아 학급 전체를 대상으로 발표하는 시간을 가진다.

> 토론 활동

피쉬 본 토론

피쉬 본(생선 뼈)은 원인-결과 그림(cause and effect diagrams)의 일종으로 주로 경영학에서 사용되는 토의·토론 기법이다. 문제의 원인을 생선 가시 모양의 구조화된 그림으로 나타냄으로써 보다 정확하고 분명하게 이해할 수 있다. 아울러 무엇이 부족한지, 무엇이 해결 방법이 될 수 있는지도 발견하게 해 준다.*

『위를 봐요!』 토론 활동에서는 피쉬 본을 2단계로 나누어 진행했다. 1단계는 전체 학생들과 자유롭게 이야기하면서 각자 피쉬 본을 그려 보는 활동, 2단계는 모둠원들과 토론하며 모둠의 피쉬 본을 완성하는 활동이다.

피쉬 본 1단계 질문
"사고 후 수지는 왜 집에만 있게 되었을까?"

수지는 아파트 베란다에서 늘 아래를 바라보고 있다. 지나가는 사람들의 머리를 보면서 수지는 마음속으로 '위를 봐요!'라고 외친다. 사람들과 만나고 소통하고 싶지만 집 밖으로 나가기를 두려워했던 수지의 상황과 처지를 이해하고 소통하기 위해 이 질문을 선정했다.

---

* 『토의·토론 수업방법 84』(4판), 정문성, 교육과학사, 2017, p. 287.

토론 질문 준비하기

피쉬 본은 문제의 원인을 찾는 것이 주된 목적이기 때문에 주인공이 처한 문제 상황을 질문으로 준비했다. 수지는 교통사고를 당해 다리를 잃고 집 밖으로 나가려 하지 않는다. 피쉬 본 1단계 활동으로 수지가 집에만 있게 된 원인을 찾아 구조화해 보기로 했다.

피쉬 본 작성법 안내하기

토론에 앞서 피쉬 본의 기본 모양이 그려진 종이를 1장씩 나누어 주고, 피쉬 본 작성법을 안내한다. 먼저 머리뼈 부분에 문제 상황인 '수지가 집에만 있게 됨'을 적는다. 그런 다음 문제 상황이 생기게 된 원인을 떠오르는 대로 적은 뒤, 큰 원인(포괄적 원인)과 작은 원인(구체적 원인)으로 유목화해서 피쉬 본을 완성한다. 가로로 된 작은 가시에는 큰 가시에 포함되는 구체적인 원인을 적고, 세로로 된 큰 가시에는 구체적인 원인을 유목화한 포괄적인 원인을 적는다. 피쉬 본

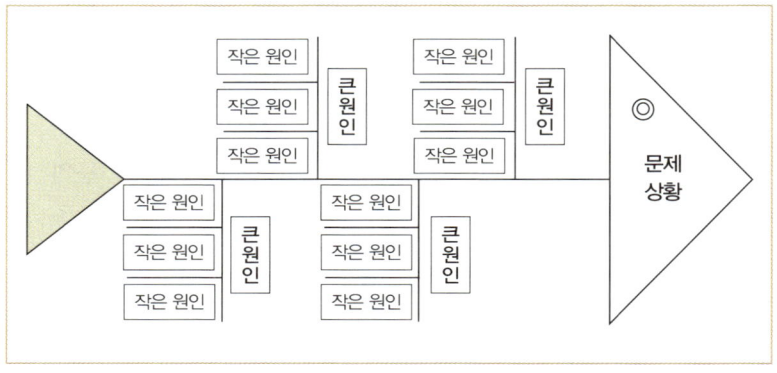

『토의·토론 수업방법 84』(4판), 정문성, 교육과학사, 2017, p.287 참고

의 모양과 뼈의 개수는 자유롭게 변형할 수 있다. 시간이 부족할 때는 피쉬 본 그림을 미리 인쇄해 나누어 주지만 상황에 따라 학생들이 직접 피쉬 본의 모양을 그리게 하면 좀 더 다양한 결과물을 얻을 수 있다.

생각 나누고 피쉬 본 그리기
질문에 대해 전체 학생들이 자유롭게 의견을 나누고, 개인별로 피쉬 본을 그리면서 문제의 원인을 고민해 보는 단계이다.

문제 상황 사고 후 수지는 왜 집에만 있게 되었을까?

교사 사고 후에 수지는 집 밖으로 나가려 하지 않았어요. 베란다에서 지나가는 사람들을 바라보기만 했죠. 왜 수지는 집에만 있게 되었을까요?

학생1 다니기 불편해서요. 그림책을 보면 수지는 집에서도 휠체어를 타요. 밖에 나가서도 휠체어를 타고 다녀야 하는데 당연히 불편해서 안 나왔을 것 같아요.

학생2 길도 울퉁불퉁하고, 계단도 많아서 휠체어가 다니기 어려워요. 전동휠체어라도 힘들 것 같아요.

학생3 사람들이 이상하게 쳐다봐서요. 장애인이 지나가면 다들 한 번씩 쳐다보잖아요.

학생4 수지는 자존감이 엄청 떨어졌을 거예요. 사람들 앞에 나설 용기가 없었겠죠.

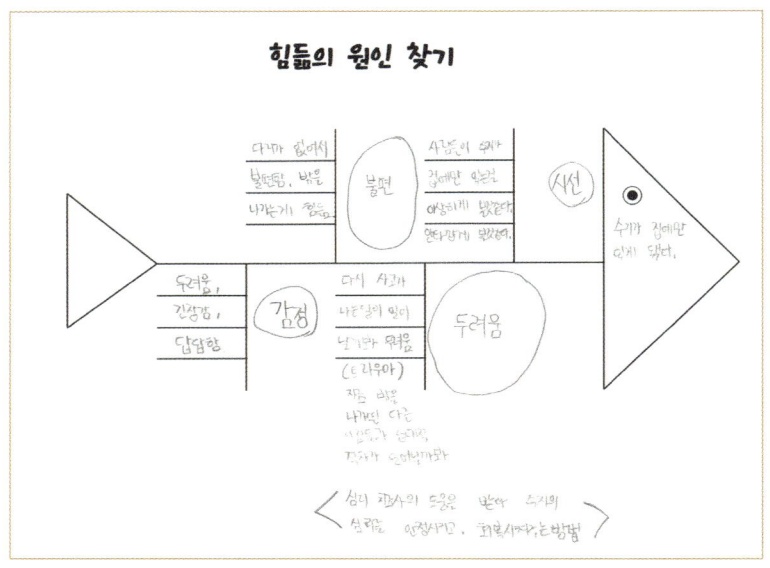

학생 5   또 사고를 당할까 봐 무서웠을 것 같아요. 교통사고의 충격이 크지 않았을까요? 다리가 불편하니까 집 밖을 더 위험하게 생각했을 거예요.

학생 6   쌩쌩 달리는 자동차만 봐도 사고의 기억이 떠올라서 힘들었을 거예요.

학생 7   수지가 원래도 소극적인 성격이어서 친구가 없었을 수 있어요. 친구가 있었다면 밖에서 같이 놀았을 것 같아요.

학생 8   친구들이 찾아와도 피했을 거고 시간이 흐르면서 친구들이 찾아오지 않게 되었을 거예요. 자신감이 없으니 먼저 연락하지도 못했을 거고요.

학생 9   부모님이 슬퍼할까 봐 일부러 안 나간 건 아닐까요? 사람들

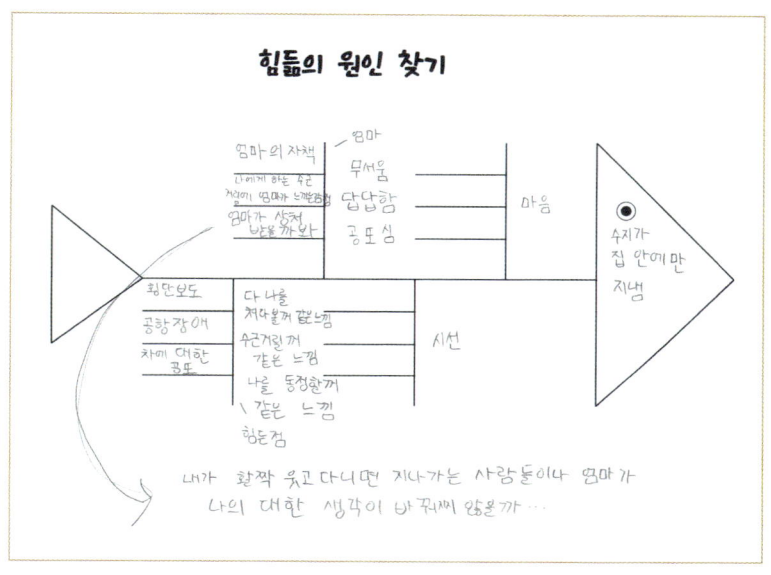

이 딸을 불쌍하게 쳐다보면 부모님이 자책하면서 괴로워하시니까 그런 상황을 아예 만들지 않으려고요.

학생 10   밖에 나가지도 않고 늘 베란다에서 아래만 쳐다보는 수지를 보는 부모님 마음이 더 아팠을 것 같아요.

피쉬 본을 처음 그려 보는 학생들은 포괄적 원인, 구체적 원인을 나누고 유목화하는 활동을 어려워할 수 있다. 하지만 피쉬 본은 문제의 원인을 다양한 방면에서 생각할 수 있도록 돕는 도구이다. 피쉬 본 자체의 완성도보다는 문제의 원인을 다각도에서 깊이 있게 생각할 수 있도록 안내한다.

학생들은 수지가 집에만 있게 된 원인을 다양하게 생각해 보았다. 구체적 원인을 유목화한 큰 가시로는 장애인을 바라보는 부정적인 시선, 교통사고에 대한 공포, 장애인 배려 시설의 부족함, 수지의 심리적 위축, 친구의 부재 등이 많이 나왔다.

피쉬 본 2단계 질문
"수지가 우리 학교에 다닌다면 무엇이 가장 불편하고 힘들까?"

학생들과 가장 가까운 공간인 학교를 기준으로 장애인을 위한 시설이나 정책에 대해 살펴보도록 질문을 선정했다. 학생들은 장애인의 시선으로 늘 생활하던 공간을 새롭게 인식하게 될 것이다.

토론 질문 준비하기
피쉬 본 1단계 활동을 통해 학생들은 신체적 장애가 있는 사람이 외출하기 위해서는 심리적, 환경적으로 많은 준비가 필요함을 알게 되었다. 피쉬 본 2단계 활동으로 '수지가 우리 학교에 다닌다면 무엇이 가장 불편하고 힘들까?'라는 질문을 준비했다.

모둠 구성하기
모둠 구성은 4~6명이 적당하다. 모둠의 의견을 구조화해서 피쉬 본을 그리기 위해서는 모둠원들이 자유롭게 의견을 주고받을 수 있어야 한다. 교실처럼 큰 공간에 많은 수의 학생이 참여한다면 4인 1모둠을 권한다.

모둠별 피쉬 본 그리기

주어진 질문에 대해 모둠원끼리 자유롭게 의견을 나눈 다음, 모둠의 피쉬 본을 완성한다. 모둠의 피쉬 본이 완성되면 그중 가장 큰 원인이 무엇인지에 대해서도 의견을 나눈다.

문제 상황 수지가 우리 학교에 다닌다면 무엇이 가장 불편하고 힘들까?

[1모둠]

학생1 우리 학교는 계단이 너무 많아. 등교할 때부터 2층으로 올라와야 하잖아. 휠체어로 들어오려면 운동장 쪽 현관으로 돌아서 들어와야 해서 불편해.

학생2 맞아. 과학실, 음악실, 체육관 어디든 이동하려면 계단을 통과해야 해. 그런데 엘리베이터는 한 대뿐이야. 쉬는 시간은 짧은데, 이동수업까지 많은 날은 너무 불편할 것 같아.

학생3 교실 책상은 휠체어가 들어갈 만한 크기가 될까? 너무 작은 것 같은데?

학생4 우리 교실은 인원도 너무 많아. 우리가 지나다닐 때도 좁은데 휠체어는 못 지나가지.

　모둠별로 의견을 나눈 다음 모둠 대표가 발표한다.
　"우리 모둠에서는 학교의 장소별로 불편함의 원인을 찾아보았습니다. 가장 큰 원인은 교실과 복도 모두 학생 수에 비해 너무 좁다

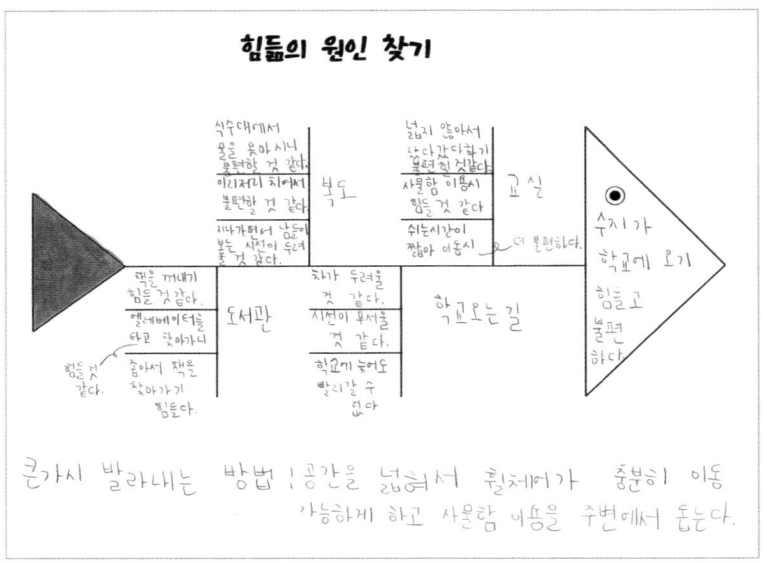

는 것입니다. 교실 책상 사이는 휠체어로 이동하기 어렵고, 사물함 앞의 공간도 너무 좁아서 사용하기 어려워요. 등굣길에는 차들이 늘 다니니까 두려운 마음이 클 것이고, 사람들이 쳐다봐서 신경 쓰일 것 같습니다. 지각했을 때 다른 학생들은 뛰어가는데 자신은 그럴 수 없으니까 속상할 것 같아요. 복도에서는 학생들이 많이 뛰어다니기 때문에 이리저리 치일 것 같고, 식수대도 장애인을 위한 시설이 아니어서 이용을 못할 것 같아요. 친구들의 시선도 두렵고요. 도서관이나 운동장이나 4~5층에 있는 특별실로 이동하려고 해도 저 멀리 엘리베이터까지 가야 해요. 엘리베이터가 너무 한쪽 구석에 있어서 쉬는 시간 안에 이동하는 건 불가능해요."

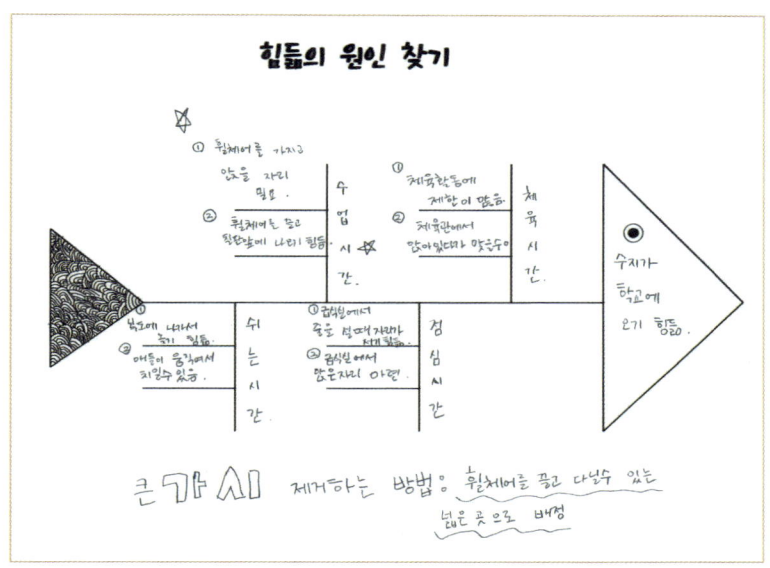

[2모둠]

학생1 체육 시간이 제일 불편할 것 같아. 농구, 축구처럼 우리가 좋아하고 자주 하는 운동 중에서 함께할 수 있는 게 없어. 소외감을 느낄 것 같아.

학생2 점심시간에 급식 먹을 때 엄청 불편할 것 같아. 급식실 의자는 테이블에 붙어 있잖아. 휠체어가 들어갈 자리가 없어.

학생3 게다가 테이블 사이도 좁아서 뒷사람이랑 자꾸 부딪혀. 배식 받을 때, 잔반 버릴 때 뭐든 다른 사람의 도움이 필요하니까 미안한 마음이 많이 생길 것 같아.

학생4 수업 시간마다 이동해야 하는 것도 힘들겠지? 엘리베이터가 하나밖에 없어서 이동 시간이 너무 많이 걸려. 일반 사

	람들이 타는 것도 문제야.
교사	이 모둠은 시간별로 원인을 찾고 있군요. 큰 가시를 시간별로 잡아 보면 좋을 것 같아요.

"2모둠에서는 학교생활을 시간별로 나누어 불편함의 원인을 찾아보았습니다. 수지가 가장 불편해할 큰 가시는 체육 시간이라고 생각했습니다. 학교 수업의 모든 운동은 장애가 없는 사람을 위한 종목이에요. 그래서 장애인은 가만히 앉아서 구경밖에 할 수 없습니다. 소외감이 들 거예요. 다른 수업 시간에는 휠체어가 들어갈 책상이 필요해요. 지금 책상은 너무 좁아요. 선생님들이 발표를 시킬 때 칠판 앞으로 나가는 것도 너무 힘들 것 같아요. 점심시간에는 급식실에 길게 줄 서는 것이 가장 힘들 것 같아요. 따로 먹을 수도 있지만 특혜를 받는 게 오히려 부담스러울 수 있어요. 교실처럼 휠체어 들어갈 식탁도 필요합니다. 쉬는 시간에 친구들이랑 놀아야 하는데 복도가 너무 복잡해서 힘들 것 같아요. 애들 움직임에 치이거나 애들이 이상하게 쳐다보면 상처받을 것 같습니다."

[3모둠]

학생1	자존감이 떨어진 게 가장 문제일 것 같아. 집 밖으로도 못 나오는데 학교에 어떻게 올 수 있겠어?
학생2	내가 수지라면 친구 관계가 제일 신경 쓰일 것 같아. 어쨌든 애들이 많이 쳐다볼 테니까 말이야. 친구들이랑 계속

학생3	같이 다닐 수 없으니까 친해도 한계가 느껴질 것 같아.
학생3	발표하고 싶어도 못할 것 같지 않아? 많이 소심해질 것 같아. 책상, 의자 이런 물건이 불편한 것보다 심리적인 게 더 클 수 있어.
학생4	도우미 친구가 있긴 할 테지만 그 친구가 봉사시간 받으려고 형식적으로 신청한 거라면 더 불편하겠지. 미안하기도 하고 자존심도 상하고.
교사	이 모둠에서는 심리적 원인을 많이 얘기하고 있군요. 심리적 원인과 환경적 원인으로 크게 나눠서 찾아보세요.

"3모둠에서는 수지가 학교에 오기 힘든 원인을 심리적 원인을 중

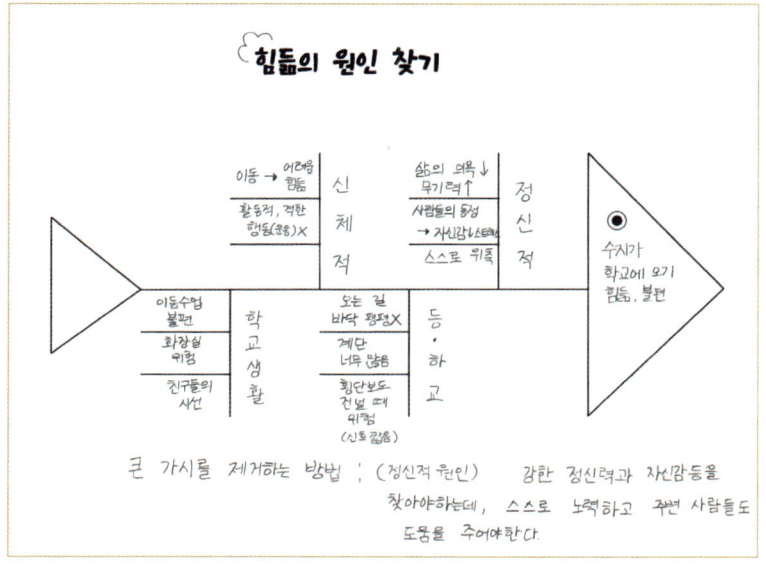

심으로 생각해 보았습니다. 가장 큰 가시는 수지의 정신적, 심리적 위축이라고 생각합니다. 삶의 의욕이 사라져서 무기력해지고, 사람들이 자신을 동정한다는 생각에 스스로 위축될 것 같습니다. 신체적 활동이 어렵기 때문에 운동도 못하고 스트레스를 많이 받을 것 같습니다. 등하교 할 때 보면 보도블록이 울퉁불퉁하고 계단도 너무 많아요. 횡단보도 건널 때 도로 폭에 비해 신호가 짧아서 위험합니다. 이런 데서 수지는 두려움과 어려움을 느낄 것 같습니다. 학교에 들어와서도 이동수업 때마다 불편하고, 화장실은 미끄러움 때문에 위험할 것 같아요. 친구들과의 관계도 진짜 중요한데 장애가 있다고 따돌리거나 무시하면 정말 학교 다니기 싫을 것 같아요."

토론 후 활동
학교에 유니버설 디자인 적용하기

유니버설 디자인(universal design, 보편 설계, 보편적 설계)은 제품, 시설, 서비스 등을 이용하는 사람이 성별, 나이, 장애, 언어 등으로 인해 제약을 받지 않도록 설계하는 것이다. 흔히 '모든 사람을 위한 디자인', '범용디자인'이라고 한다. 최근에는 공공교통기관 등의 손잡이, 일회용품 등이나 서비스, 주택이나 도로의 설계 등 넓은 분야에서 쓰이는 개념이다.*

---
* 유니버설 디자인, 위키백과

학교는 성별, 나이, 장애와 관계없이 누구나 안전하고 편안하게 사용할 수 있는 공간이어야 한다. 하지만 그동안은 다수인 비장애인의 편의를 주로 생각해서 지어진 것이 사실이다. 그래서 토론 후 활동으로 장애가 있는 수지가 우리처럼 편안하게 학교생활을 할 수 있도록 학교를 디자인해 보기로 했다.

앞서 한 피쉬 본 토론을 통해 수지가 겪을 문제 상황을 분석하고 원인을 파악해 보았다. 원인을 제대로 분석했다면 해결 방안도 따라 나오게 된다. 피쉬 본 토론으로 수지가 집에만 있었던 원인, 수지가 우리 학교에 다니게 된다면 경험하게 될 불편함의 원인을 찾아보았으니, 이번에는 유니버설 디자인으로 문제를 해결해 보도록 한다.

먼저 유니버설 디자인에 대해 예를 들어 설명한다. 계단과 경사면을 함께 설치한다든지 문턱을 없애고 핸드레일과 자동문을 설치하는 것 등 우리 주변에는 이미 많은 유니버설 디자인이 들어와 있다. 인터넷에서 쉽게 찾을 수 있으니 학생들에게 검색 시간을 주는 것도 좋다.

학생들이 유니버설 디자인에 대해 이해했다면 이제는 해결할 원인을 선택하도록 한다. 모둠의 피쉬 본에서 각자 해결하고 싶은 원인을 고른 뒤, 그 원인을 없앨 수 있는 방법을 고민하게 한다. 이 해결 방법이 바로 유니버설 디자인이 된다. 해결 방법은 학교 공간의 재구성, 시설이나 물품의 디자인 변경, 학생에게 제공하는 서비스나 학교 구성원의 의식 개선일 수도 있다.

학생들이 유니버설 디자인을 생각해냈다면 그것을 적용한 학교의 모습을 그림으로 표현하도록 한다. 이때 그 안에서 생활하는 사람들의 모습과 표정도 그리도록 안내한다. 『위를 봐요!』에 등장하는 사람들의 얼굴에는 표정이 없지만, 이 활동을 통해 학생들은 자신이 고안한 유니버설 디자인으로 장애인과 비장애인이 모두 행복한 학교의 모습을 구체적으로 상상해 볼 수 있다.

『위를 봐요!』는 전체적으로 흑백 톤인데, 마지막 장면에만 화사한 색깔이 쓰였다. 이 장면은 시선을 바꾸는 사람들의 배려 덕에 집 밖으로 나올 수 있었던 수지의 행복한 모습을 표현하고 있다. 작가는 무채색의 거리에 알록달록한 색깔을 더해 약자를 배려하는 우리 사회의 따뜻함과 그러한 사회에 대한 희망을 담았다. 그러므로 학생들이 그린 유니버설 디자인도 채색을 한다.

그리고 그림 한쪽에 자신이 생각한 유니버설 디자인에 대한 설명과 의도를 쓰도록 한다. 시간의 여유가 있다면 발표하고 생각을 공유한다. 발표 방식은 모둠별로 먼저 하고, 모둠에서 1~2명 추천을 받아 전체와 나누는 방식으로 진행하면 된다. 시간이 없다면 디자인 설명을 좀 더 자세히 쓰게 해서 교실 벽면에 게시한다.

급식실 의자를 교체하고, 체육 시간에 함께 운동하고 자존감을 회복하는 활동을 하자는 의견이 나왔다. 이 외에도 장애인 화장실을 더 많이 설치하고 자동문으로 만들자는 의견, 긴 복도에서의 이동시간을 단축하기 위해 에스컬레이터를 설치하자는 의견, 학교 공간 자체를 재구성해서 교실 크기를 늘리거나 학생 수를 줄여서 휠체어가 편하게 다닐 수 있게 하자는 의견 등 다양한 해결 방법이 디

학생들이 그린 유니버설 디자인

설명 급식실 의자는 테이블에 달려서 고정되어 있다. 이 의자를 탈부착 가능한 것으로 바꾸면 기존 의자를 떼어 내 휠체어가 들어갈 수 있다. 휠체어용 식탁을 따로 만들면 편하기는 하지만, 친구들과 같이 먹을 수가 없다. 하지만 의자를 탈부착으로 만들면 친구들과 즐겁게 급식을 먹을 수 있어서 더 좋다.

설명 체육 시간에 장애인 학생들은 늘 따로 수업을 받는다. 같이 할 수 있는 종목이 없어서 구경만 해야 한다. 장애인올림픽처럼 우리가 장애인 운동 종목을 하면 좋을 것 같다. 다 같이 휠체어를 타고 농구를 하면 장애인의 어려움도 체험할 수 있고 우정도 쌓을 수 있을 것이다.

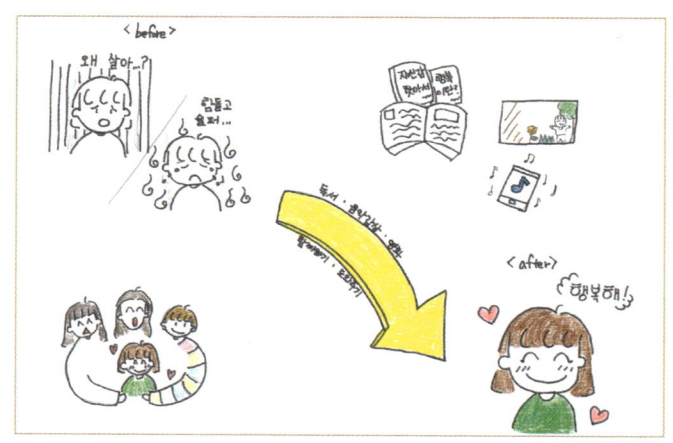

설명 아무래도 가장 힘든 원인은 자존감이 떨어지는 것이다. 독서나 음악감상, 영화 등 학교에서 자존감을 회복할 수 있는 활동을 만들어 주면 좋다. 그리고 친구와 선생님들이 함께하고 도와주는 마음가짐으로 대한다면 수지도 행복하게 학교에 다닐 수 있을 것 같다.

자인되었다.

학생들은 그림책 『위를 봐요!』를 읽고 4시간에 걸쳐 장애인의 시선으로 학교 공간의 문제점을 찾아 해결하는 활동을 했다. 처음에는 그림책으로 하는 활동이라 얕잡아 보고 시큰둥하게 반응하던 학생들도 수업이 진행되면서 점점 진지한 모습을 보이기 시작했다. 그림책의 메시지가 학생들의 마음을 움직이고 실제로 가장 오랜 시간을 보내는 학교 공간의 문제점을 해결하는 활동이어서였을 것이다.

정진호 작가는 『위를 봐요!』가 장애인을 위한 책으로 읽히기를 바라지 않는다고 했다. 건축을 전공한 작가는 그림책 속에 건축가의 시선을 끌어들여, 사회 구성원들의 다양한 입장을 역지사지의 관점에서 생각하도록 했다. 학생들은 익숙해서 당연하게 여겼던 집이나 학교 같은 일상적 공간이 장애인의 입장에서는 얼마나 불편하고 위험할 수 있는지를 깨닫게 되었다. 대상이나 문제를 바라보는 시선을 바꾸니 문제의 원인을 찾을 수 있었고, 또 해결책까지 생각해 볼 수 있는 의미 있는 수업이었다.

> 함께 읽으면 좋은 그림책

『눈을 감아 보렴!』, 빅토리아 페레스 에스크리바 글, 클라우디아 라누치 그림, 한울림어린이
『동구관찰』, 조원희 지음, 엔씨문화재단
『세 바퀴로 걷는 염소 조이』, 페리둔 오랄 지음, 한울림어린이
『입 없는 아이』, 박밤 지음, 이집트
『진정한 슈퍼맨』, 안야 다미론 글, 파블로 피노 그림, 에듀엔테크
『혜영이』, 성영란 지음, 어깨동무문고

진정한 관계를 만드는 거절법

『곰씨의 의자』

『곰씨의 의자』
노인경 지음
문학동네

햇살이 눈부신 날 하얀 곰 한 마리가 큰 의자에 홀로 앉아 있다. 한 손에는 시집을 들고 차를 마시고 음악을 들으면서 여유로운 시간을 즐기고 있다. 곰씨는 매우 평화롭다. 이때 몹시 지쳐 보이는 토끼 한 마리가 곰씨의 앞을 지나간다. 그는 커다란 세계를 여행하는 탐험가 토끼이다. 곰씨는 지쳐 보이는 탐험가 토끼에게 자신의 의자에서 잠시 쉬었다 가라고 기꺼이 자리를 내준다. 탐험가 토끼의 모험담을 듣고 있는 동안 이번에는 무척이나 슬퍼 보이는 토끼가 지나간다. 그는 깡충깡충 춤을 추다 쫓겨난 무용가 토끼이다. 탐험가 토끼는 무용가 토끼에게 다가가 위로해 주고 둘은 곧 결혼을 한다. 곰은 진심으로 둘의 결혼을 축하한다. 하지만 곧 토끼 부부 사이에서 아기가 태어나고 또 태어났다. 아기들은 곰씨를 찾아와 즐겁게 놀았지만 곰씨는 행복하지 않다. 곰씨는 하고 싶은 말은 꺼내지도 못한 채 혼자 속으로 끙끙 앓기만 한다. 곰씨는 아무도 의자에 앉지 못하게 의자 위에 길게 누워 보기도, 페인트칠을 해 보기도, 무거운 바위를 옮겨다 놓기도 한다. 급기야 의자에 똥을 싸기도 하지만 토끼들이 오는 것을 막을 수 없다. 빗속에 곰씨는 절규를 하고 마침내 곰은 병들어 드러눕는다. 그러자 토끼 가족들은 곰씨를 정성스럽게 간호한다. 정신을 차린 곰은 어렵게 자신의 속마음을 토끼들에게 털어 놓는다.

곰씨는 쓰러지기 전 "난 세상에 다시없는 친절한 곰이라고."라는 말을 한다. 곰씨가 토끼 가족들로 인해 겪는 불편함을 토끼 가족들에게 말하기까지 얼마나 큰 용기가 필요했는지 이런 상황에 처해 본 사람들은 누구나 공감할 것이다. 하지만 곰씨는 자기 자신을 친절한 곰이라 규정짓고 토끼들에게 끝까지 친절한 곰으로 남고 싶어 했다. 그러자 곧 자신이 불편해졌고 마침내 행복마저 잃어버리게 된다.

남에게 싫은 소리 못하고, 불편한 말을 전하느니 '내가 좀 불편하고 말지.'라는 생각을 하는 사람들이 주위에 꽤 많다. 이런 사람들에게 진정 필요한 것이 '용기'라고 말해 주고 싶다. 누군가와의 관계에서 솔직할 수 있는 용기, 그것이 진정성 있는 관계를 만드는 첫 걸음이지 않을까?

"즐겁기는 하지만, 어딘가…… 불편해.
누군가와 함께 즐기기 위해서는
간혹 솔직해질 용기가 필요해."
- 노인경

> **작가 소개**
> 홍익대학교 시각디자인과를 졸업하고, 밀라노 브레라 국립미술원을 졸업했습니다. 『책 청소부 소소』로 볼로냐국제아동도서전 2012 올해의 일러스트레이터에 선정되었고, 『코끼리 아저씨와 100개의 물방울』로 2013 BIB 황금사과상, 『고슴도치 엑스』가 화이트 레이븐에 선정되었습니다. 지은 책으로 『사랑해 아니 요군』 등이 있습니다.

그림책 작가가 된 이유

그림과 글로 나의 이야기를 할 수 있고, 혼자만의 시간이 보장되는 매체가 무엇일까 고민하다 그림책을 선택했습니다. 그림책은 짧은데 깊고, 시처럼 여운을 남깁니다. 무엇보다 반복해서 보는 책이 바로 그림책입니다. 잊히지 않는 책! 멋지다고 생각했습니다.

그림책 작가의 장점

그림책 작가가 되고 좋은 점은 나의 이야기가 그림책이 되다 보니, 내 삶을 세심히 보게 되었습니다. 눈부시게 아름다운, 아프게 아름다운 순간들을 놓치지 않고 충분히 느끼려 합니다. 그래서 지금 저의 특기는 '쉽게 감동받기'입니다. 한계가 없는 그림책 속 세상은 저

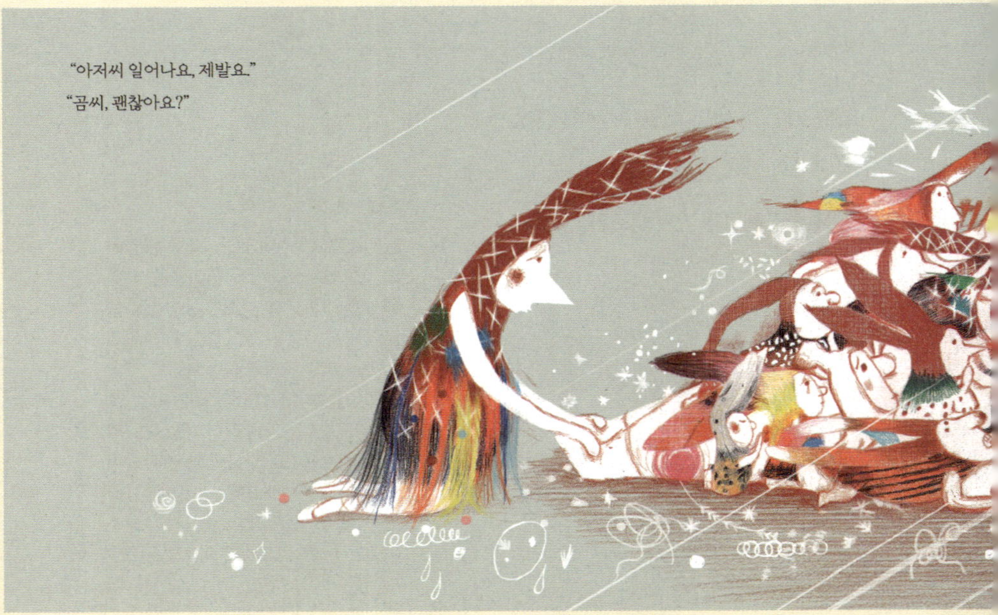
"아저씨 일어나요, 제발요."
"곰씨, 괜찮아요?"

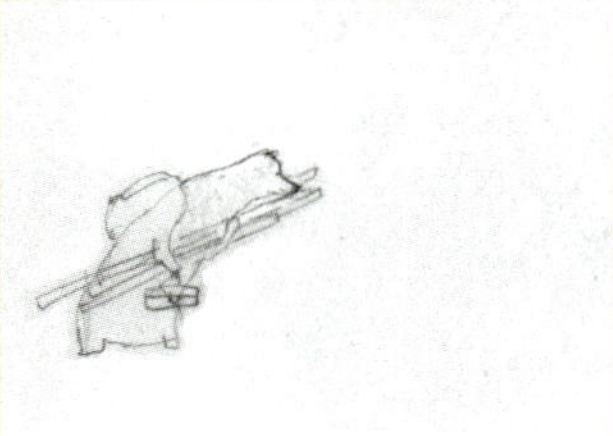

1

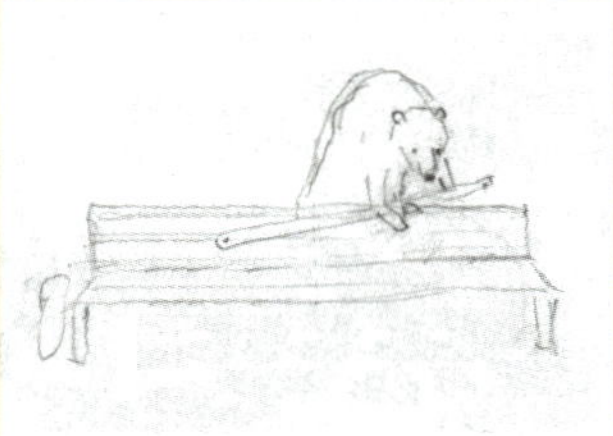

2

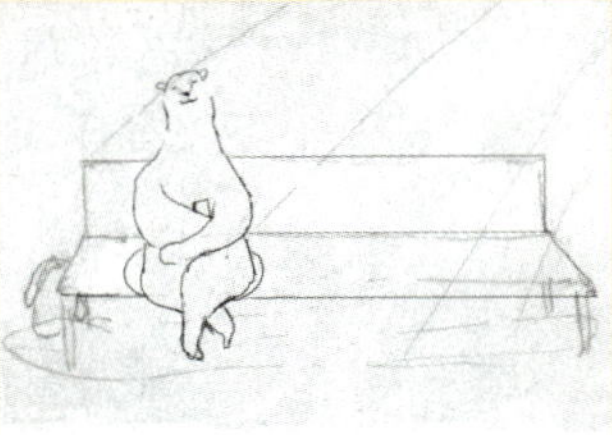

이곳의 햇살은 정말 따뜻하답니다! 3

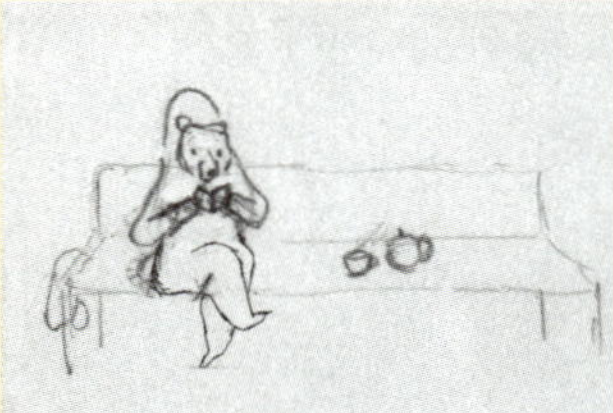

명상집을 읽기에도 좋은 곳이지요. 4

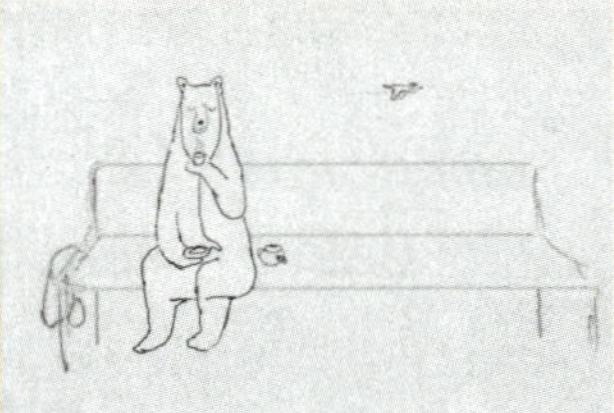

아름다운 선물은 마음의 평안을 안겨줍니다. 5

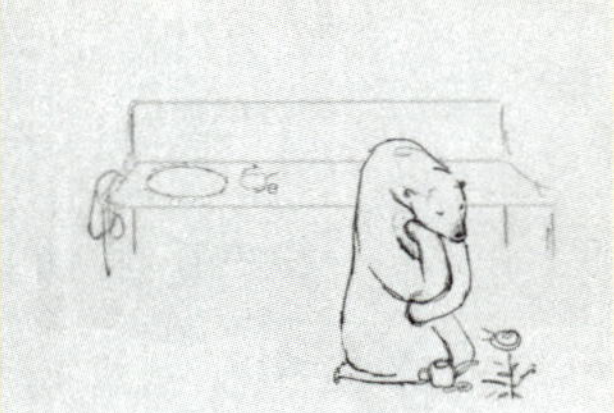

'영혼의 열정' 저에게 와줘서 고마워요! 6

곰씨는 얼마 후 정신을 차릴 수 있었습니다.

■ 가장 애착을 느끼는 장면

아이고 아이고 힘들어.   7

"진짜 반가워요. 몇 시간을 혼자 걸었는지 몰라요. 드디어 친구를 만났군요."
"아 네..... 어디 가는 중이십니까?"
"토끼 최초로 매닐 하나만 매고 편 세계의 숲을 걸어서 여행하고 있어요.   8

"캠핑오시다면 차 한잔 대접할 수 있을까요?"
"얼마 전 물린 이웃 숲 이야기를 해드릴께요.
그 숲엔 하루에 5미터씩 자라는 나무들이 있어요.
과일 마요. 그럼 하루 안에 먹어지는 판다도 사니까요."
"신기하고 재미난 경험들을 많이 하셨군요. 반나봅게 되어 영광입니다."   9

"나는 당신이 좋아요. 당분간 여기에 머물러야겠어요."
"아 그러신지요. 새로운 이야기 무척도립니다."
토끼 아저씨의 꿈 아저씨의 의자에 매일 앉아돌고,
가까운 사이가 되었어요.   10

슬쩍 보이는 토끼 아저씨가 지나가요.
"작게 조그만 마음에 살던 토끼에요.
펄쩍 펄쩍 뛰어야 하는데 공주 토끼
몇었다고 마음에서 쫓겨났어요."   11

"신나고 자유로운 춤이에요. 당신의 모습에 저도 기분이 좋아지는걸요."   12

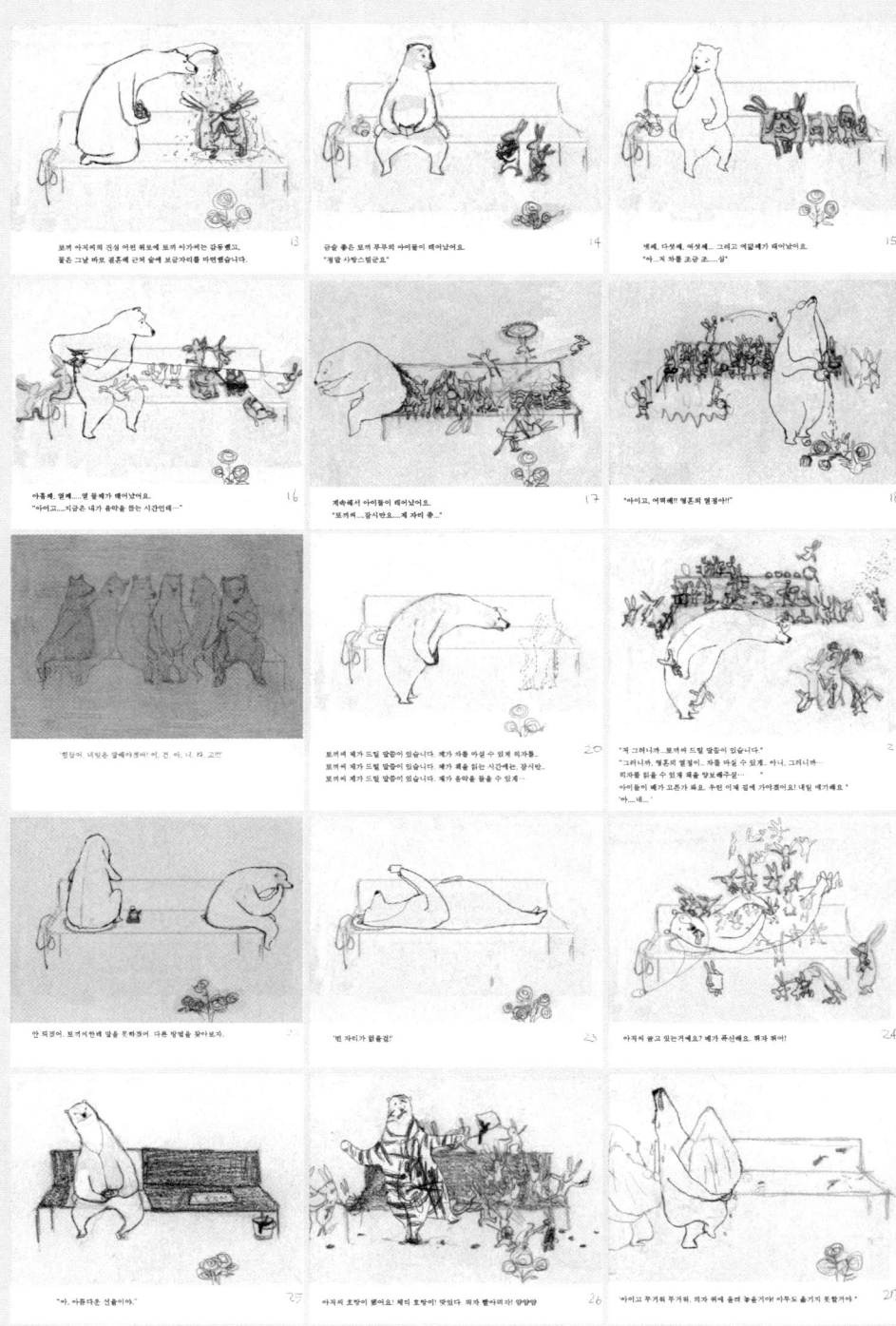

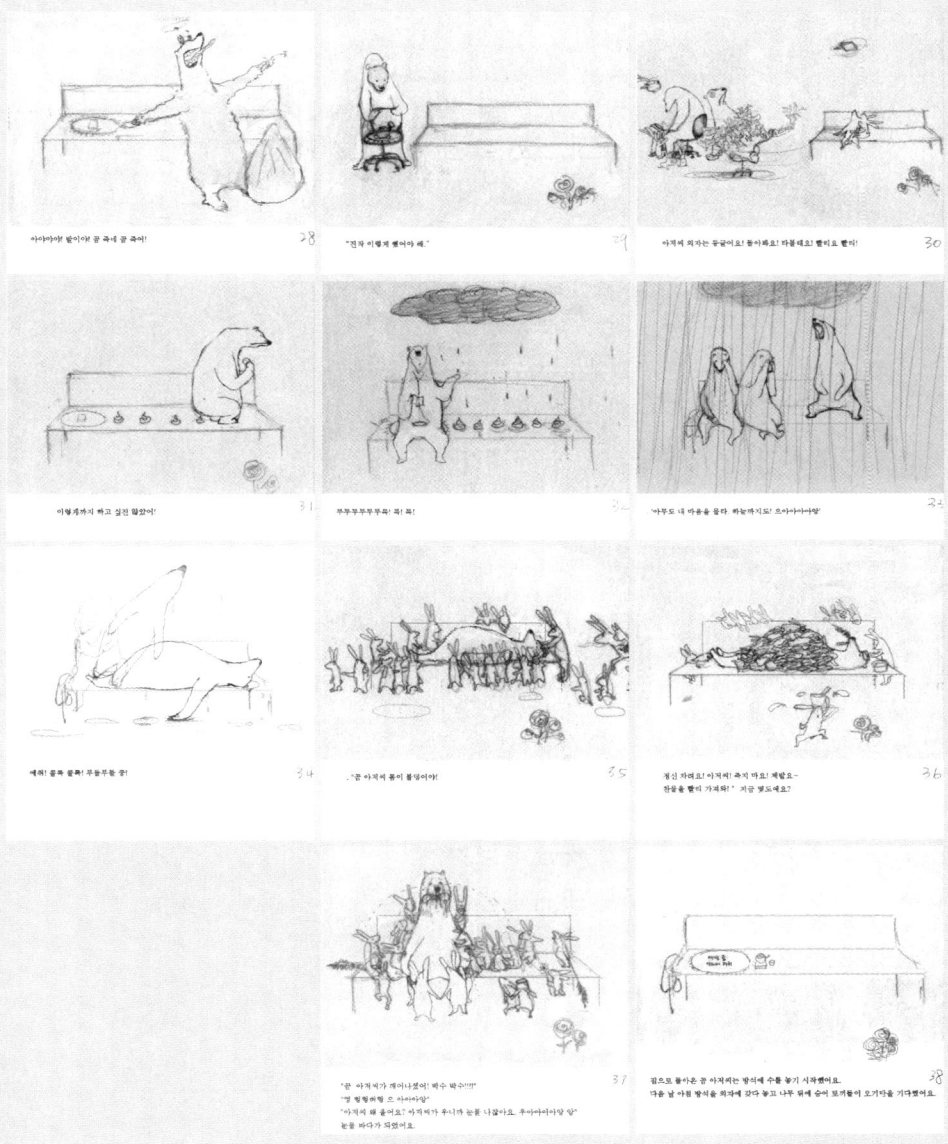

■ 『곰씨의 의자』 더미북. 채색이 모두 끝나 편집되어 출간된 장면과 비교해 보면 이야기가 어떻게 달라졌는지 살펴볼 수 있다.

를 상상하게 합니다. 그렇게 꿈꾸는 순간은 다시 저를 풍요롭게 만들어 줍니다. 하지만 좋은 그림책을 만들고 싶은 욕심은 큰데, 나의 능력이 안 된다고 느낄 때가 저에게는 힘든 순간입니다. 그럴 때면, 스스로에게 외치죠. 하나는 잘하는 게 있을 거야! 그거면 돼! 그게 어디야! 다행인 건 좌절의 순간이 짧다는 겁니다.

『곰씨의 의자』를 만든 계기

'거절하기'는 저에게 영원한 숙제입니다. 거절을 못 해서 깊은 관계를 만들지 않으려고까지 합니다. 선을 그어 놓고, '여기까지만 들어와. 나도 거기까지만 갈게.' 합니다. 하지만 관계란 그렇게 간단하지 않았습니다. 특히 이미 깊어진 관계에서는 말입니다. 거절은 오랜 시간 마음을 불편하게 했고, 과한 배려와 솔직하지 못함은 나를 무너뜨렸습니다. 원망과 자책의 시간을 보낸 뒤, 나름의 꾀를 냈는데 그 꾀에 내가 넘어가 엉망이 돼 버릴 때가 많았습니다. 의자에 똥을 싸는 곰처럼 말입니다. 똥 싸는 순간을 줄이자! 그러려면 솔직히 말할 용기를 내야 해! 곰씨의 의자는 이런 저의 결심을 담은 책입니다.

가장 애착을 느끼는 한 장면

토끼들이 쓰러진 곰씨를 꼬옥 안아 간호하는 장면입니다. 체온을 나눴던 경험은 곰씨로 하여금 말할 용기를 내게 합니다.

 '싫은 것만 자꾸 생각하다 보니 좋은 것을 놓치고 있었어! 용기 내서 말하고, 나와 토끼들을 지킬래!'

앞으로의 계획과 한마디

다정한 대화와 유쾌한 반전이 담긴 그림책을 만들고 싶습니다. 찻잔처럼 따스해서, 추울 때마다 품에 안고 싶은 책이면 좋겠습니다. 마지막으로 드리고 싶은 말씀은 오늘의 순간을 기록해 보세요. 오늘이 최선입니다!

노인경 작가가 권하는 『곰씨의 의자』 읽기

'혼자서 읽어 보기'와 '여럿이 함께 읽어 보기'를 권합니다. 혼자 읽은 느낌을 한 문장으로 적어 보는 것도 권합니다. 여럿이 읽을 때도 한 문장으로 적어 보면 좋겠습니다. 어떻게 다르게 읽히는지 비교해 보면 재미있을 겁니다.

그리고 지금 글은 곰씨의 입장에서 쓰였는데, 토끼의 입장에서 글을 써서 읽어 보는 것도 재미있을 것 같습니다. 글 없이 그림으로만 읽어 보기도 할 수 있습니다. 그림책을 재미나게 즐기는 방법은 매우 많습니다.

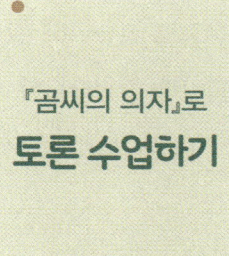

『곰씨의 의자』로
토론 수업하기

토론 전 활동

감정카드를 활용해 마음 읽기

그림책을 읽고 감정카드를 활용해 토론 전에 주어진 여러 상황에서 곰씨와 토끼의 마음이 어떠했을까를 이해해 보는 활동이다. 곰씨의 경우, 혼자 의자에서 쉴 때나 토끼를 처음 만났을 때, 토끼 새끼가 한 마리, 두 마리 태어났을 때 등 상황에 따라 감정이 계속 변하는 것을 알 수 있다. 하지만 토끼는 감정을 잘 읽어낼 수 없다. 학생들이 곰씨와 토끼의 마음을 어떻게 이해하고 공감하고 있는지 알아보는 활동이다.

[준비물] 감정카드, 활동지, 색연필

『곰씨의 의자』를 읽고, 책 내용 중 한 시점을 선택해 '내가 만약 곰씨라면, 또는 토끼라면 그때 어떤 마음이었을까?'에 대해 생각해 본

후, 감정카드에 감정을 체크한다. 한 시점이란 곰씨가 토끼를 처음 만났을 때, 토끼가 결혼했을 때, 아기 토끼가 계속 태어났을 때 등 곰씨가 토끼를 만나 갈등 상황을 맞기까지의 과정 중 한 시점을 말한다.

그런 다음 선택한 '곰씨의 마음, 토끼의 마음'을 색깔과 그림으로 자유롭게 표현하고 설명을 덧붙인다. 학생들 중에는 색을 쓰지 않고 활동지에 감정들만 써놓는 경우들이 있는데 되도록 색깔로 표현하도록 지도한다. 왜냐하면 색만으로도 감정을 어느 정도 읽어낼 수 있고 표현력도 향상시킬 수 있기 때문이다.

감정카드				
기쁨	슬픔	불쾌, 혐오	두려움	분노
감동하다	마음 아프다	곤란하다	걱정되다	분하다
고맙다	막막하다	괴롭다	긴장되다	억울하다
기대되다	미안하다	귀찮다	놀라다	원망스럽다
기쁘다	비참하다	답답하다	당황스럽다	짜증나다
만족스럽다	서럽다	밉다	두근거리다	화나다
뿌듯하다	섭섭하다	부끄럽다	두렵다	
사랑스럽다	속상하다	부담스럽다	망설여지다	
설레다	슬프다	부럽다	무섭다	
신나다	실망하다	불편하다	불안하다	
안심되다	심심하다	싫다	어색하다	
자랑스럽다	쓸쓸하다	쑥스럽다	조마조마하다	
자신만만하다	아쉽다	얄밉다	혼란스럽다	
즐겁다	안타깝다	지겹다	황당하다	
편안하다	외롭다	피곤하다		
행복하다	우울하다	힘들다		
흥분되다	허전하다			
힘나다	후회스럽다			

출처: 감정카드(2013), 초등상담나무연구회, 인사이트

감정카드 활동지

내가 만약 곰씨(토끼)라면 어떤 마음이었을지, 책 내용 중 한 시점을 선택해 감정카드에 표시하고, 그 마음을 표현하고 설명해 보세요.

설명	

감정카드 활동 예시 1 (곰씨의 감정)

설명	5개들과의 만남과 여유로웠던 일상에서 점차 귀찮아지고 불편해지는 심정의 변화 그리고 그 감정들의 대립을 표현하고 싶었습니다.

기쁨	두려움	불쾌, 혐오	슬픔	분노
감동하다	걱정되다	✓곤란하다	마음 아프다	분하다
고맙다	긴장되다	괴롭다	막막하다	억울하다
기대되다	놀라다	귀찮다	미안하다	원망스럽다
기쁘다	✓당황스럽다	답답하다	비참하다	짜증나다
만족스럽다	두근거리다	밉다	서럽다	화나다
흐뭇하다	두렵다	부끄럽다	섭섭하다	
사랑스럽다	망설여지다	부담스럽다	속상하다	
설레다	무섭다	부럽다	슬프다	
신나다	불안하다	불편하다	실망하다	
✓안심되다	어색하다	싫다	심심하다	
자랑스럽다	조마조마하다	쑥스럽다	쓸쓸하다	
자신만만하다	혼란스럽다	얄밉다	아쉽다	
즐겁다	황당하다	지겹다	안타깝다	
✓편안하다		피곤하다	외롭다	
행복하다		힘들다	우울하다	
흥분되다			허전하다	
힘나다			후회스럽다	

감정카드	[기쁨]에서는 안심되다, 편안하다라는 감정을, [두려움]에서는 당황스럽다, [불쾌, 혐오]에서는 부담스럽다, 불편하다, [슬픔]에서는 막막하다, 서럽다, 섭섭하다, 속상하다, 슬프다, 후회스럽다 등의 감정을 선택
설명	토끼를 만난 시점부터 점점 토끼의 가족이 늘어나는 시점 – 토끼들과의 만남과 여유로웠던 일상에서 갈수록 귀찮아지고 불편해지는 심정의 변화와 그 감정들의 대립을 곰씨의 표정과 상반되는 빨강과 파란 색깔로 표현했다.

감정카드 활동 예시 2 (곰씨의 감정)

〈토끼 가족 만났을 때〉

설명: 토끼가족을 만난 후, 토끼끼리 쉬지 않고 태어나는 시점! 4자신의 공간이 무너질까봐 불안하고 남의 공간에서 마구 태어나는 토끼들이 부담스러울 것 같다. 그래도 토끼가족에게 조금의 정이 남아있을 것 같아서 빨간 색으로 표현!

기쁨	두려움	불쾌, 혐오	슬픔	분노
감동하다	걱정되다	곤란하다	마음 아프다	분하다
고맙다	긴장되다	괴롭다	막막하다	✓억울하다
기대되다	놀라다	✓귀찮다	미안하다	✓원망스럽다
기쁘다	당황스럽다	✓답답하다	비참하다	✓짜증나다
만족스럽다	두근거리다	✓밉다	서럽다	✓화나다
뿌듯하다	두렵다	부끄럽다	섭섭하다	
사랑스럽다	망설여지다	✓부담스럽다	속상하다	
설레다	무섭다	부럽다	슬프다	
신나다	✓불안하다	불편하다	실망하다	
안심되다	어색하다	싫다	심심하다	
자랑스럽다	조마조마하다	쑥스럽다	쓸쓸하다	
자신만만하다	✓혼란스럽다	✓얄밉다	아쉽다	
즐겁다	✓황당하다	지겹다	안타깝다	
편안하다		피곤하다	외롭다	
행복하다		힘들다	✓우울하다	
흥분되다			허전하다	
힘나다			후회스럽다	

감정카드	[두려움]에서 불안하다, [불쾌, 혐오]에서 부담스럽다, [분노]에서 억울하다 등의 감정을 선택
설명	토끼 가족을 만난 후, 아기 토끼가 쉬지 않고 태어나는 시점 – 자신의 공간이 무너질까 봐 불안하고 남의 공간에서 마구 태어나는 토끼들이 부담스럽고 억울할 것 같다는 것을 검은색으로 표현했고, 그래도 토끼 가족들에게 조금의 정이 남아 있을 것 같아서 이 점을 빨간색으로 표현했다.

감정카드 활동 예시 3 (토끼의 감정)

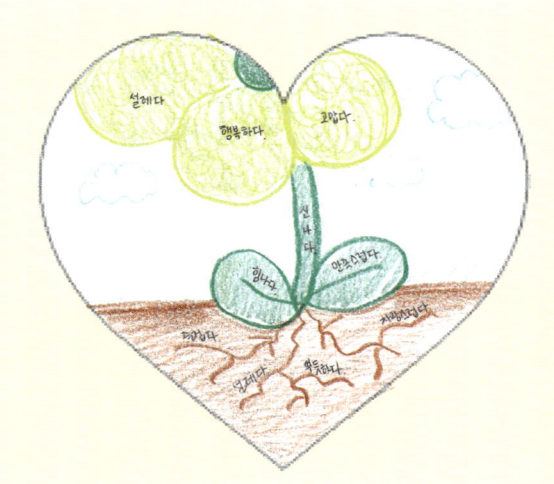

설명	결혼을 하고 가정을 꾸릴 때, 느끼는 감정.

기쁨	두려움	불쾌, 혐오	슬픔	분노
감동하다	걱정되다	곤란하다	마음 아프다	분하다
고맙다	긴장되다	괴롭다	막막하다	억울하다
기대되다	놀라다	귀찮다	미안하다	원망스럽다
기쁘다	당황스럽다	답답하다	비참하다	짜증나다
만족스럽다	두근거리다	밉다	서럽다	화나다
뿌듯하다	두렵다	부끄럽다	섭섭하다	
사랑스럽다	망설여지다	부담스럽다	속상하다	
설레다	무섭다	부럽다	슬프다	
신나다	불안하다	불편하다	실망하다	
안심되다	어색하다	싫다	심심하다	
자랑스럽다	조마조마하다	쑥스럽다	쓸쓸하다	
자신만만하다	혼란스럽다	얄밉다	아쉽다	
즐겁다	황당하다	지겹다	안타깝다	
편안하다		피곤하다	외롭다	
행복하다		힘들다	우울하다	
흥분되다			허전하다	
힘나다			후회스럽다	

감정카드	[기쁨]에서 즐겁다, 설레다, 뿌듯하다, 자랑스럽다, 힘나다, 만족스럽다, 신나다, 행복하다, 고맙다 등 거의 모든 감정을 선택
설명	결혼을 하고 가정을 꾸릴 때 – 행복한 감정들을 꽃과 줄기, 뿌리로 표현했다. '즐겁다, 설레다, 뿌듯하다, 자랑스럽다'라는 감정을 뿌리에, '힘나다, 만족스럽다, 신나다'와 같은 감정을 줄기에, '설레다, 행복하다, 고맙다'라는 감정을 꽃잎에 담고 노란색을 써서 당시의 기쁨을 표현했다.

이 밖에도 곰씨가 토끼 가족을 만났을 때 불편하고 힘든 감정(불쾌, 혐오에서 선택)이 들며, 토끼를 만나지 않았더라면 하는 후회의 감정(슬픔에서 선택)이 들었을 것이다. 아이들이 계속 놀러 왔을 때는 거절을 못해서 불편하고 지겨우면서(불쾌, 혐오에서 선택) 앞으로 어떻게 해야 할지 막막했을 것이다(슬픔에서 선택)라는 등의 표현이 있었다.

토론 활동

만다라트 토론*

작가 질문

"토끼의 입장에서 글을 써서 읽어 보는 것은 어떨까?"

　노인경 작가는 『곰씨의 의자』가 곰씨의 입장에서 쓰였는데, 토끼의 입장에서 글을 써서 읽어 보는 것도 재미있을 것 같다고 했다. 『곰씨의 의자』를 토론 수업에 활용할 때 누가 무엇을 잘못했는지 따지거나, 선과 악으로 구분하지 않고 서로의 '다름'에 대해 자유롭게 의견을 나누길 바래서 이 질문을 선정했다. 현재 곰씨의 입장에서 쓰인 글을 토끼의 입장에서 다시 써 보기 위해 만다라트 토론을 활용했다.

　연꽃기법으로 잘 알려진 만다라트는 일본의 디자이너 이마이즈

---

*　『토의·토론 수업방법56』(3판), 정문성, 교육과학사, 2016, p. 121.

미 히로아키가 개발한 발상기법으로 manda(목적)+la(달성)+art(기법)의 합성어이다. 일본 메이저리거 오타니 쇼헤이라는 야구선수가 본인의 목표달성표로 사용했다고 해서 더 유명해졌다.

만다라트 기법은 활짝 핀 연꽃 모양처럼 아이디어를 다양하게 발상해 나가는 데 도움을 준다. 사고의 발상을 돕고 머릿속에 있는 아이디어를 끌어내 주기 때문에 목표를 설정한다든지, 아이디어 기획, 동화 창작 등에서 다양하게 활용된다.

① 3×3칸으로 된 사각형을 가로 3개, 세로 3개씩 배치하여 총 9개를 제시한다.
② 중앙에 있는 사각형의 한가운데에 핵심주제를 적는다. 핵심주제는 교사가 정해 줄 수도 있고, 모둠별로 정할 수도 있다.
③ 핵심주제를 가운데에 적고 둘러싼 8개의 사각형에 하위 주제를 적는다.
④ 중앙에 있는 사각형 주변에 있는 8개 사각형의 한가운데에 하위 주제 8개를 옮겨 적는다.
⑤ 8개의 하위 주제에 대하여 또 각각 8개씩 아이디어를 생각하여 칸을 채운다.
⑥ 총 64개의 아이디어 중 주제별로 최선의 아이디어를 조합하면서 문제해결을 위한 아이디어를 창출한다.

만다라트 토론 원형

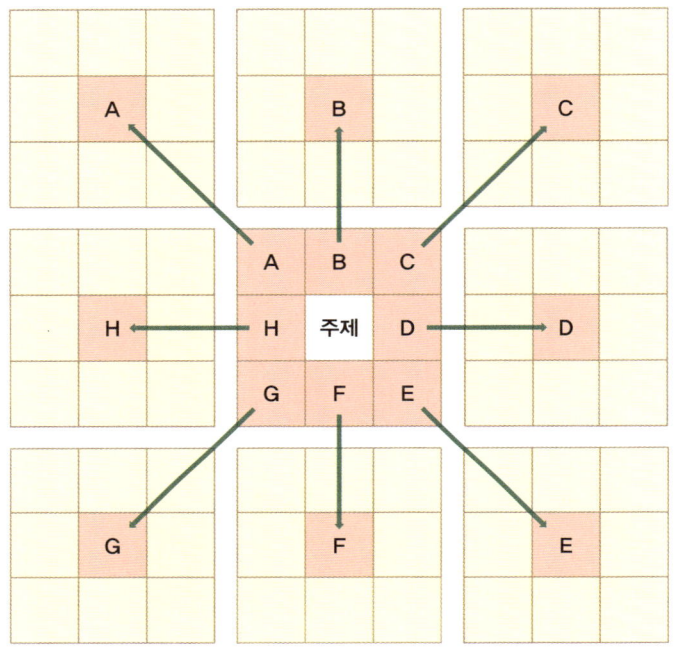

『토의·토론 수업방법56』, p.124, [표 6-12] 참조

　만다라트 토론의 원형은 위에서 제시한 방법대로 총 64개의 아이디어를 내는 것이다. 하지만 한정된 수업시간에 원형을 그대로 따르는 것이 쉽지 않다. 그래서 방법을 조금 변형해서 하위 주제를 8개에서 4개로 줄이고, 4개의 하위 주제에 대해 각각 8개씩, 즉 64개가 아닌 32개의 아이디어를 찾도록 했다. 때로는 더 줄여서 4개의 하위 주제에 각각 4개씩 16개의 아이디어를 찾게 할 수도 있다. 토론 모형은 그때그때 주제와 상황에 맞춰 변형해 적용할 수 있다.

토끼 입장의 글쓰기를 위한 만다라트 토론하기

『곰씨의 의자』의 등장인물(곰씨와 토끼)과 핵심주제를 분석하고 이를 바탕으로 토끼의 관점에서 새로운 글을 써 볼 수 있는 활동이다. 책에 등장하는 두 인물, 즉 곰씨와 토끼에 대한 성격과 책의 주제라 할 수 있는 쉼과 친절에 대한 곰씨와 토끼의 입장을 분석한다. 이러한 활동을 통해 같은 상황이라도 서로의 입장에서 각각 다르게 생각하고, 받아들일 수 있다는 것을 자연스럽게 이해하고, 진정한 배려심에 대해 생각해 볼 수 있다. 분석한 내용을 바탕으로 토끼를

토끼 입장의 글쓰기를 위해 변형된 만다라트 토론 모형

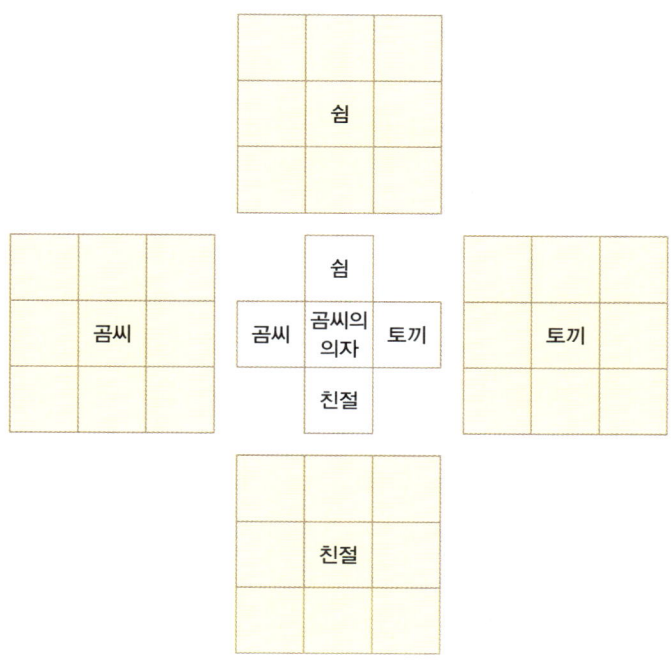

중심에 둔 글쓰기를 한다.

① 핵심주제를 '곰씨의 의자'로 정하고, 하위 주제 '곰씨', '토끼', '쉼', '친절'을 교사가 제시한다. 원칙적으로는 하위 주제는 학생들이 직접 찾아야 하지만 시간관계상, 그리고 좀 더 주제에 명확히 접근하고자 교사가 미리 제시한 것이다.

② 4개의 하위 주제를 각각 주변의 만다라트 중심에 옮겨 적는다.

③ 4개의 하위 주제에 관련되는 요소를 찾는 활동은 먼저 개인별로 생각나는 대로 관련 요소를 모두 찾아 적고, 모둠 토론을 거쳐 최종적으로 8개를 선택하도록 한다.

[1모둠]

① '곰씨'와 '토끼' 관련 요소들

(곰씨 관련) 개인별로 찾은 요소들

이타적임, 조신함, 친절함, 인내심, 경청, 창의적임, 소심함, 답답함, 당황, 감정표현이 서툼, 소극적임, 내성적임, 이중적임, 겸손함, 온화함

(토끼 관련) 개인별로 찾은 요소들

가정적이다, 밝고 에너지가 넘친다, 사랑스럽다, 활발하다, 사교적이다, 적극적이다, 남에게 속마음을 잘 털어놓는다, 공감을 잘한다, 이기적이다, 다정하다, 친화력이 좋다, 생각이 깊지 못하다, 눈치가 없다, 단순하다, 오지랖이 넓다, 쓸데없이 순수하다, 천진난만하다.

개인별로 찾은 요소 중에서 모둠 토론을 거쳐 다음과 같이 8개의 요소를 선택했다. 곰씨와 관련해서는 대부분의 학생들이 친절하고 이타적이나 답답하고 소심하다는 등 용기 없는 곰씨

의 성격에 초점을 맞추고 있는 것을 알 수 있다. 또 토끼와 관련되는 요소에서는 토끼의 부정적인 측면보다는 긍정적인 측면을 더 많이 찾은 것을 볼 수 있다.

'곰씨', '토끼' 관련 최종 선택된 8개 요소

이타적임	친절함	답답함	친화력이 좋음	적극적임	활발함
감정표현이 서툼	곰씨	소심함	다정함	토끼	사랑스러움
인내심	소극적임	내성적임	순수함	단순함	천진난만함

② '쉼'과 '친절' 관련 요소들

이 활동에서 유의할 점은 '쉼'과 '친절'에 대한 관련 요소는 곰씨와 토끼의 입장 양쪽에서 생각해서 선택하도록 한다. 같은 '쉼'이라 해도 '곰씨의 입장에서의 쉼'과 '토끼의 입장에서의 쉼'은 다를 것이고, '친절' 또한 '곰씨가 생각하는 친절'과 '토끼가 생각하는 친절'이 다를 수 있기 때문에 고려해 선택하도록 미리 안내한다.

(쉼 관련) 개인별로 찾은 요소들

곰씨의 입장	이야기 듣기, 차 마시기, 시집 읽기, 음악 듣기, 평화로움, 혼자 있기, 꽃, 독서, 의자, 멍 때리기
토끼의 입장	가족, 이야기하기, 낙서하기, 뛰어다니기, 노래하기, 곰씨와 놀기, 곰씨의 의자, 곰씨와 시간 보내기

(친절 관련) 개인별로 찾은 요소들	
곰씨의 입장	자리양보, 허물없음, 위로, 긍정적으로 말하기, 배려, 이타심, 아낌없이 주는 나무, 인내심, 같이 놀아 주기, 우회적으로 말하기, 축복해 주기, 참아 주기
토끼의 입장	답답함, 희생, 과도함, 병간호, 곰씨와 놀아 주기, 곰씨와 시간 보내기, 곰씨와 같이 있어 주기, 곰씨 외롭지 않게 해 주기, 곰씨의 식구 되어 주기, 이야기 들어주기

개인별로 찾은 요소는 모둠 토론을 거쳐 최종적으로 8개의 요소를 선택했다. 쉼 관련해서는 곰씨는 주로 혼자만의 조용한 쉼을 원하는 반면, 토끼는 가족이나 곰씨와의 놀이 자체를 쉼으로 생각한다는 것을 알 수 있다. 친절 관련해서는 곰씨는 나름대로 인내심을 발휘해 토끼 가족에게 자신의 것을 내어 주는 희생을 친절이라 생각하는 반면, 토끼는 곰씨의 마음도 모른 채 곰씨와 함께 있어 주는 것을 친절이라 생각한다는 것을 알 수 있다.

'쉼', '친절' 관련 최종 선택된 8개 요소

시집 읽기	음악 듣기	멍 때리기	자리양보	위로	허물없음
이야기 하기	쉼	곰씨의 의자	인내심	친절	도와줌
차 마시기	같이 놀기	가족	같이 놀아 주기	병간호	이야기 들어주기

[2모둠]

① '곰씨'와 '토끼' 관련 요소들

(곰씨 관련) 개인별로 찾은 요소들

축하, 위로, 결혼, 책, 꽃, 차분함, 친절함, 이기적임, 거절 못 함, 개인적임, 중언부언함, 절망감, 소극적, 내성적, 소심함, 무미건조함, 내성적임, 착함, 본성을 잃어감

(토끼 관련) 개인별로 찾은 요소들

자유로움, 밝음, 천진난만함, 착함, 귀여움, 외향적, 순수함, 미워할 수 없음, 다양함, 선함, 수용, 간병, 눈치 없음, 배려 없음, 바보 같음, 민폐, 존중감 부족, 산만함, 방관자, 이기적임

2모둠 학생들은 곰씨와 관련해서는 1모둠과 대체로 비슷한 공감대를 형성하고 있었다. 하지만 토끼와 관련해서는 '배려 없음', '민폐' 등 1모둠보다는 부정적인 측면을 더 많이 찾은 것을 알 수 있다.

'곰씨', '토끼' 관련 최종 선택된 8개 요소

내성적임	이기적임	착함	외향적	존중감 부족	미워할 수 없음
본성을 잃어감	**곰씨**	친절함	순수함	**토끼**	눈치 없음
거절 못 함	중언부언함	소극적	배려 없음	산만함	이기적임

③ '쉼'과 '친절' 관련 요소들

(쉼 관련) 개인별로 찾은 요소들	
곰씨의 입장	시집 읽기, 노래하기, 편안한 일상, 의자, 페인트칠, 똥 싸기, 차 마시기, 꽃 보기, 혼자 있기, 토끼 이야기 들어주기
토끼의 입장	춤추기, 곰씨랑 놀기, 가족끼리 놀기, 곰씨랑 대화하기, 곰씨랑 차 마시기, 곰씨 의자에서 놀기, 곰씨 꽃밭에서 놀기, 곰씨 도와주기

(친절 관련) 개인별로 찾은 요소들	
곰씨의 입장	자신의 자리 내주기, 양보, 결혼축하, 위로, 축하, 도움, 인내
토끼의 입장	변신놀이, 간호, 보살핌, 대화, 곰씨 혼자 두지 않기, 이야기 상대, 놀이상대

쉼과 친절 관련해서는 1모둠 학생들과 대체로 비슷한 요소들을 찾아낸 것을 알 수 있다.

'쉼', '친절' 관련 최종 선택된 8개 요소

시집 읽기	의자	차 마시기	양보	축하	위로
혼자 있기	쉼	곰씨랑 놀기	인내	친절	곰씨 혼자 두지 않기
노래하기	춤추기	가족끼리 놀기	간호	놀이	대화상대

전체 활동 공유하기

모둠별 활동을 마친 후에 각 모둠별로 선택된 요소들을 칠판에 적어 결과물을 서로 발표해 공유하도록 한다. 모둠 대부분에서 대체로 곰씨는 온화하고 차분하고 친절하며 이타적이지만, 소심하고 내성적인 성격이라 생각한 반면, 토끼는 순수하고 활발한 외향적인 모습과 자유와 즐거움을 추구하지만 눈치가 없고 다른 사람에 대한 배려심이 부족한 성격이라 생각하고 있었다.

또 곰씨와 토끼의 입장에서 찾은 '쉼'은 전혀 상반된 모습으로 분석했다. 곰씨의 입장에서 '쉼'은 차를 마시고 음악을 듣는 등 조용히 혼자만의 시간을 보내는 것이라면, 토끼의 입장에서 '쉼'은 함께 어울려 시간을 보내고 즐겁게 노는 것이었다고 생각했다. 친절 또한 곰씨의 입장에서는 토끼들에게 자신의 의자를 양보하고, 인내심을 갖고 토끼 아이들을 받아 주고 놀아 준 모든 행동들이 토끼 가족에게 친절을 베푼 것이라 생각한다면, 토끼의 입장에서는 곰씨가 외롭지 않게 함께 놀아주고 시간을 보내고, 아플 때 간호를 해 준 행동들이 친절이라 생각했다. 그러나 그동안 곰씨가 자신들을 마냥 좋아하는 거라 생각했는데 갑자기 이런 고백을 들으면 좀 당황스러웠을 수도 있었겠다고 생각했다.

토끼 입장에서 글쓰기

『곰씨의 의자』를 읽고 만다라트 토론을 마친 후 토끼의 입장에서 '곰씨의 의자'를 다시 써 보는 활동을 한다. 이 활동은 같은 상황에서 서로의 다름을 자연스럽게 이해하고, 이를 바탕으로 누군가를 만나 진솔한 관계를 이어가기 위해서는 불편함을 말할 수 있는 용기 또한 필요하다는 것을 깨닫게 한다.

글을 쓸 때에는 만다라트 토론으로 나온 결과물 중 토끼의 입장을 바탕으로 글을 쓴다. 모둠에서 선정한 토끼 관련 8개 요소를 기반으로 토끼 성격과 입장이 잘 드러나도록 하되 자유로운 창작의 기회는 열어 두도록 지도한다.

[1모둠]

토끼 관련 8개 요소 – 친화력이 좋음, 적극적임, 활발함, 다정함, 사랑스러움, 순수함, 단순함, 천진난만함

제목: 토끼의 의자

길을 떠돌다가 저는 또 다른 토끼와 곰씨를 발견했어요. 또 다른 토끼는 자기를 탐험가라고 소개했습니다. 위로를 받은 저는 너무 신난 나머지 탐험가 토끼와 춤을 추었어요. 사뿐사뿐 춤을 추지 않고 껑충껑충 뛰었지요. 저와 탐험가 토끼는 시간이 지나 곰씨의 축하 속에서 결혼을 했어요. 우리 부부 사이에서 예쁜 아기가 태어났어요. 우리를 결혼시켜 준 곰씨에게 아기를 소개시켜 주었어요. 곰씨는 우리 아기를 너무 예뻐했어요. 우리는 점점 더 아기를 많이 낳았어요.

우리는 쉴 틈 없이 곰씨를 찾아갔어요. 곰씨는 조금 지쳐 보였지만 우리는 혹시 곰씨가 심심해서 그런가 싶어 더욱 더 많이 찾아갔어요.

어느 날은 의자에 예쁘게 페인트가 칠해져 있었어요. 푸른 녹색으로 칠해져 있었어요. 아이들은 신이나 곰씨를 칠해 주었어요. 곰씨는 역시 지쳐 보였답니다.

그날도 우리는 곰씨를 더욱 즐겁게 해주고 싶어서 조금 피곤했지만 곰씨에게 갔어요. 그런데 비에 젖어 감기에 걸렸는지 곰씨가 쓰러져 있었어요. 우리는 곰씨를 열심히 간호해 주었어요. 그러자 금방 깨어났답니다. 그러고는 곰씨가 말했어요.

"여러분이 좋아요. 하지만 그동안 저는 마음이 힘들었어요……. 다시 한번 말하지만 저에게……."

드디어 곰씨가 지쳐 보이는 이유를 알았네요. 곰씨가 우리랑 노는 것을 좋아하는 줄 알았는데 마냥 그렇지는 않았나 봐요. 우리는 곰씨를 좀 더 이해해 주기로 했어요.

[2모둠]

토끼 관련 8개 요소 – 외향적, 존중감 부족, 미워할 수 없음, 순수함, 눈치 없음, 배려 없음, 산만함, 이기적임

제목: 곰씨가 친절하다고?

곰씨? 물론 매우 고마운 존재이다. 우리의 결혼을 축하해 주었고 어쩌면 우리를 만나게 해 주었으니까. 그러나 우리 아이들에게 너무 했어. 우리 아이들이 너무 천진난만해서 귀찮을 수 있겠지만 어리잖아. 아직 어린 아이들이 같이 놀고 싶은 순수한 마음으로 다가갔을 뿐인데, 페인트를 칠하고 바위를 옮기고 똥을 싸고…….

나는 곰씨의 표정을 봤어. 정말 우리 아이들을 멸시하는 것처럼 느껴졌어. 어떻게 그렇게 사랑스러운 아이들이 싫어 화를 낼 수 있는 거지? 처음에는 아이들을 말려 보려고도 했지만 곰씨의 행동에 상처를 받아 곰씨의 편을 들을 수가 없었어. 그래서 결국은 의자를 차지하고 우리 아이들이 눈치 보며 조용히 하게 만들었잖아?

다시 돌아간다고 해도 내 마음은 변하지 않을 거야.

> 토론 후 활동

토끼 가족과 불편하지 않게 지내는 방법

『곰씨의 의자』를 읽고 토론을 마친 후 '토끼 가족과 불편하지 않게 지내는 방법'에 대해 생각해 보는 활동을 해 보면 좋다. 이러한 방법을 생각해 보는 것은 창의성을 기를 수 있는 좋은 활동으로, 작가가 책에서 제시했던 여러 방법 외에 다양한 관점에서 자유롭게 생각을 펼칠 수 있도록 지도하는 것이 좋다. 그러기 위해서는 우선 책에서 제시된 여러 방법들을 분석해 본다. 곰씨가 제시하고 있는 방법들은 곰씨도 의자에서 편히 쉴 수 없는 방법들이 주로 제시되고 있다. 그러므로 학생들은 극단적인 방법에서 벗어나 곰씨도 쉬고 토끼도 쉴 수 있는 방법, 곰씨와 토끼가 모두 행복할 수 있는 방법들에 대해 고민해 보도록 하는 것이 좋다.

이 밖에 '의자를 1인용으로 줄인다.', '호랑이 친구를 데리고 와 겁을 준다.', '토끼집 근처에 더 예쁜 의자를 만들어 준다.', '의자 가운데 칸막이를 만들어 한쪽은 곰씨 전용석, 한쪽은 토끼 전용석으로 만든다.' 등 다양한 방법들이 제시되었다. 이 방법에 대한 고민의 과정은 내가 아닌 타인과 어떻게 관계 맺고, 갈등은 어떻게 풀어가는지에 대해 생각해 보는 소중한 시간이 될 수 있다.

타인과 관계 맺기는 누구에게나 쉽지 않은 일이다. 상대방을 위한다고 건네는 위로가, 상대방을 배려한다고 하는 행동이, 또는 나름 호의를 갖고 베풀었던 친절이 오히려 나에게 상처로 돌아오기도

설명 곰씨 아저씨보다 더 재미있는 놀이기구를 만들어 준다.

설명 시간을 정해 곰씨만의 시간을 가질 수 있게 해 준다.

하는 경우를 누구나 한 번쯤은 경험했을 것이다. 작가는 『곰씨의 의자』에 이러한 마음을 잘 담아내고 있다. 이 수업을 보고 노인경 작가는 이런 말을 건네 왔다.

"타인과의 관계에서 나를 지키며 살아가기는 평생의 숙제입니다. 솔직한 마음을 표현하지 못하고 끙끙대다 곰씨처럼 똥을 싸게 될지도 모릅니다. 곰씨는 완벽에 대한 착각을 깨고 그동안 힘들었던 마음을 토끼들에게 고백합니다. 소중한 누군가와의 관계가 삐걱댈 때, 그것을 지켜내고 싶을 때 '곰씨의 의자'를 꺼내 보면 좋겠습니다. 용기와 위로를 얻길 바랍니다." 이것이 내가 토론을 통해 학생들에게 알려주고자 했던 말이다. 작가는 또한 "캐릭터에 대한 해석은 다양할 수 있으므로 좀 더 다양한 시각으로 토끼의 캐릭터를 분석해서 그들의 마음을 헤아려 보면 좋을 것 같다."는 당부도 전해 왔다.

함께 읽으면 좋은 그림책

『내 마음을 누가 알까요?』, 줄리 크라우스 지음, 노란상상
『마음이 아플까 봐』, 올리버 제퍼스 지음, 아름다운사람들
『소피가 화나면, 정말 화나면』, 몰리 뱅 지음, 책읽는곰
『알사탕』, 백희나 지음, 책읽는곰
『울타리 너머』, 마리아 굴레메토바 지음, 북극곰
『줄무늬가 생겼어요』, 데이빗 섀논 지음, 비룡소

꿈을 찾아가는 과정을 알려 주는
『산타 할머니』

『산타 할머니』
진수경 지음
봄개울

아름다운 산타 마을, 구상나무 한 그루를 자전거에 싣고 유쾌하게 달리는 할머니가 다가온다. 사실 할머니에게는 60년 동안 꿈꿔 온 소원이 있다. 바로 '산타가 되는 것'. 할머니의 오랜 기다림의 끝, 세상이 달라졌다. 이제 아이들을 사랑하는 건강한 어른이라면 누구나 산타 자격증을 얻을 수 있게 된 것이다. 할머니는 산타 시험에 통과하기 위해 길 찾기, 굴뚝 통과하기, 썰매 타기 등을 열심히 준비하고, 이윽고 당당히 산타가 된다. 젊은 산타, 멋쟁이 산타, 날씬한 산타……. 할머니와 함께 새로운 산타 자격 규정에 따라 선발된 산타들의 모습이 다채롭다.

크리스마스 이브, 선물을 가득 실은 썰매에 오른 산타 할머니가 루돌프와 함께 날아오른다. 산타 할머니의 선물 배달 작전 또한 성공적이다. 밤새 미션을 수행하고 집에 돌아온 산타 할머니는 할아버지 머리맡에 선물을 두고 곤히 잠이 든다. 할머니의 잠든 얼굴에 뿌듯함이 가득하다.

이른 아침, 할아버지는 할머니의 산타복을 세탁하고, 바지런히 아침을 준비한다. 그리고 할머니와 할아버지는 행복한 크리스마스 아침을 맞이한다.

선물, 트리 장식, 루돌프, 산타…… 크리스마스 하면 떠오르는 것들이다. 산타는 크리스마스를 상징하는 인물로 남녀노소 가릴 것

없이 많은 이들의 사랑을 받아 왔다. 그런데 진수경 작가는 누구나 자연스럽게 떠올리는 산타의 이미지에 물음표를 던져 생각할 거리를 준다.

"산타가 꼭 남자여야 할까?"

『산타 할머니』에서 진수경 작가는 산타 마을에서 자라 소녀 시절부터 산타의 꿈을 꾸며 살아온 씩씩한 할머니에게 꿈을 이룰 기회를 선물하면서, 또한 독자에게는 고정관념을 벗어나 보는 기회를 선물한다.

이 작품은 특히, 크리스마스 시즌에 학생들과 함께 읽어 보기에 적합한 작품 중 하나이다. 크리스마스 분위기를 느끼면서 학생들과 함께 작품 속 인물에 대해 공감하는 기회를 얻을 수 있다. 또한 어떤 역할에 대해 고정관념에 사로잡히지 않고 자신의 꿈을 성찰해 보는 계기가 될 수 있을 것이다.

작가 소개

한양여자대학교 섬유디자인과 졸업하고 10년 넘게 잡지와 사보 디자인 작업을 했습니다. 2018년 첫 책 『뭔가 특별한 아저씨』를 출간하게 되었습니다. 이후 『악어가 온다』, 『산타 할머니』, 『귀신 님! 날 보러 와요!』 등의 창작 그림책으로 독자들을 만났습니다.

"그 안에 재미를 듬뿍 담아내서,
어린이 독자들이 보고, 또 보고…
자꾸만 또 보고 싶은
그림책을 만든다."

- 진수경

그림책 작가가 된 이유

대학 졸업 후 오랜 시간 평범한 직장인으로 지냈습니다. 재미있는 이야기를 해 보고 싶다는 생각이 줄곧 있었지만 정작 스스로 그림에는 소질이 없다고 생각했어요. 그러다 일상 에피소드를 담은 짧은 만화를 그려 직장 사람들과 지인들에게 보여 주었는데 반응이 아주 좋았습니다. 그래서 웹툰을 연재하려는 시도도 했지만, 곧 저와 맞지 않은 작업이라는 것을 알게 되었죠.

이후 이야기와 그림에 대해 고민하는 시간을 여러 해 동안 가졌습니다. 그러는 사이 조카들이 태어났어요. 제가 조카들에게 보여 주려고 그림책도 사고 도서관에도 함께 갔던 그 시간이 너무 좋았습니다. 특히 제가 마구 지어내는 엉뚱한 이야기들을 즐겁게 듣고,

심지어 진짜 이야기라고 믿는 모습이 즐거웠습니다.

"이모가 아는 사람이 집에서 코끼리를 키워. 그런데 코끼리들이 너무 많이 먹고 산더미 같은 똥을 싸는데 그걸 치우느라 하루가 다 간대."

"그 사람은 어디 살고 있어?"

"코끼리는 어디에서 데리고 왔대?"

"코끼리 산책은 어떻게 시켜 줘?"

"으으~ 똥은 뭘로 치워?"

아이들은 폭풍 질문을 해대며 이야기에 푹 빠져들었습니다. 아무렇게나 지어낸 내 이야기로 많은 이야기를 할 수 있다니 너무 신기했어요. 그런 경험들이 쌓이면서 그림책을 만들고 싶다는 생각이 들기 시작했습니다. 그리고 제가 아이를 낳고 키우면서 본격적으로 더 많은 이야기를 생각하게 되었어요. 기회가 있을 때마다 꾸준히 더미북을 만들었고, 출판사에 투고했습니다. 그런 시간을 보내고 나서, 첫 작품 『뭔가 특별한 아저씨』를 출간할 수 있었습니다.

그림책 작가의 장점

혼자만의 이야기 세계에 몰입하다 놓치는 부분이나 부족한 부분이 있을 때가 있습니다. 그러나 그림책 작가가 되니 문학적 감수성과 출판의 흐름까지 꿰뚫고 있는 편집자들로부터 많은 도움을 받을 수 있어서 좋았습니다. 제 이야기 세계에 힘을 보태 주는 지원군단을 얻은 기분이랄까요. 그리고 작품을 새롭게 내놓을 때마다 호응해 주시는 독자분들과 출판사에 정말 감사합니다. 제 작품을 발견해 주시고, 또 함께 읽어 주시고, 나눠 주시는 독자분들 덕분에 다음 책을 준비할 에너지를 든든하게 충전하고 있습니다.

덤으로 아이와 잠자리에서 이런저런 이야기를 나누던 것이 진짜 그림책이 되어 아이가 펼칠 때 아이의 행복한 표정을 볼 수 있는 특별한 경험도 할 수 있습니다.

『산타 할머니』를 만든 계기

첫 더미를 만들고 출간까지 약 8년이 걸렸어요. 처음 이야기를 구상할 때는 산타 할아버지가 감기에 걸려서 할머니가 대신 배달을 다녀오는 재미 위주의 내용이었어요. 그 후로 할머니의 꿈에 대한 방향으로 주제를 바꾸고 원고를 여러 번 수정했어요. 직장생활을 병행하면서 창작에 대한 꿈을 꿨던 제 이야기가 조금 투영된 것도 있어요. 꿈에 대한 이야기로 풀어가다 보니 '자기다움'이란 주제에 이르게 되었어요. 산타 할머니는 도전 앞에서는 나이도 성별도 걸림돌이 되지 않는다고 말합니다.

또한 할아버지를 통해서도 또 하나의 주제를 선물하고 싶었어요. 할아버지는 할머니를 배웅해 주고 할머니를 위해 빨래를 하고 정성스럽게 요리를 해요. 할머니도 바쁜 와중에 할아버지에게 접시를 선물하고요. 서로에 대한 이해와 배려를 통해 건강하고 평등한 관계를 유지하는 산타 할머니 부부의 모습에서 많은 토론 주제를 발견하실 수 있을 겁니다.

가장 애착을 느끼는 한 장면

산타 할머니가 썰매를 타고 날아오르는 장면입니다. 오랜 시간 꿈꾸었고, 열심히 준비해 왔던 소원이 실현되는 마법 같은 순간이죠. 이 장면에서 독자분들이 희망과 용기를 얻을 수 있기를 바랐습니다. 저에게도 이 장면은 첫 책을 발간했던 날을 떠오르게 하는 감격을 주었습니다.

독자들에게 책을 읽을 때 '배웅하는 할아버지의 모습'도 꼭 찾아보라고 말합니다. 전직 산타 같은 할아버지가 두 팔을 들고 열심히 배웅하고 그 옆에 바둑이도 두 발을 들고 응원하고 있거든요. 이렇게 누군가가 나의 꿈을 전적으로 지지하고 응원하고 있다는 것 또한 정말 행복한 일입니다.

그런데 이 행복한 장면을 완성하기 위해 스케치 단계에서 수정도 있었고 편집자님과 디자이너 선생님과 의견을 많이 나누었어요. 다

▍『산타 할머니』 초기 구상한 표지

『산타 할머니』 더미북

▎산타 할머니가 정식 산타가 되어 처음으로 날아오르는 장면. 꿈이 실현되는 모습을 표현한 것으로 편집자, 디자이너의 도움으로 멋진 장면이 완성되었다.

행히 디자이너분의 도움으로 산의 디테일도 살리고 어둑어둑한 시간의 표현 효과도 더할 수 있었어요. 덕분에 조금 더 멋지게 완성될 수 있었습니다.

앞으로의 계획과 한마디

한동안은 책을 만드는 데 있어서 '뭔가 큰 그림을 그려야 하는 것이 아닌가'라는 생각도 했었는데 그것 또한 틀 안에 저를 가두는 것 같아요. 그래서 그때그때 재미있게 하고 싶은 그림책을 창작하고 싶습니다.

이야기를 지을 때 어떤 의미를 담을까, 어떤 교훈을 담을까 고민하는 것도 중요하지만 어떤 대사가 웃길지, 어떤 반전이 흥미로울지에 신경을 많이 쓰는 편이에요. 약간 개그 욕심도 있는 편이라서요. 앞으로는 재미를 듬뿍 담아내서, 어린이 독자들이 자꾸만 또 보고 싶은 책을 만들고 싶어요.

저는 '독자'라는 단어만으로도 마음이 설렙니다. 저는 그저 제가 하고 싶은 이야기를 책 속에 담을 뿐입니다. 그런데 독자들이 제 책을 다시 그들만의 이야기로 소화해내고 다시 해석의 창작물로 태어나게 하는 것을 여러 차례 경험했습니다. 과연 『산타 할머니』를 만난 독자들이 이 작품을 통해 어떤 이야기를 마음속에 담아내실까요? 부디 여러분들이 최대한 많은 것을 마음속에 가져가시길 바랍니다. 그리고 독자 여러분들에게 제가 담으려 노력했던 유머가 통했으면 좋겠습니다.

진수경 작가가 권하는 『산타 할머니』 읽기

꿈을 이루는 데 오랜 세월이 걸렸지만 언제나 밝고 유쾌한 할머니의 기분을 따라가며 읽으면 좋겠어요. 그러면서 행복감을 함께 느끼길 바랍니다. 꿈이 있고 그것을 이룰 수 있다는 희망은 정말 행복한 일이니까요. 책을 덮고 나서 60년 만에 꿈을 이룬 할머니가 어떻게 살아왔을까 상상해 보면서 꿈을 이루기 위한 과정과 노력에 대해서 이야기해 볼 수 있을 것 같습니다.

그리고 '산타' 하면 떠올렸던 우리의 '고정관념'은 무엇일까 자연스럽게 이야기해 보면 좋겠어요. 작품 속 '모집공고'를 자세히 보면 '건강한 어른 남녀 모두'라고 되어 있어요. 이 부분에서 '기회의 평등'에 대해 생각해 보길 원했어요.

또 한 가지 마지막 선물을 배달하러 간 집에서 아이들이 우는데, 우는 아이들에게는 산타가 선물을 안 준다는 노래도 있지만 산타 할머니가 보여 준 모습을 통해 '어머니'이기도 한 산타 할머니의 삶까지 살펴볼 수 있을 것 같아요.

반면, 꿈이 무엇이냐고 묻는 것은 지양했으면 좋겠습니다. 누구나 당장 꿈이 있는 것은 아니니까요. 꿈이나 진로에 대해 이야기하기 전에 내가 좋아하는 것은 무엇인지, 나는 어떤 일을 할 때 행복한지, 그리고 자신이 잘 할 수 있는 것은 무엇인가에 대해 먼저 이야기해 보기를 바랍니다.

젠더 개념에 대해서는 연령에 따라 접근법이 다를 테지만 할머니가 산타가 되기 위해 오랜 시간 기다려 온 이유, 불공평과 편견을 그림책 사례를 통해 설명하면 좀 더 쉽게 접근할 수 있을 것 같습니다. 그럼 어린이라서 받는 차별은 어떤 것이 있는지, 언니라서 오빠라서 반대로 동생이라서 혹은 키가 작아서 불이익을 받은 경험이 있는지 물으면서 성평등에 대한 질문으로 확장한다면 자연스러운 접근이 가능할 것입니다.

『산타 할머니』로 토론 수업하기

토론 전 활동

산타에 대한 고정관념 알아보기

1분 산타 그리기

그림책을 읽기 전 1분 안에 학생들이 생각하는 산타를 그려 보는 시간을 갖는다. 시간을 짧게 설정하여 바로 연상되는 산타 이미지를 그리도록 한다. 1분이 지나면 결과물을 취합한 후 공통점을 이야기하며 학생들이 가지고 있는 산타의 고정 이미지를 함께 점검해 볼 수 있다.

교사	산타 이미지의 공통점을 찾아봅시다.
학생1	빨강 모자를 썼고 빨강 옷을 입었어요.
학생2	수염이 있고 웃는 얼굴이에요.
학생3	선물 보따리를 들고 있어요.

학생4	거의 다 할아버지예요.
교사	그렇다면 여러분은 모두 비슷한 모습을 떠올린 것이군요.
학생들	네. 맞아요. 맞아요.

그림책 제목 알아맞히기

그림책을 읽기 전에 제목의 일부를 가리고 표지만 보고 제목을 알아맞히는 활동을 할 수 있다. 그림책에 대한 흥미를 끌어올리기 좋은 활동이다.

교사	우리가 함께 읽을 그림책 제목을 한 번 맞혀 볼까요?

학생1	산타 도둑?
학생2	산타 엄마!
학생3	'ㅎ' 자가 보여! 산타 할머니?
교사	네! 맞았어요. 이 그림책의 제목은 '산타 할머니'입니다. 그런데, 여러분 '산타 할아버지'가 아니고 왜 '할머니'일까요?

학생4	산타를 꼭 할아버지만 하란 법이 있나요?
교사	맞아요. 이 작품은 여러분이 '산타' 하면 떠오르는 고정관념에 대해 한 번 되짚어 생각해 볼 수 있는 기회를 줄 수 있을 것 같죠?

'산타의 기원' 영상 보고 생각하기

그림책을 펼치기 전에 왜 '산타' 하면 빨간 옷을 입고 하얀 수염을 기른 뚱뚱한 백인 할아버지가 떠오르는지에 관한 영상을 준비한다. 학생들에게 영상을 보며 중요하고 의미 있다고 생각되는 내용을 적어 보라고 말한다.

비디오클립(약 4분)
'산타의 기원' 등으로 검색

교사	영상을 보고 새롭게 알게 된 사실들을 말해 봅시다.
학생1	산타클로스의 기원이 된 인물이 성 니콜라우스라는 이름을 가지고 있었다는 것입니다.
학생2	산타 이미지가 오랜 세월 동안 역사적으로, 상업적으로 변형되었다는 것을 알았어요.
교사	예를 들면요?
학생3	원래 미국에는 산타가 없었다는 것! 그리고 지금 빨간 옷을 입고 있는 산타의 모습도 카드 이미지와 광고 이미지 효과였다는 것을 알게 되었어요.
교사	그렇다면 여러분 또한 새로운 산타의 모습을 창조할 수 있

지 않을까요? 그리고 아까 다른 학생이 말한 것처럼 '할머니라고 산타가 되지 말라는 법'은 없으니까요. 이 그림책의 작가도 그런 생각이었지 않을까요. 과연 '산타 할머니'는 어떤 인물일지 그림책 속으로 들어가 볼까요?

> 토론 활동

포스트잇 인터뷰 토론

포스트잇 인터뷰 토론은 연극적 요소가 가미된 핫시팅 토론을 변형한 방법으로 핫시팅 토론의 골격을 빌리되, 구두 질문이나 발표, 혹은 연극에 대한 부담을 줄이기 위해 포스트잇을 활용한 인터뷰 토론 방법이다. 원래 핫시팅 토론은 참가자들이 작품 속 인물이 되어 서로 가상 인터뷰를 주고받으며 등장인물을 깊게 이해하게 된다. 보통 핫시팅은 역할 대표 한 명이 무대 한가운데로 나와 마치 기자회견하듯이 질문에 대답한다. 크게 준비 단계, 토론 단계로 나눌 수 있는데 준비 단계에서는 개인별로 배역을 맡고, 배역끼리 모둠을 만들어 배역별 모둠 안에서 인물을 탐구한다. 토론 단계에서는 원하는 인물과 대화하거나, 인물을 바꾸어 대화하며 작품 속 상황과 인물에 몰입하도록 한다. 이때 역할 대표 연기자는 텍스트 속 인물을 깊게 연구하고 이해한 것을 바탕으로 자신의 생각이 아닌 등장인물의 입장에서 질문에 응한다.

다만, 어린 학생들의 경우 질문과 답을 만들어 연기하는 과정에 어려움을 느낄 수 있으므로 처음부터 본격적인 핫시팅 토론을 진행하는 건 무리가 있다. 또한 역할을 맡은 소수의 학생과 질문을 주도하는 학생들에 의해 토론의 성패가 갈릴 수도 있다. 그래서 바로 인터뷰하기로 직행하지 않고, 모든 학생이 함께 작품의 각 장면에 대한 학급 전체 공감도를 확인하게 하면서 자연스럽게 포스트잇 인터뷰 토론에 참여하도록 한다. 포스트잇에 질문을 적어 붙이고, 이를 확인한 해당 역할의 학생들이 답변을 포스트잇에 정리하여 답할 수 있는 기회를 주면, 즉문즉답에 대한 부담을 덜 수 있다. 포스트잇에 생각을 먼저 적고 그것을 읽고 대화하면서 작품 속 인물과 상황에 깊게 공감할 수 있기 때문이다.

마음에 남는 장면 고르기

그림책을 다 읽고 각자 마음에 남는 장면과 그 이유를 말한다. 작품에 대한 이해와 함께 읽는 독자(학생)간 상호 공감할 수 있는 기회가

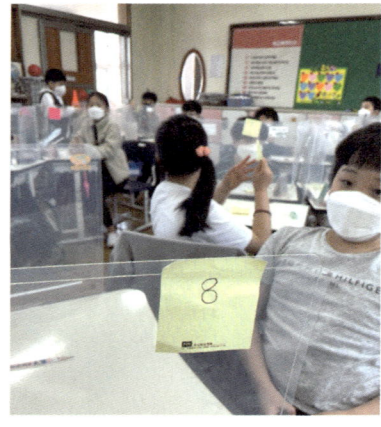

된다. 이로부터 토론 주제를 뽑아내어 자연스럽게 다음 활동으로 이어갈 수 있다.

교사 『산타 할머니』를 함께 읽어 보았어요. 여러분은 산타 할머니를 읽고 어떤 장면과 대사가 마음에 남나요? 마음에 남는 장면은 최대 세 장면까지 선택할 수 있습니다. 자, 하트를 붙여 주세요.

그림책 장면은 학생들이 번호로 고를 수 있도록 섬네일 화면으로 제시한다. 학생들은 세 장면을 고르고 고른 이유를 설명한다.

학생1 저는 할머니가 할아버지에게 접시를 선물한 장면이요. 할아버지가 요리를 하고 할머니가 밖에서 일을 하는 모습이 지금까지 많이 보던 가족의 모습과 달라요.

학생2 저도요. 할아버지가 빨래도 하고, 접시 같은 살림살이를 좋아하는 것이 독특하다고 느꼈어요.

학생3 산타 할머니가 산타가 돼서 다른 산타들과 서 있는 장면이요. 산타들이 모두 개성 있어 보였어요.

교사 맞아요. 그 장면에서 여러분이 처음에 그렸던 산타 이미지와 비슷한 산타는 단 한 명뿐이었어요.

학생4 산타 할머니가 나오려는데 아이들이 울었을 때요. 할머니가 고생해서 산타가 되었는데 들킬까 봐 걱정됐어요.

학생들의 장면 선택과 이유 설명이 끝나면 학급 내에서 가장 많은 선택을 받은 장면에 대해 더 깊은 대화를 진행한다.

이때 하트 모양 포스트잇을 활용하면 좋다. 친구의 발표에 공감하면 하트 모양 포스트잇을 해당 번호에 붙여 수를 세어 볼 수도 있다. '클래스키'라는 기자재를 활용하여 실시간 투표 모드로 공감 비율을 바로 확인할 수도 있다. 만약 온라인 수업으로 진행할 경우 주석 기능의 스탬프를 활용하는 것도 가능하다.

교사   여러분이 가장 많이 공감하는 장면은 할머니의 위기 상황과 위기를 해결하는 장면이군요. 주인공이 그토록 원하던 산타가 되었기 때문에 여러분은 산타 할머니가 성공적으로 산타의 임무를 잘 마치길 응원했던 것 같습니다. 이렇게 하트를 붙여 보니 어때요? 등장인물을 걱정하고 더 나아가 응원하고 있다는 것을 알게 됐죠?

학생1   친구들도 저처럼 산타 할머니와 함께 기뻐하고, 또 조마조마하기도 했다는 것을 알게 돼서 재미있었습니다.

학생2   제가 가장 마음에 드는 한 장면은 친구들이 가장 많이 공감한 장면이었어요. 하나의 장면만 고른다고 생각하면 장면을 고를 때 좀 더 신중하게 선택하게 되는 것 같아요.

학생3   저도 하트가 많은 장면을 골랐어요. 대체로 친구들도 저처럼 산타 할머니의 상황에 집중했던 것 같습니다.

교사   여러분은 모두 독자로서 책 속 등장인물의 상황과 감정에 공감하고 있군요. 저는 산타 할머니가 우는 아이를 달래 주는 장면이 마음에 남고 많은 생각을 하게 했어요. 여러분은 이 장면에서 어떤 생각이 들었나요?

학생 4   할머니가 연습하지 않아도 잘할 수 있는 일이라고 했을 때 감동이었어요.

학생 5   저는 그래서 마음이 더 뭉클했어요. 산타 할아버지였다면 우는 아이들을 두고 도망쳤을 것 같거든요.

학생 6   하지만 저는 할머니라고 아이를 다 잘 돌볼 수 있는 것은 아니라고 생각해요. 여기선 할아버지가 더 요리도 잘하시잖아요. 산타 할아버지도 아이를 사랑하시니까 우는 아이를 잘 달래 주셨을 것 같아요.

포스트잇 인터뷰 토론하기

포스트잇으로 질문하고 대답을 먼저 생각할 수 있는 시간을 준 다음 발표하는 활동이다. 작품 속 인물에 공감할 수 있어 작품을 깊게 이해할 수 있다.

  작품 속 등장인물을 산타 할머니, 할아버지(산타 할머니의 남편), 새로운 산타들, 루돌프 네 그룹으로 나눈다. 그리고 학생들은 각자 원하는 등장인물을 골라 옆에 자신의 이름을 적는다. 그다음, 자기가 고르지 않은 세 등장인물에게 궁금한 질문을 노란색 포스트잇에 적는다. 이때 작품을 이해하는 데 도움이 되는 질문을 생각하도록 안내한다. 질문의 개수는 시간 내 적을 수 있는 만큼으로 하고 질문

▌ 포스트잇 인터뷰 토론 전에 포스트잇에 질문을 써서 등장인물 게시판에 붙인다. 캐릭터를 함께 탐구할 수 있어 작품을 더욱 깊이 공감할 수 있다.

을 생각하는 시간은 10분 정도 제시한다.

　질문 포스트잇이 등장인물 게시판에 모이면, 등장인물을 선택한 학생들이 상의하여 색이 다른 포스트잇에 답변을 작성한다. 충분히 상의할 수 있도록 쉬는 시간을 포함하여 20분 정도의 시간을 제시한다.

　미리 글로 질문과 답을 해 보고, 같은 등장인물에 대한 탐구를 마친 터라 학생들이 발표 상황에서 보다 편안하게 대답을 할 수 있다.

[산타 할머니]

질문　　　산타 할머니가 처음으로 산타가 됐을 때 기분은 어떠셨어요?

산타 할머니　뿌듯하고 행복했어요. 기대도 되고요.

질문　　　그럼, 산타가 되기 전에는 어떤 마음이었나요?

산타 할머니　산타가 꼭 되고 싶어서 간절히 기도했죠. 그리고 산타 모집 광고를 보고는 정말 뛸 듯이 기뻤답니다.

질문　　　할머니와 함께 신입 산타가 된 다른 산타들에 대해 어떻게 생각하세요?

산타 할머니　저처럼 오랫동안 산타가 되고 싶었지만 도전할 기회조차 없었던 분들이지요. 하지만 각자가 노력해서 저마다 개성 있는 어른으로 성장했어요. 모두 어린이들과 크리스마스를 사랑한다는 공통점이 있답니다.

질문　　　올해의 산타상을 수상하셨는데요, 비결은 무엇인가요?

산타 할머니	비결이라기보다는 오랜 세월 가족을 사랑하고, 또 즐겁고 건강하게 지내온 덕이 아닐까 합니다.
질문	산타 마을에서 산타가 되고 싶지만 기회가 없었던 세월이 억울하지는 않으세요?
산타 할머니	조금 속상하기는 하지요. 저는 여자라서, 어떤 이들은 나이가 어려서, 빼빼해서……. 그런 이유만으로 기회가 없었으니까요. 하지만 진정한 산타의 자격은 어린이를 사랑하는 것이라는 점을 인정받아 기뻐요.
질문	산타 할머니! 선물이 너무 많은데 헷갈리지 않나요?
산타 할머니	산타의 선물은 요술 포장이 되어 있어서 절대로 선물의 주인이 헷갈리지 않는답니다.

[할아버지]

질문	할아버지는 산타 할머니의 크리스마스 선물이 마음에 드셨나요?
할아버지	그럼요. 요리를 하고 멋진 그릇에 담으니 기분이 좋아요. 디자인도 아름다워서 정말 마음에 든답니다.
질문	산타 할머니가 가장 좋아하시는 음식은 무엇인가요?
할아버지	제가 해 준 밥을 가장 좋아한답니다. 산타의 힘은 밥심이라서요! 하하하.
질문	산타 할머니에게 크리스마스 아침에 해 주신 음식은 무엇인가요?

할아버지	고슬고슬 맛있는 볶음밥, 그리고 후식으로 따뜻한 소시지빵과 홍차를 준비했어요.

[새로운 산타들] (산타들을 편의상 그림 순서대로 산타 1, 산타 2로 표시함)

질문	산타 1님께, 산타 복장이 뼈에로 옷 같아요. 다른 사람들보다 돋보이고 싶은가요?
산타 1	저는 세상에서 가장 멋지고 유명한 산타가 되고 싶거든요.
질문	산타 2님의 산타복의 무늬가 독특해요. 혹시 영국에서 오셨나요?
산타 2	아, 맞아요. 알아봐 줘서 반가워요! 저는 영국 스코틀랜드 출신이랍니다. 국적을 따지지 않고 산타를 선발해서 참 기뻤답니다.

[루돌프]

질문	루돌프는 그 많은 선물들과 산타까지 태우고 가는데 무겁지 않았나요?
루돌프	처음에는 힘들었지만 평소 운동을 많이 해서 근육루돌프가 되었기 때문에 이제는 하나도 힘들지 않아요.
질문	수고했어요! 맛있는 쿠키를 구워 줄게요. 어떤 쿠키를 좋아하나요?
루돌프	당근 알레르기가 있으니까 그것만 조심해 줘요.
질문	날아다닐 때 어떤 느낌이 드나요?

| 루돌프 | 루돌프가 되길 잘했다는 생각이 들고 재미도 있어요. |

    이렇게 작품 속 등장인물마다 차례대로 질문을 이어가면, 진지하기도 하고 때로는 장난스럽기도 한 다양한 질문이 이어진다. 마찬가지로 답변 또한 내용에 충실한 답변도 있고, 창의적이어서 새로운 이야기를 만들 수 있을 정도의 흥미로운 대답도 있었다. 이 과정을 통해 학생들은 작품 속 인물이 되어 보는 경험을 매우 재미있어 하고, 작품에 대한 작가의 의도를 깊게 생각해 보는 기회를 얻었다. 무엇보다도 학생들이 작품 속 인물, 특히 주인공인 산타 할머니의 상황과 감정에 대해 깊게 이해할 수 있었다.

소감 나누기

교사	여러분들이 작품 속 인물들과 정말 소중한 대화를 나눈 것 같군요. 특히 산타 할머니가 주인공이라 그런지 산타 할머니에게 질문이 가장 많았습니다. 서로 묻고 대답하는 과정에서 여러분은 어떤 느낌이 들었는지 궁금합니다. 먼저 산타 할머니였던 친구들 이야기해 주겠어요?
학생1	네, 저는 산타 할머니가 되어 보니 2학기 초에 함께 읽었던 『니꿈은 뭐이가?』의 권기옥 비행사가 떠올랐습니다. 여자라는 이유로 금지된 많은 것들 앞에서 굴하지 않고 꿈을 포기하지 않았던 삶이 닮았다는 생각이 들었습니다.
학생2	저는 한 번도 작품 속 인물이 되어 본 적이 없었어요. 그런

	데 오늘은 마치 제가 작품 속에 들어간 착각이 들 정도로 재미있었습니다.
교사	그랬군요. 다른 작품을 읽을 때도 작품 속 인물이 되어 보면 작품을 더 멋지게 만나게 될 겁니다.
학생3	저는 인물에 대해 상상하다 보니 새로운 이야기를 만들 수 있을 것만 같았어요.
교사	맞아요. 선생님도 지켜보며 참 재밌었어요. 그림책에서 밝혀지지 않은 사건이나 이유를 파헤쳐 보는 것도 재밌을 것 같아요. 가령 산타 할머니의 남편인 할아버지는 젊었을 때 무슨 일을 하셨을까 상상해 보는 것도 재밌을 것 같습니다.

학생들은 그림책 속의 장면을 확대해서 작가가 말하지 않은 이야기를 작품 속 주인공이 전해 주는 것처럼 한참 새로운 이야기를 만들어 냈다.

> 토론 후 활동

산타 할머니에게 편지 쓰기

등장인물이 되어 더 깊이 공감할 수 있었던 경험을 바탕으로 작품의 주인공에게 편지를 쓰는 활동이다. 이 단계에서는 가장 질문이 많았던 주인공 산타 할머니로 대상을 한정하여 함께 편지 쓰기를 진행한다.

산타 할머니~ 안녕하세요!
오늘 우리반 선생님께서 산
타 할머니의 이야기를 들려주
셨어요. 산타 할머니는 어릴
적 꿈을 계속 할머니가 될 때
까지 갖고 계셨다는 게 너무
대단하신 거 같아요! 저희는

어렸을 때 꿈이 자주 바뀌거든요. 그리고 산타 할머니께서 결국은 꿈
을 이루셨다는 게 너무 존경스러워요! 저희들은 꿈을 이루지 못한 경우가
많은데 산타 할머니는 열심히 노력해서 꿈을 이루신 게 너무 대단하
시고 존경스럽습니다!! 저도 산타 할머니처럼 꼭 어른이 되서 꿈을 이룰
거예요!!

산타 할머니는 지금도 어린아이들을 위해 선물을 포장하고 배달하
기 위해 준비하시느라 바쁘시겠죠? 가끔은 조금 쉬면서 하시는 것도 도
움이 될 것 같아요! 머리를 식히면서 하면 더욱 도움이 많이 되니까요!
산타 할머니는 지금 많이 바쁘실 테니까 저는 여기서 끝내도록 할게
요!! 몸조심하시고요, 코로나가 엄청 유행인데 코로나 걸리시지 않게 조
심히 마스크 잘 쓰시고 배달해 주세요!(제 선물도 잊지 마시고요~~)
그럼 안녕히 몸조심하세요~!

산타 할머니를 존경하는 한 소녀 OOO 올림

안녕하세요, 산타 할머니!

저는 OO초등학교에 다니는 OOO입니다. 저는 내년에 6학년이 돼요. 내일이면 기다리고 기다리던 크리스마스예요. 그래서 오늘 담임 선생님과 트리를 만들었어요. 저희 집은 트리를 만들지 않아서 오늘 수업 시간에 제가 만든 트리를 켜 놓고 잘 거예요. 오늘 수업시간에 배웠는데 산타 할아버지는 1700살 정도 된다고 해요. 산타 할머니는 몇 세 정도 되시는지 궁금해요.

오늘 『산타 할머니』라는 책을 봤는데 마지막 부분에서 조금 슬펐어요. 그리고 『눈이 많이 오는 날』이라는 책을 선생님께서 읽어주셨는데 실제로 그런 날이 오면 신날 것 같아요. 눈이 엄청 많이 와서 집에까지 눈이 쌓이고 아이들이 밖에 나와서 신나게 노는 내용이에요. 저는 그 책 중에 거대 눈사람을 만든 것이 기억에 남아요. 저도 한 번쯤은 거대 눈사람을 만들어 보고 싶어요. 그런데 이번 겨울에는 그 정도 눈이 많이 오지 않았어요.

산타 할머니! 이번 겨울에는 눈이 많이 내리길 빌고 눈이 많이 내리면 같이 신나게 놀아요.

그럼 메리 크리스마스~~~

OOO 올림

> 안녕하세요, 산타 할머니!
>
> 수업시간에 산타 할머니에 대한 이야기를 배웠습니다. 저는 지금까지 산타 할아버지만 계시다고 생각하고 살아왔는데 산타 할머니가 계신다는 것을 알고 나니 더 친근감이 느껴지고, 이제는 편견을 갖지 않도록 해야겠다고 생각했어요.
>
> 산타 할머니에게 바라는 저의 소원은 코로나가 빨리 없어져서 가고 싶은 곳을 자유롭게 갈 수 있었으면 좋겠습니다. 당연했던 평범했던 일들이 그립습니다. 꼭 좋은 날이 올 것이라 믿고 있겠습니다.
>
> 그럼, 안녕히 계세요.
>
> OOO 올림

학생들마다 작품의 인물에 대한 공감의 정도에 따라, 또는 표현 능력에 따라 차이는 있었다. 그러나 인물에 대한 깊은 공감을 통해, 이 작품의 다양한 주제를 시나브로 이해하고 흡수했음을 확인할 수 있었다.

그림책을 통해 공감 능력 키우기

내 안에 타인이 들어올 공간이 없는데 타인을 제대로 이해하고 사랑하기란 불가능하다. 그러다 보니 타인에 대한 판단과 충고 또는 눈물 등의 반응으로 자신이 공감하고 있다고 착각하는 경우도 많다. 위로, 판단과 달리 공감은 상호적인 감정이다. 즉, 내 마음에 꽃을 들이듯 타인을 내 마음에 들임으로써 진정한 이해를 경험할 수 있다. 내가 이해할 수 없는 것은 공감하기 어렵다. 타인의 이유를 알고 또 그것을 납득할 수 있어야 한다. 그러기 위해서 대화가 필요하다. 그러나 막상 어른조차도 공감을 위한 대화의 물꼬를 트는 것이 쉬운 일이 아니다. 공감의 경험을 충분히 누려 보지 못한 학생들이라면 더욱 그렇다. 그러므로 학교에서 공감의 경험을 쌓을 필요가 있다. 학생들이 공감의 대화를 많이 경험할수록 앞으로 맺게 될 다양한 관계 속에서 건강한 마음을 유지할 수 있을 것이다.

그림책을 펼치고, 그림책 속의 등장인물들에게 말을 걸어 보자. 왜, 어떻게, 그런 일이 벌어졌는지, 그런 행동을 했는지. 그러면 등장인물의 목소리가 들릴 것이다. 그렇게 작품을 깊고 풍부하게 만나는 경험을 통해 공감력을 키우면 건강한 관계를 쌓을 수 있는 힘 또한 자랄 수 있다.

수업 사례에 대한 진수경 작가의 소감

학생들이 등장인물이 되어 질문하고 그에 답하는 포스트잇 인터뷰 형식의 활동이 무척 참신하고 재미있었어요. '나'의 시선을 이동시켜 다른 사람의 마음을 읽어 보는 진지함도 볼 수 있었어요. 산타 할머니, 루돌프, 중간에 나오는 여러 산타들과 할아버지까지 다들 감정 이입을 잘해서 즐거운 가상 인터뷰가 만들어졌어요. 영화나 드라마에 몰입하듯이 책 속에 자연스럽게 몰입할 수 있는 멋진 경험이 되었을 것입니다.

산타 할머니의 나이가 76세이고 산타계에선 유치원생이라는 것,

스릴을 즐겨서 썰매 속도가 만족스럽다는 것, 루돌프는 당근 알레르기가 있다는 것과 사냥꾼에게 총에 맞아 쓰러진 것을 산타 할머니가 보살펴 준 것이 첫 만남이었다는 것, 운동을 많이 해서 근육이 있는 '근육 루돌프'라는 것, 산타 5는 산타가 되기 전에 택배일, 공장일, 회사원이기도 했다는 발상이 너무 훌륭합니다. 학생들의 질문과 답을 보고 다시 책을 보니 정말 그런 캐릭터인 듯했습니다.

할머니가 우는 아이를 달래는 장면을 어떻게 보았냐는 질문에서 할머니라고 다 아이를 잘 보는 것은 아니며 할아버지도 아이를 사랑하기 때문에 아이를 잘 달래 줬을 거라는 말이 인상적이었습니다. 산타는 아이들을 위해 일하잖아요. 그래서 그런 것들을 할머니의 회상 장면부터 아이를 달래 주는 장면까지 산타로서의 인과 관계를 자연스럽게 녹여내고 싶었어요. 아이를 기르고 돌보는 것은 어른으로서, 양육자의 의무이고 산타가 아니었을 때의 할머니도 산타 할머니 삶의 일부라는 것까지도요. 산타를 남녀로 구분 짓지 않고 '산타는 곧 아이들을 사랑하는 어른'이라는 이 공식을 콕 집어 강조하고 싶습니다.

산타 할머니에게 쓴 편지들도 할머니가 보신다면 정말 기뻐할 내용이었습니다. 무엇보다 아이들이 산타에 갖고 있던 편견과 인식이 바뀌었다는 점이 작가로서 뿌듯했습니다. 여기서 한 가지 알려드리면 사실 할아버지는 전직 산타로 은퇴 후 다른 일을 하고 있습니다. 할아버지의 직업에 대해서도 상상해 보시길 바랍니다.

📖 **함께 읽으면 좋은 그림책**

『산타 백과사전』, 앨런 스노 지음, 청어람미디어
『산타에게 편지가 왔어요』, 엠마 야렛 지음, 북극곰
『산타 유치원』, 우에하라 유이코 지음, 길벗스쿨
『산타 할아버지』, 레이먼드 브리그스 지음, 비룡소
『산타클로스는 할머니』, 사노 요코 지음, 나무생각
『산타 할아버지가 우리 할아버지라면』, 허은미 글, 이명애 그림, 풀빛

타인에 대한 배려를 알려 주는
『행복한 우리 가족』

『행복한 우리 가족』
한성옥 지음
문학동네

아빠와 엄마, 그리고 사랑스러운 딸. 소풍을 나서는 어느 평범한 가족의 단란한 봄나들이다. 눈에 넣어도 아프지 않을 딸을 위해 최선의 준비를 마다치 않는 소연이 엄마. 핸드폰을 두고 나온 소연이 엄마는 핸드폰을 챙기러 다시 집 안으로 들어가는데 그런 엄마를 위해 소연이는 공공주택에서 함께 사용하는 엘리베이터를 잡고 있다. 마트에 들러서는 물건을 고르는 엄마를 위해 새치기를 한다. 나들이 장소로 이동하는 아빠는 불법 유턴에, 고속도로에서는 거침없이 속도위반, 운전 중 전화 통화까지 일삼는다. 미술관에서도 소연이는 친구를 만나 뛰어다니고, 아빠는 작품과 기념사진을 찍어 주며 시설물 보호를 위해 쳐 놓은 선을 넘나든다.

그러면서 귀갓길에 저녁을 먹는 장면에서 소연이네 가족은 배려 없는 사람들에 대해 적나라하게 꼬집으며 불쾌감을 드러낸다. 그리고 나들이를 끝내고 집으로 돌아와 주차를 하는 마지막 장면에서 장애인 주차공간에 차를 댄다.

『행복한 우리 가족』은 표지부터 제목과는 상반된 그림들로 복선을 깔아 놓았다. '행복한 우리 가족'의 '우' 자에 교통표지판 금지의 이미지를 넣었고, 행복하게 웃고 있는 가족들 머리 위로 펼쳐진 앞표지 제목에는 폭탄이 연결되어 있다. 텍스트의 의미와 전혀 다르게 펼쳐지는 그림을 보다 보면 소연이네 가족의 몸에 밴 자연스러운 행동들이 장면마다 심상치 않다. 오로지 내 아이, 내 가족에만 머물러 있다. 나들이는 소연이네 가족에게 추억과 행복을 가져다주었지만 다른 이들에게는 민폐를 반복한다. '나는 괜찮아! 하지만 너는 안 돼!'라는 식의 일방적인 가족 중심주의가 반영된 모습이다. 어디에도 그들의 윤리적 성찰은 없다. 어른의 시선에서도 없는 도덕적 민감성을 아이에게서 기대하기란 어렵다.

학생들과 이야기를 나눠 보면 사실 소연이 가족만의 일은 아니다. 상당히 많은 사람이 생활 속에서의 배려는 온데간데없고 배려하지 않는 삶을 산다. 학생들과 진지하게 이 문제를 진단하며 원인과 문제점, 그리고 해결방안까지 찾아보고자 했다.

"30센티 눈앞에서 시간예술, 공간예술, 시공간예술이 펼쳐지는 그림책은 일상 속에서 즐기는 예술, 모두가 참여하는 예술입니다."

- 한성옥

> **작가 소개**
> 그림책협회 초대회장입니다. 지은 책으로는 문화관광부 어린이도서상 일러스트레이션 본상을 받은 『수염 할아버지』, 이르마제임스블랙상 명예상을 받은 『시인과 여우』, 미국 일러스트레이터 협회상을 받은 『피터와 늑대』, 볼로냐도서전 올해의 일러스트레이터로 선정된 『나의 사직동』, 『다정해서 다정한 다정씨』 등이 있습니다.

그림책 작가가 된 이유

뉴욕에서 공부할 때, 교포 2세 초등학생으로부터 학교 도서관이나 지역 도서관에 한국에 관한 책이 없어서 한국 프로젝트를 학교에서 해 본 적이 없다며 아쉬워하는 이야기를 듣고, 황망한 마음에 기획하고 작업한 전래동화 『Sir Whong and Golden Pig(황 노인과 금 돼지)』가 1993년 Dial 출판사에서 출간되면서 그림책 작가의 삶이 시작되었습니다.

그림책 작가의 장점

자신의 이야기를 모으고 정제해 그림책이라는 매력적인 형식에 담아 독자와 소통할 기회가 주어지는 것은 큰 선물이라고 생각합니다.

더욱이 그림책이 전 연령대가 향유하는 예술품이 되면서, 다양한 삶을 나눌 수 있게 된 환경은 정말 귀합니다. 그럴수록 작가는 새로운 도전을 모색하게 되는 것 같아요. 그 도전이 작가로 하여금 한자리에 머물지 않고 계속 흔들리며 나아가게 하는 동력이 되지요. 제 경우에도 그 과정을 통과하면서 조금씩 성장해 온 것 같습니다.

『행복한 우리 가족』을 만든 계기

2004년 무렵, 아트 디렉터로 일하던 출판사에서 가정의 달을 맞이하여 전시 행사를 기획했는데 당시 무질서한 관람 문화에 충격을 받았어요. 그 일이 계기가 되었습니다. 그러나 어떤 특정인을 대상화하기보다 무심히 지나치는 우리 모두 내면의 이기적 속성을 생각해 보자는 취지였습니다. 출간 후 많은 분이 이야기 초반부에서는 문제점을 잘 알 수 없었다며 왜 더 선명하게 문제점이 드러나게 하지 않았냐는 질문을 받기도 했는데 그런 취지 때문이었습니다.

가장 애착을 느끼는 한 장면

『행복한 우리 가족』은 2006년에 출간되었는데요, 사진과 그림을 합성하여 작업을 진행했습니다. 작업 과정은 설득력 있게 일상을 전달하기 위하여 현장을 촬영한 이미지를 넣고, 드로잉과 옷 패턴과 질감 등을 합성한 후 보정하여 출력, 다시 드로잉과 채색으로 마무리했습니다.

▌촬영 이미지와 드로잉을 합성한 다음 다시 보정과 채색을 하여 그림을 완성한다. 『행복한 우리 가족』은 미술관에서의 무질서한 관람 문화에 충격을 받고 그림책으로 만들게 되었다.

앞으로의 계획과 한마디

앞으로 '주제를 개념적으로 접근하는 그림책', '글과 그림의 상호적 조합 즉 보완이나 역설 등이 조합되어 주제가 증폭되는 그림책', '삶을 다시 깊이 들여다볼 수 있는 그림책'을 만들고 싶습니다.

『행복한 우리 가족』에서도 그러하듯 그림책의 글과 그림은, 그 둘의 상호적 관계를 어떻게 설정하는가에 따라 다양한 효과가 일어납니다. 예측에서 벗어날수록 즐거움은 증폭되지요. 2006년 출간할 때만 해도 『행복한 우리 가족』이 학생 독자들과 수업에서 만날 줄은 생각도 못 했답니다. 어떻게 이해하고 해석하느냐에 따라 무궁무진한 가능성이 열려 있는 그림책에 물개박수를 보내며, 함께 수업으로 나눠 주시는 선생님들께 깊이 감사드립니다.

한성옥 작가가 권하는 『행복한 우리 가족』 읽기

읽는 것 역시 독자의 몫이라고 생각합니다. 텍스트의 양은 적지만 표지부터 뒤표지 이미지 전체에 다양한 단서들이 있으니 천천히 눈여겨봐 주시면 흥미로울 듯합니다.

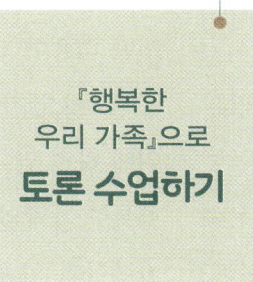

『행복한 우리 가족』으로 토론 수업하기

토론 전 활동 1

표지와 면지 보고 내용 추측하기

『행복한 우리 가족』은 표지부터 제목과 그림이 상반되는 이야기를 한다. 이런 그림책을 읽고 해석할 기회는 학생들의 몫으로 주어야 한다. 그러기 위해 가장 좋은 활동이 그림책 표지부터 함께 읽는 활동이다.

① 그림책 표지를 보여 준다.
② 그림책 표지를 보면서 내용을 추측하여 적어 본다.
③ 각각 추측한 내용을 발표하면서 이야기를 나눈다.
④ 이야기가 충분히 이루어졌을 때 앞표지를 넘겨 면지를 본다.
⑤ 면지를 보면서 이야기를 이어간다.

교사	『행복한 우리 가족』 앞표지입니다. 이 표지를 보면서 안에 어떤 내용이 담겨 있을지 추측해 볼까요?
학생1	'우' 자에 금지 표지판이 있는 걸 보니 행복한 가족이 되기 위해 하지 말아야 할 것이 나올 것 같아요.
학생2	행복한 가족의 하루 이야기가 모두 담겨 있을 것 같아요.
학생3	가족들의 얼굴은 행복해 보이지만 그 뒤에 배경이 빨갛고, 금지 표시가 있고, 폭탄 같은 걸 보니 행복 뒤에 무언가 있을 것 같아요.
학생4	행복한 가족 이야기가 담겨 있을 것 같아요.
학생5	한 가족의 제한적인 행복과 무한한 행복들의 종류가 나올 것 같아요.
학생6	'ㅇ'에 금지를 뜻하는 마크가 있는 것을 보니 행복한 가족이 되기 위해 하면 안 되는 것들에 관한 내용이 있을 것 같아요.

이외에도 아래와 같이 학생들은 아주 다양하고 기발한 생각들을 말했다.

- 가족 안에서 금지되어 있는 것이 있을 것 같다. 하지만 이 가족의 아이가 금지 내용을 어겨서 재미난 일이 벌어질 것 같다.
- 행복한 가족이 어떤 것인지 깨닫게 하는 내용의 책일 것 같다.
- 표지의 행복한 모습과는 다르게 반전이 있을 것 같다.

- 행복한 가족이 되는 방법을 알려 주는 책일 것 같다.
- 서로 가정에서 부딪히는 일을 묘사해서 예방하고 해결하기 위한 규칙을 만드는 이야기일 것 같다.
- 가족에게 무슨 사건이 생겨서 서로 싫었다가 좋아지는 내용일 것 같다.
- 서로 부딪히는 일이 잦아서 부딪힘을 예방하기 위한 규칙을 만들고 평화로워진 가족의 내용이 담겨 있을 것 같다.
- 행복하지 않던 가족이 특정 행동을 하고 행복해지는 과정을 알려 주는 내용일 것 같다.
- 행복한 우리 가족에 금지 표시와 폭탄이 있는 걸로 보아 행복했던 가족에게 무슨 일이 생겨 행복이 깨지는 이야기일 것 같다.

표지를 보고 충분히 이야기를 나누었으면 표지 한 장을 넘겨 면지를 보여 주면서 내용 추측을 이어간다. 요즘 그림책은 면지에도 많은 정보를 담아 놓는다. 『행복한 우리 가족』도 마찬가지이다. 두꺼운 표지를 넘기자마자 새까만 면지에 커다랗게 '뺑'이라는 글자가 등장한다.

학생1   가족들이 행복한 날들을 보내다가 안 좋은 일, 갑자기 집 안에서 사고가 날 것 같아요.

학생2   가족은 행복해 보이지만 다른 이야기가 숨겨져 있을 것 같아요.

학생 3   맞아요. 행복한 가정이지만 뭔가 다툼이 있을 것 같아요.

학생 4   면지를 보니 무슨 사건이 일어나게 되고, 그래서 행복한 가족을 위해 어떻게 해야 할지 알게 되는 이야기일 것 같아요.

면지를 보고 이야기를 나누다가 다시 앞표지를 넘겨 이야기를 보태고 나면, 아이들의 호기심이 극대화된다.

토론 전 활동 2
자음 찾기 놀이[*]

『행복한 우리 가족』은 각 페이지마다 글과 그림이 대위 관계[**]를 이루면서 전개된다. 따라서 표지와 면지를 보고 내용 추측하기를 통해 아이들은 무엇인가 일어날 것 같다는 추측과 극대화된 호기심으로 그림책 '읽기'를 시작하게 되는 것이다.

본격적으로 책을 읽기 전 학생들이 문장에 집중하며 읽을 수 있도록 그림책 속 문장으로 자음 찾기 놀이를 했다. 놀이 과정은 다음과 같다.

① 그림책 문장의 일부를 원고지 형태에 담아 제시한다.
② 제시된 문장에서 30초 동안 교사가 말한 자음을 찾는다.

---

[*] 김정식 허명성의 과학사랑(https://sciencelove.com/250) 단어 캔슬링 게임 활용
[**] 글과 그림이 상반되는 이야기를 하는 경우를 말한다.

③ 학생들이 자음의 개수를 말한 다음 정답을 확인한다.
④ 자음의 개수를 찾는 놀이를 하고 난 후 문장을 함께 읽는다.
⑤ 다른 자음의 개수로 찾는 활동을 반복하여 진행하며 문장을 읽는다.

교사   30초 동안 다음 문장에서 자음 'ㄹ'의 개수를 찾아보세요.

오	늘	은		엄	마		아	빠	랑
미	술	관	으	로		봄	나	들	이	를
	나	갔	다	.					

30초 후 교사는 학생들에게 자신이 찾은 자음을 개수를 종이에 써서 들게 한다. 그런 다음 함께 정답을 확인한다. 한 글자에 두 개의 자음이 있다는 것도 알려 준다.

오	늘	은		엄	마		아	빠	랑
미	술	관	으	로		봄	나	들	이	를
	나	갔	다	.					

그런 다음 좀 더 긴 문장으로 자음 찾기 놀이를 반복한다.

| 교사 | 30초 동안 제시된 문장에서 자음 'ㅇ'의 개수를 찾아보세요. |

미	술	관	은		서	울	에	서		좀
벗	어	난		곳	에		있	었	다	.
미	술	관		소	극	장	에	서		어
린	이	를		위	한		연	극		공
연	이		있	다	고		해	서		나
는		더	욱		들	떠		있	었	다

미	술	관	**은**		서	**울**	**에**	서		좀
벗	어	난		곳	**에**		**있**	**었**	다	.
미	술	관		소	극	**장**	**에**	서		**어**
린	**이**	를		**위**	한		**연**	극		**공**
연	**이**		**있**	다	고		해	서		나
는		더	욱		들	떠		**있**	**었**	다

30초 후 마찬가지로 학생들과 자음의 개수를 알아보는데, 문장이 길어지면 글자에만 집중할 수 있으므로 정답을 맞힌 학생에게 전체 문장을 큰 소리로 읽어 보게 한다. 그러면 어떤 내용인지 알고 넘어갈 수 있다. 다음 문제는 학생들이 원하는 자음 찾기로 진행한다.

교사　　30초 동안 제시된 문장에서 자음 'ㅂ'의 개수를 찾아보세요.

산	과		들	에	는		알	록	달	록
	봄	꽃	이		가	득	했	다	.	
창	으	로		들	어	오	는		바	람
에		가	슴	까	지		시	원	해	지
는		것		같	았	다	.			

산	과		들	에	는		알	록	달	록
	봄	꽃	이		가	득	했	다	.	
창	으	로		들	어	오	는		**바**	람
에		가	슴	까	지		시	원	해	지
는		것		같	았	다	.			

　이렇게 자음의 개수를 찾는 놀이를 진행하면 아이들은 글에 집중하며 놀이에 푹 빠지게 된다. 처음에는 길지 않은 하나의 문장으로 시작해서 놀이를 익힌다. 한 문장을 놓고 자음을 바꾸어 가면서 반복적으로 놀이를 진행할 수 있다. 놀이가 익숙해지면 점차 여러 개의 문장을 넣어서 놀이를 진행하면 된다. 학생들의 흥미를 유지하기 위해 자음 선택권을 주기도 하고, 자주 나오지 않는 자음도 일부러 찾게 하면 좋다.

　교사는 놀이가 진행될 때마다, 정답을 확인해 주고 정답을 맞힌 학생들에게 1점씩을 부여한다. 그림책의 내용이 끝날 때까지 활동을 반복한 후 놀이가 끝나면 점수를 합산하여 인센티브를 준다.

『행복한 우리 가족』은 봄나들이를 다녀온 아이의 그림일기 형태로 글이 많지 않다. 그림을 보기 전 자음 찾기로 글을 모두 읽고 표지와 면지를 보면서 예상했던 생각을 떠올리며 다시 이야기를 나누어 본다.

교사 여러분이 표지와 면지를 보고 예상했던 대로 그림책 내용이 잘 연결되나요?

학생1 예상한 대로 행복한 가족의 하루 이야기였네요.

학생2 정말 행복한 가족이네요. 소풍을 가서 알차게 놀고 가족들과 화목하게 지내고 친구까지 만나서 노는 모습이 정말 행복해 보여요.

학생3 글만 읽었을 때는 평범한 일기 같은데, 그림도 빨리 보고 싶어요.

학생4 제가 생각했던 내용이랑은 좀 달랐어요. 행복한 가족의 하루가 쓰인 내용이네요.

학생5 표지와 다르게 평범한 일상이었고, 사실감이 느껴져 공감이 잘 되었어요.

학생6 'ㅇ'자가 금지여서 불안했는데 행복해서 다행이에요.

학생7 내 생각과는 다르게 평범하고 행복한 가족의 이야기였네요. 표지에 금지 마크와 폭탄이 왜 있었는지 궁금해서 책 전체를 읽어 보고 싶어요. 잔잔하고 행복한 가족 이야기라서 읽는 동안 마음이 편안해졌어요.

> **토론 전 활동 3**
> **글과 그림을 함께 읽기**

학생들과 충분히 글에 대한 이야기를 나눈 다음 '그림'과 함께 그림책을 읽고 이야기를 나눈다.

교사	그림책의 글과 그림을 함께 보고 난 느낌을 이야기해 볼까요?
학생1	본인들의 행복만 생각하고 기본 에티켓을 지키지 않으며 하루를 보내는 행동이 책 표지에 나타난 것 같아요. 특히 고속도로에서 전화를 하며 막무가내식으로 행동하는 가족의 모습이 보기 안 좋았어요.
학생2	그림책에 나오는 가족들은 너무 이기적인 것 같아요. 특히 다른 사람들을 배려하지 않는 태도를 계속 반복적으로 하는 행동은 안타까웠고, 예의 없는 무례하고 천박한 가족이라는 생각이 들었어요.
학생3	일상생활에서 해서는 안 되는 행동이 있다는 걸 아는 도덕적 민감성을 길렀으면 좋겠어요.
학생4	글만 볼 때는 몰랐는데 그림과 함께 보니 이 가족은 단속을 무시하고 고속도로에서 전화하는 것은 기본이고 매장에

　　　　　서 새치기, 미술관 조각 옆 라인 무시, 미술관에서 달리기, 배지를 받기 위한 새치기, 장애인 구역에 주차까지 해요. 이 가족은 도덕적 민감성이 매우 부족하다는 것을 알게 되었어요.

학생 5　'행복한 우리 가족'이라는 제목이지만 자기 가족만 행복하고 다른 사람에게는 피해를 끼치는 것이네요. 정말 가족 이기주의네요.

학생 6　표지에 금지나 부정적인 마크가 그려져 있었던 것이 그림을 보고 이해가 되었어요. 가족은 예의 없고 무례하게 행동했고 자신들만 생각하는 태도로 불편함이 없이 행동했어요. 따라서 가족 관점에서는 행복하지만 다른 사람들의 관점에서는 표지에 그려진 부정적인 마크가 의미하는 가족이라고 생각해요.

학생 7　글과 그림이 정말 정반대네요. 행복한 가정을 보여 주는 책이 아니라 타인에게 나도 모르게 하고 있는 것을 돌아보게 해 주는 책이네요.

학생 8　가족이 이기주의적으로 행동하며 행복해하는 것을 보니 이건 잘못되었다는 생각이 드네요.

교사　네. 맞아요. 이미 습관이 되어 버려 나도 모르게 반복적으로 해서는 안 되는 행동을 하고 있는 것이죠!

토론 전 활동 4

'나도 ~한 적이 있다' 놀이

글과 그림까지 온전히 그림책을 읽은 다음 그림책의 잘못된 행동 중 나도 그런 행동을 한 적이 있는지 알아본다. 이때는 말보다는 몸을 움직이는 놀이로 진행한다.

① 놀이에 참여하는 인원 중에서 술래를 정하고 술래가 중앙에 선다.
② 다른 인원은 술래를 중심으로 둥글게 놓은 의자에 앉는다.
③ 술래는 종이 위에서 '나도 ~한 적이 있다'라고 외친다.
④ 술래가 외친 행동을 한 적이 있는 학생은 의자에서 일어나서 술래가 서 있던 종이를 터치하고 다른 의자로 옮겨 앉는다.(가운데 종이를 터치하는 이유는 바로 옆으로 옮겨 앉는 반칙을 방지하기 위해서이다.)
⑤ 술래는 다른 친구들이 종이를 터치하기 위해 일어났을 때 빈자리에 앉는다.
⑥ 가장 늦게 종이를 터치해 의자에 앉지 못한 사람이 술래가 되어 '나도 ~한 적이 있다' 놀이를 반복한다.

교사	누구나 한 번쯤은 그림책의 가족들처럼 잘못된 행동을 한 적이 있죠? 먼저 술래가 된 학생은 가운데 종이 위에 서고 다른 학생들은 의자에 앉아 주세요. 그럼 술래가 '나도 ~ 한 적이 있다'를 외쳐 주세요.
술래1	나도 엘리베이터를 잡고 있던 적이 있다.

　모든 학생이 경험이 있어서 가운데 종이를 발로 터치하고 다른 의자로 옮겨 앉았다. 의자가 하나 모자라기 때문에 의자에 앉지 못한 학생은 다음 술래가 되어 '나도 ~한 적이 있다'를 외친다.

술래2	나도 '잔디 보호'라고 쓰여 있었지만, 잔디밭에 들어간 적이 있다.

　학생들이 모두 자리를 옮겨 앉는다. 간혹 종이를 터치하지 않고 바로 옆자리로 옮겨 앉는 학생들이 있으니 잘 살핀다. 그리고 바로 옆자리에 앉는 것은 반칙이며 안 된다고 안내한다.

교사	그림책에 등장하는 이기적인 행동들을 누구나 한 번쯤은 해 본 적이 있군요. 책이 2006년 출간되었으니 그 시점으로부터 15년 이상이 지났는데도 왜 이런 문제가 해결되지 않는 걸까요? 지금부터 이와 관련된 이야기로 토론을 시작해 볼까 합니다.

[토론 활동]

5Why 토론으로 문제 상황과 해결 방법 찾기

과제의 원인과 해결책 찾는 방법

5Why는 일본의 도요타 자동차의 생산방식 혁신 'TPS(Toyota Production System)에서 시작된 용어이다. 기업은 효율적인 생산으로 원가를 절감하고 생산성을 향상시켜 이익을 증대하는 것이 최대의 목표이다. 5Why 기법은 생산을 효율적으로 극대화시키는데 방해가 되는 요소의 원인을 찾아내어 개선해 가는 방식을 말한다. 생산방식 혁신은 기업의 제품에 대한 신뢰도를 높이는 일이며, 곧 기업의 이윤 창출과 직결되기 때문이다. 문제를 해결하기 위해 문제의 원인을 찾고, 그 원인의 원인을 찾고, 또 다시 원인의 원인의 원인을 찾아가는 과정을 통해 문제의 가장 근본적인 원인에 접근해서 문제를 해결해 간다. 문제의 원인을 다섯 번 정도 물어서 문제의 원인 속으로 들어가 보면 무엇이 잘못되어 연쇄적인 문제를 발생시켰는지 알아차리게 되고 그것이 바로 문제 해결의 열쇠가 된다. 이는 이제 기업의 생산방식에서만이 아니라 기업을 비롯한 사회 전반의 혁신이나 의사결정에 적용되고 있다. 심지어 사소한 호기심이나 학습과제의 원인과 해결책을 찾는 방법으로까지 확대되어 적용되고 있다.

수업에 적용되는 5Why 토론도 주어진 문제에 대하여 계속 이유를 물어 가장 근본이 되는 원인을 찾아가는 토론 기법으로, 질문은 '왜 그런 문제가 발생했는가?', 원인이 나오면 또 '그 원인은 어떤 이유에서 발생했는가?'라는 식으로 계속된 질문과 그에 대한 답으로 이유, 즉 원인을 찾아간다. 문제의 원인을 끝까지 추적하다 보면 그 해결에 이르게 된다는 발상이다. 교과 학습 내용 중에는 원인과 문제 상황을 파악하여 해결방안까지 찾아가야 하는 학습과제가 상당히 많다. 5Why 토론은 이런 학습과제를 수행하기 위해 아주 적합한 토론 기법이다.

장면 맞히기로 도덕적 문제 상황 찾기
『행복한 우리 가족』 장면을 모두 가리고 일부를 동전으로 긁으며 도덕적인 문제 상황을 도덕적 민감성으로 찾아내는 활동을 전개한다. 그림책 장면마다 어떤 문제점이 있는지 알아보고 이것을 토론 주제로 해결책을 찾아가는 토론을 진행한다.

① 그림책에서 도덕적으로 문제가 있는 장면을 교사가 고른다.
② 동전 긁기 방식으로 그림을 조금씩 보여 준다.
③ 문제 상황을 맞힌 학생에게는 횟수에 따라 점수를 부여한다. 한 번 긁었을 때 3점, 두 번째 긁었을 때 2점, 세 번째 긁었을 때 1점을 부여한다.
④ 그림을 맞히는 것뿐만 아니라 문제의 상황도 잘 설명하면 추가로 1점을 더 부여한다.

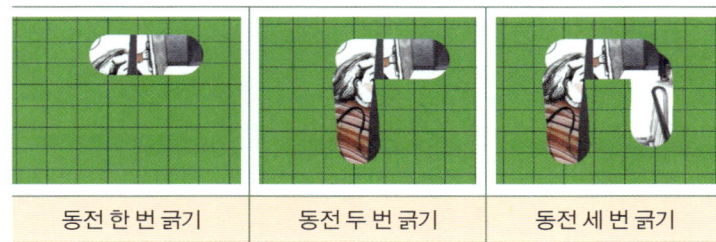

| 동전 한 번 긁기 | 동전 두 번 긁기 | 동전 세 번 긁기 |

교사　한 번 긁은 모습을 보고 손을 들고 답해 주세요. 이 장면은 어떤 시민 의식이 부족한 도덕적 문제 상황일까요?

학생1　잘 모르겠어요.

교사　그럼 다시 한 번 동전 긁기를 해 볼게요.

학생2　그래도 잘 모르겠어요. 밑으로 한 번만 더 긁어 주세요.

학생3　저요. 엄마가 핸드폰을 가지러 갔을 때 소연이가 엘리베이터를 잡고 있는 장면이에요.

교사　네, 맞았습니다. 세 번째에 맞혔네요. 그럼 어떤 시민 의식이 부족한 도덕적 문제 상황일까요?

학생3　공공주택의 엘리베이터를 잡고 있는 것은 타인에게 피해를 주는 행동이기 때문에 도덕적으로 문제가 있다고 생각합니다.

교사　네. 그림 상황도 맞히고, 문제 상황에 대한 설명도 잘했어요. 문제 상황을 세 번 긁었을 때 맞혔으니까 1점, 설명을 잘했으니까 1점, 합해서 2점 드리도록 하겠습니다.

교사는 왜 엘리베이터를 잡고 있는 것이 시민 의식이 부족한 장면인지를 물어보면서 결론에 대한 전제를 찾는 놀이*로 확장시킬 수 있다. 각 장면 그림 맞히기와 함께 그림에 나타난 문제 상황 찾기로 찾아낸 문제 상황은 다음과 같다.

- 쓰레기를 아무 곳에나 버리는 행동
- 새치기하는 행동
- 고속도로에서 핸드폰을 하는 행동
- 불법 유턴을 하는 행동
- 미술관에서 관람 예절이 부족한 행동
- 공연장에서 떠드는 행동
- 음식물 반입 금지를 위반하는 행동
- 장애 주차 구역에 비장애인이 주차하는 행동
- 잔디 보호 구역에 들어가는 행동
- 도로에서 과속하는 행동

그림책에 등장한 장면 외에도 함께 이야기 나누고 싶은 주제를 추가해도 좋다.

| 교사 | 그림책에 등장한 주제 외에 더 이야기하고 싶은 것이 있는 학생이 있으면 말해 주세요. |

---

* 『생각하는 힘을 키워주는 그림책 생각놀이』, 그림책사랑교사모임, 교육과 실천, 2020, p. 261~268.

학생1   저는 그림책 장면마다 등장하는 비도덕적 행동을 막을 수 있는 방법에 대해 이야기하고 싶어요.

교사   네. 또 다른 의견이 있을까요?

학생들이 추가로 이야기하고 싶은 주제는 다음과 같다.

- 싱가포르처럼 강력한 법을 만들어 처벌을 강화한다면?
- 심신미약으로 형벌을 감형해 주는 제도의 문제점은?
- 강력한 법을 행사하면 사람들은 더 안전해진다?
- 강력하고 상세한 법을 만드는 것은 과연 옳은 선택인가?
- 심신미약으로 인한 범죄도 처벌해야 한다.
- 강력한 법도 예외가 없어야 한다.
- 강력한 법이 과연 효과가 있을까?

5Why 토론하기

모둠별로 그림책 장면에서 나온 문제 상황이나 추가로 이야기하고 싶은 주제 중에서 하나를 선택해서 5Why 토론을 시작한다. 어떤 주제로 토론을 진행할지는 모둠원들이 결정한다. 모둠이 같은 주제를 선택할 수도 있다. 왜냐하면, 토론 주제가 같다고 꼭 같은 결론이 도출되는 것은 아니기 때문이다.

교사는 5Why 토론을 위해서 일정한 틀을 만들어 제공할 필요가 있다. 처음 접하는 친구들에게는 생소한 방식이므로 충분한 설명을 해야 한다. 5Why 토론은 모둠별로 선택한 주제를 양식 맨 위에 먼저 적고, 첫 번째 질문 칸에 주제를 질문의 형태로 바꿔서 적으면서 시작한다. 1Why 즉 질문을 적은 다음 바로 옆에 이유를 찾아 적는다. 그런 다음 두 번째 질문은 이 첫 번째 이유를 질문으로 바꾸는 것이다. 2Why 즉 질문에 이유를 답하고, 다시 이유를 질문의 형태로 바꾸어 가면서 5Why까지 도달했다면 주제와 마지막 이유를 연결해서 결론을 내리면 된다.

모둠원이 5Why 활동을 할 때 돌아가며 작성을 하는 방법도 좋다. 첫 번째 이유를 적은 학생이 두 번째 질문도 적는 것이다. 이어 다른 학생이 두 번째 질문에 대한 이유를 달고 다시 세 번째 질문

[1모둠 주제] 장애인 전용 주차 구역에 비장애인이 주차하는 행동

Why	질문	이유
1Why	왜 장애인 전용 주차 구역에 비장애인이 주차를 할까?	장애인 전용 주차 구역이 편하기 때문이다.
2Why	왜 사람들은 자신의 편리함을 우선시할까?	장애인을 배려하지 않기 때문이다.
3Why	왜 사람들은 장애인을 배려하지 않을까?	장애인의 입장을 충분히 이해하지 못하기 때문이다.
4Why	왜 장애인의 입장을 충분히 이해하지 못할까?	장애인의 입장에 대해 충분히 생각해 보지 않았기 때문이다.
5Why	왜 장애인의 입장을 충분히 생각하지 않을까?	장애 이해 교육이 충분히 이루어지지 않았기 때문이다.
결론	장애인 전용 주차 구역에 비장애인이 주차하지 않도록 장애 이해 교육이 충분히 이루어져야 한다.	

을 만드는 것이다. 활동을 진행할 때 서로 다른 색깔을 사용하면 토론 과정이 훨씬 명확하게 드러나는 명시효과까지 얻을 수 있다. 학생들에게 안내할 때 가장 좋은 방법은 예시를 제시하는 것으로 어떤 설명보다도 효과가 크다.

활동이 끝나면 함께 공유한다. 이때 다른 모둠이 내린 결론, 즉 해결방안에 대해 오류는 없는지 검증하는 과정을 진행한다. 동의하지 않으면 반대의견을 제시하거나 다른 대안을 덧붙이면서 자유로운 토론으로 이어갈 수 있다.

주제는 같지만 다른 결론을 내릴 수도 있다. 2모둠은 1모둠과 같은 주제이기만 다른 결론을 내리고 있다.

각 모둠의 토론과정이 끝나고 나면 발표를 통해 토론 내용을 공

[2모둠 주제] 장애인 전용 주차 구역에 비장애인이 주차하는 행동

Why	질문	이유
1Why	왜 장애인 전용 주차 구역에 비장애인이 주차를 할까?	장애인 전용 주차 구역에 주차해도 제재를 받지 않기 때문이다.
2Why	왜 장애인 전용 주차 구역에 주차해도 제재를 받지 않는가?	주차 감시를 철저히 하지 않기 때문이다.
3Why	왜 주차 감시를 철저히 하지 않을까?	집행을 위한 인력이 없기 때문이다.
4Why	왜 집행을 위한 인력이 없는 것일까?	집행을 위한 예산이 부족하기 때문이다.
5Why	왜 예산이 부족할까?	세금을 적게 거두기 때문이다.
결론	장애인 전용 주차 구역에 비장애인이 주차 감시를 위한 재정 확보를 위해 세금을 증액해야 한다.	

유한다. 결과 발표 후 다른 모둠이 내린 해결방안, 즉 결론에 대해 문제점은 없는지 반론을 제기하거나 다른 대안을 제시할 수도 있다. 물론 발표한 모둠이 그에 대한 재반론을 이어갈 수도 있다.

학생1   저는 2모둠의 결론에 반론합니다. 세금 증액은 국민의 반발이 있을 수 있습니다. 그래서 저는 세금 증액을 통한 인력 확보보다는 실시간 무인 감시 시스템을 설치하는 것이 더 좋은 대안이라고 생각합니다.

2모둠 대표   저희 모둠은 우리가 지속 가능한 삶을 살아가기 위해 모든 시설을 무인 시스템으로 바꾸어가는 기계화에 반대합니다. 요즘 일자리가 매우 부족한 상태이므로 고통을 분담하는

[3모둠 주제] 강력하고 상세한 법을 만들어야 한다

Why	질문	이유
1Why	왜 강력하고 상세한 법을 만들어야 하는가?	강력하고 상세하면 사람들이 법을 잘 지키기 때문이다.
2Why	왜 사람들이 법을 잘 지켜야 하는가?	준법정신이 높은 나라가 살기 좋은 나라이기 때문이다.
3Why	왜 준법정신이 높은 나라가 살기 좋은 나라인가?	강력한 법치주의 국가가 안전하기 때문이다.
4Why		
5Why		
결론	강력한 법치주의 국가가 안전하고 살기 좋은 나라이므로 싱가포르처럼 법을 좀 더 강력하고 상세하게 만들어야 한다.	

차원에서 세금 증액으로 일자리를 확보하는 것도 중요하다고 생각합니다.

   3모둠처럼 반드시 다섯 번째 질문과 이유까지 도달해야만 하는 것은 아니다. 세 번째나 네 번째에서 문제 해결 방안이 나올 수도 있다. 그렇다면 중간에 바로 결론을 내려도 된다.

학생1	저는 3모둠의 결론에 이의를 제기합니다. 법이 강력하다고 범죄율이 낮아지는 것은 아닙니다. 그리고 그림책에 나오는 도덕적 영역까지 강력한 법을 만들어 집행한다면 큰 반발이 있을 거라고 생각됩니다. 세세한 것을 법으로 만들어 처벌하는 것보다 국민의 의식을 높이기 위해 교육을 통한 홍보가 먼저 필요하다고 생각합니다. 즉 시민 의식을 높여야 한다고 생각합니다.
학생2	저도 동의합니다. 홍보와 교육을 통한 지속적인 노력을 하다 보면 시민 의식이 높아질 것이라고 생각합니다.
3모둠 대표	저희 모둠은 동의할 수 없습니다. 시민 의식이 먼저냐, 법이 먼저냐 하는 문제인데 저희는 강력한 법을 만들어 실행에 옮기는 일이 훨씬 효율적이라고 생각합니다. 이미 예로 든 싱가포르처럼 살기 좋은 나라가 될 수 있을 것입니다. 아마 여러분 중에도 싱가포르에 여행을 갔을 때 휴지 조각 하나도 길거리에 흘리지 않으려고 조심한 경험이 있을 것입니

다. 법이 강력하면 분명히 철저히 지킬 것입니다. 당장은 반발하는 사람들이 있겠지만 장기적으로 볼 때 가장 빠르게 문제를 해결하는 방법이라고 확신합니다.

모둠원이 상의를 해 결정한 주제이지만 질문과 이유를 답하면서 주제를 수정할 수도 있다.

학생1   저는 4모둠의 토론 주제가 잘못되었다고 생각합니다. 우리 나라에서는 심신미약자의 경우 감형을 하는 것이지 처벌을 하지 않는 것은 아니에요.

[4모둠 주제] 심신미약으로 인한 범죄도 처벌해야 한다

Why	질문	이유
Why	왜 심신미약으로 인한 범죄도 처벌해야 할까?	악용하는 사람들이 많기 때문이다.
Why	왜 악용하는 사람들이 많을까?	심신미약이라는 기준이 매우 애매하기 때문이다.
Why	왜 기준이 애매하다고 하는 걸까?	실질적으로 심신미약자가 예견할 수 없는 상황이었는지를 판단하기 어렵기 때문이다.
Why	왜 판단하기 어려운 걸까?	가해자가 심신미약자라 할지라도 피해자의 피해는 고스란히 남기 때문이다.
Why	왜 피해자의 피해는 고스란히 남을까?	심신미약자 감형 제도는 가해자에게 유리하기 때문이다.
결론	심신미약자 감형 제도는 가해자에게 유리하고 악용할 소지가 있으므로 심신미약으로 인한 범죄도 처벌해야 한다.	

교사	네, 맞아요. 토론 주제는 현재 이루어지지 않는 것을 바꾸고자 하는 의미를 담아야 해요. 그럼 토론의 주제를 바로 잡아볼까요? 누가 해 볼까요?
학생2	저요. 심신미약은 감형 조건이 될 수 없다.
학생3	심신미약으로 인한 처벌 감형 제도를 폐지해야 한다.
학생4	형벌 제10조를 개선해야 한다.
학생5	현재의 심신미약 10조로 우리의 안정성이 보장될까?
교사	4개 정도의 수정된 주제가 나왔네요. 어떤 것이 적합할까요? 일단 '심신미약은 감형 조건이 될 수 없다.'는 주제로 부적합한 것 같아요. 토론 주제는 종결어미로 긍정문을 사용하는 게 좋거든요. 이유를 아는 사람 있나요?
학생6	반대 입장에서 주장할 때 부정의 부정을 해야 해서 말이 꼬일 것 같아요.
교사	맞아요. 오늘 우리는 토론을 위한 주제, 즉 논제의 조건 중 두 가지를 살펴보았어요. 첫째, 긍정문의 진술로 표현해야 한다는 것, 둘째, 현 상태나 기존 질서에 대한 변화를 추구해야 한다는 것이었어요. 다음에 여러분이 토론 주제를 만들 때, 꼭 염두에 두고 만들도록 하세요.

[토론 후 활동]

사회문제 진단하고 해결을 위한 정책 제안하기

『행복한 우리 가족』은 그림책 속 장면마다 시민 의식이 부족한 부분을 찾아낸 다음 실제 생활에서의 가장 심각한 문제점은 무엇인지 사회문제를 진단하고 해결을 위한 정책을 제안하는 활동으로 마무리할 수 있다.

① 현재 사회문제가 되고 있는 것들을 포스트잇에 적는다.
② XY 축에 시급성과 중요성을 고려해서 적당한 위치에 붙인다.

중요성 ⊕

시급성 ⊖		시급성 ⊕
• 지하철에서 큰 소리로 전화함 • 영화관에서 떠드는 것 • 19세 미만 청소년 불법 음주 흡연 처벌조치 • 공공장소에서 마스크를 쓰지 않음 • 영화관에서 핸드폰 사용		• 동물을 키우다 버리는 것 • 밀폐된 공간에서 마스크를 쓰지 않는 것(벌금 100만 원 이하) • 아파트 층간 소음 • 흡연 장소가 아닌데 담배를 피움 • 소방차주차구역에 무단주차
• 동물의 배설물을 치우지 않고 가는 것 • 지하철에서 임산부의 자리를 뺏음(벌금 10만 원) • 흡연장소가 아닌 공공장소에서 담배를 피웠을 때(100만 원 이하의 벌금)		• 신호위반에 대해 더 강력한 처벌조치가 필요 • 학교폭력에 대한 처벌조치 강화가 시급함 • 지하철에서 노약자가 아닌데 노약자석에 앉음

중요성 ⊖

③ 사회문제 중에서 논의를 통해 시급성이 높을수록 오른쪽, 중요성이 높을수록 위쪽으로 붙인다.
④ 협업한 것 중 개인적으로 가장 문제가 된다고 생각하는 것을 하나만 골라서 구체적으로 진단을 한다.
⑤ 진단하고 나면 해결책을 찾기 위해 구체적인 정책을 제안한다.

정책 제안하기

1단계	문제 상황 제시
문제의 장면 제시	아파트 층간 소음을 보여 줄 수 있는 사진을 제시한다.
이 장면에서 나타난 문제점은?	아이들이 뛰어다녀 층간 소음이 발생한다.
이런 행동은 타인에게 어떤 영향을 줄까요?	아래층 사람들을 불쾌하게 만들고, 피곤하게 만들며, 집중을 할 수 없게 한다.
2단계	정책 제안 과정
문제점의 원인은 무엇인가?	아이들이 뛰어다니는 등 생활 소음 발생 공동주택의 소음 방지 건설 시공 미비
문제점으로 인한 피해는 무엇인가?	지속적인 소음 발생으로 인해 이웃 간에 불화가 생기고 심지어 범죄까지 발생
문제점 해결방안으로는 어떤 것이 있는가?	세대에게 양해를 구하는 것으로는 한계가 있으므로 건설을 할 때 엄격한 방음 기준을 마련한다.
어떤 제도를 만들까?	층간 소음은 건설하는 곳에서만 해결책을 찾을 수 있으므로 공동주택에 방음이 되는 자재를 사용한다.
정책이 만들어지면 생기는 효과는?	방음 자재로 인해 비용이 많이 들겠지만, 소음이 줄어들어 지속해서 발생하는 층간 소음 문제가 해결될 수 있다.
정책	공동주택(아파트 등)을 건설할 때 소음을 방지하는 자재를 사용하여 시공하는 것을 법제화한다.

사회의 이기주의 행태 중 바로 잡기 위해 시급성과 중요성이 요구되는 것들을 협업 작업을 통해 다양하게 진단하여 문제를 인식하는 활동이다. 협업 작업 후 개인적으로 가장 심각한 문제라고 생각하는 것을 하나 선택해서 보다 구체적인 문제점과 그로 인해 발생하는 악영향을 진단해 보고, 해결방안도 구체적으로 제안해 본다.

학생들이 가장 많이 선택한 문제로는 최근 들어 가장 많이 발생하고 있는 공동주택의 '층간 소음 문제', '흡연 금지구역의 흡연 문제'였다. 반려동물에 대한 문제, 코로나 19와 관련된 마스크 착용 문제 등도 등장했다.

민주시민이 된다는 것은 법에 저촉되는 일만 저지르지 않으면 되는 것은 아니다. 그림책의 내용을 속속들이 살펴보면 딱히 강력하게 처벌받을 심각한 문제는 아니다. 그야말로 사소한 경범죄에 해당하는 정도이다. 하지만 '나는 괜찮지만 너는 안 돼!'라는 이기주의적인 마음이 깔려 있다. 우리도 생활 속에서 도덕적 민감성을 간과하기 쉽다. 이 수업은 실생활에서 학생들이 아주 사소한 것들이라도 '나부터'라는 마음으로 도덕적 민감성을 갖추고 배려할 수 있는 민주시민 의식을 키울 수 있는 수업이다.

> **함께 읽으면 좋은 그림책**

『감자 이웃』, 김윤이 지음, 고래이야기
『나의 독산동』, 유은실 글, 오승민 그림, 문학과지성사
『나의 동네』, 이미나 지음, 보림
『달 샤베트』, 백희나 지음, 책읽는곰

『린 할머니의 복숭아나무』, 탕무니우 지음, 보림
『손 큰 할머니의 만두만들기』, 채인선 글, 이억배 그림, 재미마주
『쉿, 조용히 해!』, 마이클 에스코피어 글, 크리스 디 지아코모 그림, 꿈터
『이웃과 함께한 멋진 하루』, 줄리아 듀랑고 글, 비앙카 디아즈 그림, 고래이야기
『우리 마을이 좋아』, 김병하 지음, 한울림어린이
『위층은 밤마다 시끄러워!』, 맥 바넷 글, 브라이언 빅스 그림, 보물창고
『텅 빈 냉장고』, 가에탕 도레뮈스 지음, 한솔수북

서로의 다름을 인정하고 공존하는
『다른 사람들』

『다른 사람들』
미안 지음
고래뱃속

주인공 '나'는 남보다 조금 크게 태어나 자라고 자라고 또 자라서 다른 사람들보다, 고층 빌딩보다 더 커진다. 커진 나의 모습에 놀라 도망가는 사람들과 그 모습을 보는 나 역시 당황스럽고 두렵다. 나는 다른 사람들과 똑같아져야 한다며 작은 틀에 갇혀 머나먼 치유의 섬으로 보내진다. 나보다 작은 틀에 갇혀 작아지고 작아져 드디어 다른 사람들과 똑같은 모습이 된다. 그제야 집으로 돌려 보내졌고, 기뻐졌고, 부모님과 함께 살며 다른 사람들과 함께 소소한 행복을 누린다고 생각하며 그들의 삶 속에 포함되어 있다.

그러던 어느 날 이전의 나만큼 큰, 지금의 나보다 큰 사람을 만난다. 예전의 내 모습과 비슷한 큰 사람을 보고 사람들이 도망가기 시작한다. 나도 알 수 없는 두려움이 몰려왔지만 도망가지 않는다. 오히려 그 거인을 공격한다. 다른 사람들보다 더 힘껏.

『다른 사람들』은 우리가 사는 이 사회의 정해진 시스템, 제도 안에서 남과는 조금 다른 사람들이 있음을 말하는 책이다. 이 책의 주인공인 커다란 아이는 피부색이 다르거나 장애가 있거나, 혹은 생각이 다른 소수의 사람을 의미한다. 공동체 안에는 여러 다름이 존재한다. 다른 사람들이 사회제도와 시스템의 테두리 안에 함께 살아가고 있다. 그런데 문제는 함께 살아가는 사회 속에서 다수의 사람들은 소수의 다른 사람들이 그 안에서 어떠한 마음으로 살아가고 있는지 알지 못하는 경우가 많다. 어쩌면 알고는 있지만, 우리가 그들로 인해 불편해질까 봐 그들을 외면하고 있는지도 모른다. 무지의 산물이든, 외면의 결과든 결국 차별과 폭력의 악순환으로 보여지고 있는 것이다.

다수가 만든 제도와 사회 시스템이 누구에게나 당연하지 않다고 여기는 사람들이 사는 사회와 그렇지 않은 사회는 전혀 다른 사회일 것이다. 다름을 공감하고 이해하며 존중하는 사회라면 공존하는 삶은 자연스러운 우리 일상이 되지 않을까?

"홀로 틀에 갇혀 있는 모든 다른 사람들이 용기를 얻어 보다 자유로워지기 바란다."
- 미안

> **작가 소개**
> 세상을 아름다운 시선으로 바라보고자 '심미안'의 의미를 담아 '미안'이라는 필명으로 활동하고 있습니다. 『나씨의 아침 식사』, 『다른 사람들』을 쓰고 그렸으며 단상에서 시작된 작은 씨앗이 누군가에게 위로가 되는 이야기로 피어나도록 작업 중입니다.

그림책 작가가 된 이유

글과 그림이라는 확연히 다른 두 가지 수단을 융합하여 한 권의 책으로 완성시키는 즐거움에 빠져 그림책 작가의 길을 걷게 되었습니다. 유년 시절부터 자연스럽게 그림책을 접했던 경험이 좋은 추억으로 남기도 했고요.

그림책 작가의 장점

표현 방식이 다른 글과 그림을 결합하여 이야기를 구성할 수 있다는 점이 가장 큰 장점이라고 생각합니다. 기본적으로는 서로 조화를 이루도록 다듬어 하나의 책으로 만들지만, 때로는 의도적으로 글과 그림의 내용이 어긋나도록 전개하여 다면적으로 해석 가능한 이야기를 지을 수도 있습니다. 어린이부터 어른까지 연령대의 제한 없이 모두가 작가이자 독자가 될 수 있다는 것도 장점이죠.

『다른 사람들』을 만든 계기
획일화된 기준으로 평가받는 사람들, 다른 의견과 사고방식이 묵살되는 분위기 속에서 작아지는 아이들이 아직 많습니다. 다른 사람들처럼 살아야만 인정받는 사회의 구성으로서 문제를 느꼈습니다.
"여기서 다름의 의미는 얼마든지 확장될 수 있습니다."

가장 애착을 느끼는 한 장면
주인공은 사회적인 시선과 구조적인 억압에 의해 외관상으로는 다른 사람들과 같아졌습니다. 저녁 식사 시간은 일상적인 장면에 불과해 보이지만 그에게는 오랜 기다림과 부단한 노력 끝에 얻을 수 있었던 특별한 선물입니다. 그렇게 집으로 돌아와 부모님 곁에 머무르면서도 진정한 소통의 부재로 단절되어 있는 주인공의 내면 상태를 창틀과 촛대, 의자의 배치로 드러내고자 했습니다.

앞으로의 계획과 한마디
『다른 사람들』은 학창 시절 겪었던 크고 작은 일들을 바탕으로 한 지극히 사적인 한풀이에서 출발했습니다. 그럼에도 불구하고 공감해 주신 독자님들 덕분에 책이 한결 더 넓은 세상으로 나아가게 되었습니다. 다른 색깔의 이야기로 다시 뵙겠습니다.

어제는 식탁에 둘러앉아
가족들과 함께 식사도 할 수 있어.

▪ 주인공이 작아진 뒤 집으로 돌아와 가족이 식사하는 장면. 창문이나 촛대,
의자의 위치를 통해 여전히 소통이 부재하며 단절되어 있는 모습을 표현했다.

미안 작가가 권하는 『다른 사람들』 읽기

내가 아닌 다른 사람들이라는 뜻의 '다른 사람들'을 무심결에 쓰다가 자신과 타인을 구분 짓는 낯선 경계선으로 의식하게 되는 순간이 있었습니다. 집단 속에서 개인이 온전히 조명받지 못하는 세태와 모순되는 표현이 흥미로워 '다른 사람들'을 제목으로 정했습니다.

그림책 표지를 뒷면까지 펼쳐 보면 평범했던 소년이 고층 건물에 버금가는 거대한 크기의 사람임을 알게 됩니다. 다른 사람들 속의 '다른' 사람으로 보이게 되지요.

주인공은 다른 이들과 같음을 증명하기 위해서 예전의 나만큼 큰 대상에게 의도적으로 거센 공격을 합니다. 작아진 자신으로부터 해방되고자 하는 욕구를 누르기 위해 모두와 더욱 같아지려고 하는 반동형성을 사용합니다. 『다른 사람들』은 비극의 악순환, 대물림을 보여 주며 끝을 맺습니다. 그러나 궁극적으로는 문제의 인식을 거쳐 상호 존중의 문화가 정착되고 다양한 사람들이 자연스럽게 공존하는 사회가 되기를 희망하며 만든 이야기입니다.

작가가 전하고자 하는 의미를 파악하고 그림 곳곳에 숨어 있는 상징을 발견하며 읽는 것도 좋습니다만, 한 권의 책이, 관점과 환경이 다른 독자들의 해석에 따라 새롭고도 풍부한 이야기들로 변모되는 것은 자연스러운 결과이며 원작자의 즐거움입니다. 그림책을 편안하고 열린 마음으로 접근하시기를 권합니다.

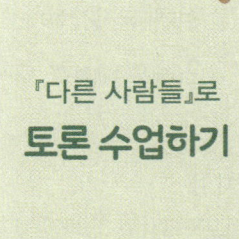

『다른 사람들』로
토론 수업하기

토론 전 활동

내가 만약 작가라면?(IF~STORY 만들기)

내가 만약 작가라면?(IF~STORY 만들기)은 그림책에서 글을 지우고 내가 작가가 되어서 그림을 보고 글을 쓰는 활동이다. 학생들에게 그림책에 대한 아무런 정보를 주지 않고 글쓰기 활동지에 내가 만약 작가라면 그림책에 어떤 글을 쓸지를 생각하며 이야기를 만들도록 한다.

① 책의 글을 모두 삭제하고 학생들에게 나누어 준다.
② 그림책에 대해서는 어떠한 정보도 제공하지 않는다.
③ 그림만 보고 '만약에 내가 작가라면 이 그림책에 어떤 글을 쓸까(IF~STORY 만들기)'를 생각하며 활동지에 스토리를 만든다.
④ 학생들이 완성한 작품 중에 두 개 정도를 골라 교사가 읽어 준다.

⑤ IF~STORY 만들기가 끝나면, 교사는 그림책 속의 글과 함께 그림 읽기를 시작한다. 그림책 속의 그림과 글의 의미를 학생들과 자연스러운 대화를 나누며 함께 감상하는 시간이다.

[예시 1]

장면	IF~STORY
1	아이가 태어났어요.
2	아이는 행복했어요. 평범한 가정에서 행복했던 과거예요.
3	아이는 많이 커졌어요. 다른 이들은 그를 좋아하지 않았죠.
4	버려졌어요. 나를 버리고 도망가는 가족이 창틀 사이로 보여요.
5	어디로 가는지 몰라요. 바다를 건너가고 있어요.
6	아이는 울고 또 울어요. 그리고 점점 작아져요
7	밖으로 나왔어요. 밖은 어둡고 두려워요.
8	어디론가 가요. 그곳이 어디일지 모르지만 이곳보다는 나을 것 같았거든요.
9	내가 살던 곳으로 왔네요. 그들은 나를 반겨 주고 환영해 주었어요.
10	행복한 것 같아요. 나를 반겨 주는 사람들, 가족과 함께 살아요.
11	완벽해요. 모든 게 잘되고 있어요.
12	나는 다른 사람과 같아요. 꿈에 그리던 평범한 삶을 살아요.
13	누군가 계속 따라와요. 그는 나를 알지만 나는 그를 몰라요.
14	그곳에 다시 갇히고 싶지 않아요.
15	내가 다른 이들과 다른가 봐요. 나만 홀로 그림자에 들어가요
16	다시 갇혀요. 어둡고 두려워요.
17	내가 이 세상에서 사라졌어요.

[예시 2]

장면	IF~STORY
1	신생아실에 갓 태어난 아이들이 있다. 비슷한 것 같지만 모두 조금씩 다르다.
2	아이도 자라면서 유치원, 학교를 다닌다.
3	남들보다 많이 커진 아이를 사람들이 무서워한다.
4	사람들이 아이를 섬으로 보내려고 한다.
5	아이는 트럭과 배에 실려 어딘지 모르는 섬에 끌려간다.
6	아이가 울면 울수록 몸이 점점 작아진다. 신기하다. 그런데 슬프다.
7	작아져서 감옥 밖으로 나올 수 있었다.
8	멀리 있는 고층 빌딩 마을로 가기 위해 배를 타고 섬을 떠난다.
9	이상하다. 나를 감옥에 보낸 사람들이 나를 웃으며 본다.
10	엄마 아빠도 다시 나와 함께 산다. 행복한 건가? 행복하다.
11	남들과 똑같이 산다.
12	남들이 나를 보지 않는다.
13	누구지? 엄청 큰 것이 내 뒤에 있다.
14	안 돼! 저것에게 잡히면 안 돼!
15	없어져라.
16	또 이상하다. 이건 난데?
17	모든 게 꿈이었다. 나는 여전히 남들보다 큰 사람이다.

'내가 만약 작가라면(IF~STORY 만들기)' 활동은 대부분의 학생들이 처음엔 부담을 느낀다. 하지만 그림을 보고 자신의 느낌이나 생각을 간단하게 쓰는 거라고 설명해 주면 그림책 분량이 많지 않으므로 생각보다 편안하게 스토리를 만들어 간다. 『다른 사람들』

의 'IF~STORY 만들기'는 그림에서 전달하고자 하는 의도가 비교적 잘 드러나는 작품으로 학생들도 대부분 작가와 비슷한 감정으로 스토리가 진행되었다. 또한 그림책의 마지막은 학생마다 다양한 해석으로 색다른 결말이 나오기도 했다. 판타지를 자주 접하는 요즘 학생들의 특징을 반영하듯 타임머신, 다른 차원 등의 결말을 만들어내는 학생들도 있고, 슬픈 결말이거나 모두 꿈이었다는 허무한 결말을 만들기도 한다.

'IF~STORY 만들기' 예시 1은 남과는 다른 나의 겉모습이나 내면의 모습을 어떻게 해야 할지, 행복이 무엇인지 고민하다 결국 사라져 버리는 새드엔딩이다. 예시 2는 모든 것이 결국 꿈이었다는 결말이다. 다른 사람들처럼 작아지고 싶어서 꿈을 꾼 건지, 아니면 작아져야 한다는 강박에 꿈을 꾼 건지 모르겠지만 꿈속에서 다른 사람들처럼 작아진 내 모습을 보고 진정한 행복을 위해 어떤 선택을 해야 하는지를 고민하는 스토리이다.

IF~STORY 만들기가 마무리 되면 글이 포함된 그림책을 학생들에게 나누어 주고 교사가 그림책을 읽어 준다. 그림책 읽기가 끝나면 학생들과 함께 인상 깊었던 장면이나 궁금한 장면들을 보며 10분 정도 이야기를 나눈다. 교사의 질문으로 대화를 시작하고 자연스럽게 토론 활동과 연결시킨다.

교사	그림책에서 인상 깊었던 글이나 장면, 또는 '왜 이럴까' 하는 의문이 생기는 부분이 있나요?

학생1	사람들은 왜 거인이라는 이유만으로 이렇게 때리고 가두는 걸까요? 남에게 피해를 준 적이 없는데도요.
교사	그렇군요. 왜 그랬을까요?
학생2	그냥 싫어하는 것 같아요.
학생3	나보다 크니까 위험해서 그런 거예요!
학생4	그냥 남들보다 커졌다고만 했는데요?
교사	그렇죠. 남들보다 조금 큰 다른 모습이죠. 단지 크다는 이유로 갇힌 것 같죠?
학생5	엄마 아빠가 너무 불쌍해요. 배에서도 그렇고, 돌아왔을 때 머리가 하얘진 것을 보니 늙은 다음에 아들이 돌아왔어요. 밥 먹는데도 멀리 떨어져 있어서 아직 서로 어색한 것 같아요.
교사	네, 그림을 보면 안타까운 부모님의 마음과 상황이 보이네요.
학생6	그래도 나중에는 옷도 입혀 주고 도와줘요.
학생7	문장이 조금 어색해요. '보내졌다.', '행복해졌다.' 이렇게 쓰여 있으니까 진짜 행복한 것 같지 않아요.
학생8	내가 원해서 섬에 가거나, 내가 정말 행복해서 행복하다고 생각하는 게 아니라서 그런 것 같아요
교사	작가의 생각도 그렇지 않을까요? 자율적인 의지로 스스로의 삶에서 행복을 찾거나 선택한 것이 아니라는 것을 수동적인 문장으로 표현한 것으로 보이죠.
학생9	마지막엔 어떻게 된 거예요? 누가 죽은 건가요?
학생10	주인공이 예전의 나보다 더 큰 사람을 공격한 거죠? 그리고

죽었을지도 모르고요.

학생 11 주인공처럼 치유의 섬에 갇혔을 것 같아요. 큰 거인을 잡으려고 주인공이 더 적극적으로 행동한 것 같아요. 근데 이상해요. 자기도 전에 컸었는데 왜 더 세게 공격을 한 거죠?

교사 주인공이 어떠한 마음으로 그랬는지는 토론을 하면서 다시 생각해 보는 건 어떨까요?

> 토론 활동

가정으로 시작하는 IF~토론하기

가정(만약)은 많은 상상과 생각을 하게 만들어 준다. '만약에 ~을 하지 않았다면 지금 어떨까?', '만약에 ~을 했더라면 결과는 어떻게 되었을까?'라는 가정을 하면, 다양한 상상과 생각으로 좀 더 입체적인 사고를 할 수 있다. 예를 들어 '만약 고구려가 삼국을 통일했다면 어떻게 되었을까?'라는 식이다. '내가 성춘향이라면 어떻게 했을까?'처럼 '내가 ~라면'으로 시작하는 가정의 상황을 주제로 토론 수업을 진행하면 학생들의 창의력, 사고력, 문제 해결력을 키우는 데 도움이 된다. 다만 주제가 너무 감상적이거나 너무 많은 상상을 하도록 하는 것은 주의해야 한다. 토론이 쟁점이나 주제에서 벗어날 수도 있기 때문이다.

IF~토론하기는 토론의 주제가 '만약에'라는 가정에서 출발하기 때문에 붙인 이름으로, 승패를 구분하지 않고 자신의 생각을 표현하고 최종 발언에서 입장의 변화를 허용하는 원탁토론의 최종 발언 방식을 적용했고, 짝과 주장과 반론을 주고받는 1:1 토론은 찬반토론에서 토론자들이 주장을 펼칠 때 하는 이유-근거의 방식으로 진행한다.

교사 질문으로 토론 준비하기
"만약에 주인공이 치유의 섬으로 보내지는 것을 거부했다면?"
그림책의 내용과 주제, 문제 상황이나 갈등상황을 고려한 결과『다른 사람들』은 주인공이 다른 사람들(사회구조, 기성세대)의 공격을 받고 강제로 치유의 섬으로 끌려가는 부분이 책에서 가장 큰 갈등 상황이며 모든 것이 바뀌게 되는 중요한 변곡점이다. 그래서 주인공이 치유의 섬에 가는 것을 원치 않는 상황으로 가정하여 교사가 토론 주제를 질문 형태로 학생들에게 제시했다.

학생들은 토론 질문을 만약에 주인공이 치유의 섬으로 보내지는 것을 거부했다면 행복해질 수 있는지, 불행해질 것인지에 대한 각자의 입장을 먼저 선택한다. 왜 그렇게 생각하는지는 아직 정리하지 않아도 된다. 토론을 진행하게 되면서 자신의 생각을 정리하고 마지막에 최종 선택에서 마무리하면 된다.

IF~토론하기
옆에 앉은 짝과 진행하는 1:1 토론이다. 학생들은 토론 주제에서 1차 논증을 위해 정해진 입장으로 활동지에 작성하면 된다. 왼쪽에 앉은 학생은 '만약에 주인공이 치유의 섬으로 보내지는 것을 거부했다면 더 행복해질 수 있다.'의 입장에서 이유-근거의 순서대로 하나의 논증을 만들고, 오른쪽에 앉은 학생은 '만약에 주인공이 치유의 섬으로 보내지는 것을 거부했다면 더 불행해질 것이다.'의 입장에서 1차 논증을 만든다. 토론 개요서와 같은 논증 만들기 과정이 끝나면 왼쪽 학생부터 차례대로 자신의 생각을 주장-이유-근거 순서대로 짝과 이야기한다.

학생1 주인공이 치유의 섬에 보내지는 것을 거부했다면 더 행복할 수 있을 것이라고 생각한다. 왜냐하면 사람은 누구나 자신의 상처를 스스로 극복하고, 행복하게 살 수 있는 힘을 키울 수 있으니까. 주인공도 스스로 선택한 것이 아니라 강제로 섬에 끌려가서 틀에 맞춰 작아졌다. 그 시간이 너무 불행했을 것이다. 그림에서도 계속 울고 있다.

[1차 논증]
만약에 주인공이 치유의 섬으로 보내지는 것을 거부했다면?

	더 행복해질 수 있다(학생1)	더 불행해질 것이다(학생2)
이유	자신의 상처를 극복할 수 있는 자신만의 힘을 기를 수 있다.	사람들의 괴롭힘이 더 심해졌을 것이다.
근거	주인공이 스스로 선택하지 않고, 틀에 맞춰 사는 대신 스스로 나 자신을 치유할 힘을 키울 수 있기 때문이다.	책의 마지막 장면을 보면, 사람들은 변함없이 큰 사람을 싫어한다.

학생 2   만약에 주인공이 치유의 섬으로 보내지는 것을 거부했다면 더 불행해졌을 것 같다. 왜냐하면 사람들의 괴롭힘이 더 심해졌을 테니까. 책의 마지막 장면만 봐도 사람들은 변한 게 없어 보인다.

1차 논증 끝나면 활동지를 바꾸어 짝의 활동지에 상대의 논증에 대한 반론을 작성한다. 논증하기와 같은 방식으로 짝과 이야기하면 된다.

학생 1   사람들의 괴롭힘은 주변 사람들의 도움으로 이겨낼 수 있다. 부모님도 있고, 어딘가에 비슷한 사람도 있을 것이다. 함께 이겨내고 스스로도 행복할 수 있는 방법을 찾으면 된다.
학생 2   주변 사람들의 차별과 괴롭힘으로 오히려 더 힘들어질 것

[1차 논증에 대한 반론]
만약에 주인공이 치유의 섬으로 보내지는 것을 거부했다면?

	더 행복해질 수 있다(학생 2 반론)	더 불행해질 것이다(학생 1 반론)
이유	상처를 극복할 수 있는 기회를 주지 않고, 괴롭힘만 더 심해질 것이다.	주변 사람의 도움으로 괴롭힘을 이겨낼 것이다.
근거	자신들과 다른 사람에 대한 도시 사람들의 태도는 모두 똑같다.	주인공의 부모님은 어쩔 수 없이 주인공을 치유의 섬으로 보냈다. 만약 가지 않는다고 했어도 도와주었을 것이다. 또 주인공처럼 큰 사람이 그림책 마지막에 또 나온다.

이다. 도시 사람들의 행동이 변하지 않았다. 그 사람들은 여전히 자기들과 같은 모습의 사람만 좋아한다.

2차 논증과 반론은 처음의 입장과 반대 입장에서 작성하고, 첫 번째와 같은 순서로 활동지에 작성하고, 짝과 토론을 진행하면 된다. 말하는 순서만 학생 2가 먼저 말하는 것으로 바뀐다.

학생 2 잘못한 것도 없이 억울하게 맞고, 붙잡혀 치유의 섬이라는 감옥에 갇혔다. 갇혀 있는 동안은 세상에서 가장 불행한 사람이 되었다. 이건 매우 불합리하고 잘못된 것이다. 감옥에 있는 동안의 불행은 누가 책임지지? 아무도 책임지지 않는다. 만약 스스로 가겠다고 해서 섬으로 들어갔다면 행복할 수도 있고, 참을 수도 있겠지만, 주인공은 억울하게 끌려가 갇힌 것이다.

[2차 논증]

만약에 주인공이 치유의 섬으로 보내지는 것을 거부했다면?

	더 행복해질 수 있다(학생 2)	더 불행해질 것이다(학생 1)
이유	잘못한 것도 없이 억울하게 섬에 갇혀 작아질 때까지 살라고 하는 것은 불합리하다.	섬에 가는 게 싫어도 다른 사람들처럼 작아져서 행복하게 살려면 섬에 가야 한다.
근거	주인공은 몸이 크다는 이유로, 부모님과 떨어져 자유도 잃고 갇혀 살았다. 이건 절대 행복할 수 없다.	주인공이 작아져서 돌아왔을 때 얼굴이 웃고 있고, 회사에도 기분 좋게 출근한다. 행복해졌기 때문이다.

학생1   다른 사람들과 함께 살려면 싫어도 해야 하는 게 있다. 주인공이 작아져야 하는 것도 그중 하나이다. 작아진 다음 주인공의 얼굴만 봐도 행복해졌다는 걸 알 수 있다. 섬에 가서 작아지지 않았다면 주인공은 계속 불행했을 것이다. 취직도 하고 출근할 때도 신나 보인다.

학생2   내가 싫어도 해야 하는 일이라는 건 맞는 것, 옳은 것이라면 당연히 해야 한다. 그러나 강제로 섬에 보내지는 건 옳은 일이 아니다. 불행한 것이다. 몸이 작아져서 섬에서 나올 때 그림자는 아직도 큰 상태였고, 부모님과도 멀리 떨어져 지내 밥을 먹을 때도 어색해한다. 몸이 작아졌다고 정말로 행복해진 건 아니다.

학생1   치유의 섬에 가지 않아도 도시에서 다른 사람들에게 차별 받고 소외당하는 건 똑같을 것이다. 그것도 불합리하긴 마

[2차 논증에 대한 반론]

만약에 주인공이 치유의 섬으로 보내지는 것을 거부했다면?

	더 행복해질 수 있다(학생1 반론)	더 불행해질 것이다(학생2 반론)
이유	치유의 섬에 가지 않아도 다른 사람들 때문에 힘들었을 것이다. 도시에서 차별받고 소외당하는 것도 불합리한 것이다.	자신의 의지와 상관없이 치유의 섬에 가는 게 옳은 건 아니다. 싫어도 하는 건 옳은 일이니까 하는 것이다.
근거	섬에서 몸이 다시 작아져 부모님 곁으로 돌아왔다. 함께 행복해졌고 불합리한 차별을 받지 않는다.	섬에서 나올 때 그림자는 컸다. 그리고 부모님과도 어색했고, 불안했다. 행복하지 않다는 뜻 아닐까?

찬가지다. 오히려 치유의 섬에서 몸이 작아져서 돌아왔을 때 사람들이 차별하지 않았다. 다른 사람처럼 살고, 하고 싶은 걸 하게 되면 행복하지 않을까?

IF~토론하기는 가정으로 만들어진 주제에 대해 양쪽의 입장 모두에서 토론하기 때문에 나의 입장만을 일방적으로 고수하지 않고 다른 의견에 대해 숙고하며 생각해 본다.

또한 학생들은 토론 과정에서 이유나 근거를 제시할 때 그림책을 적절하게 잘 활용했다. 그림책의 큰 장점인 글과 그림이 서로 상호 보완적으로 만들어 내는 의미들을 찾아 논증과정에서 중요한 이유와 근거로 만들어 냈다. 예를 들면, 작아지는 과정에서 주인공이 흘린 눈물은 치유의 섬에서 주인공이 얼마나 불행했을지 증명하는 근거로 쓰였고, 몸은 작아졌지만 그림자는 줄지 않은 것은 겉모습은 변했지만 마음은 여전히 예전의 상태임을 말해 주는 근거로 사용되었으며, '보내지고, 행복해지고' 등의 수동형 문장들은 주인공이 진정한 행복을 아직 잘 모를 수 있다는 것을 뒷받침해 주었다.

이처럼 토론에서 다양한 그림책의 텍스트가 활용될 수 있었던 이유는 토론 전 활동으로 진행한 IF~STORY 만들기와 그림책 감상을 통해 그림책에 대한 구체적이고 깊이 있는 이해가 전제되었기에 가능했을 것이다.

그림책과 함께한 IF~토론하기를 통해 학생들은 타인과의 대화나 자신의 내적 갈등 상황, 여러 상황 속에서 좀 더 나은 선택을 할 수 있게 된다. 실제로 토론 과정을 거치면서 최종 선택에서 입장을 바꾸는 학생들도 여럿 있었다.

최종 선택 정리하기

토론 후 학생들은 각자 생각을 정리하면서 최종 선택을 한다. 처음의 입장을 그대로 가져갈지 아니면 입장 변화가 생겼는지를 토론의 최종 발언으로 마무리하는 것이다. 최종 선택은 활동지의 마지막에 간단한 주제 글쓰기처럼 글로 써서 마무리한다. 이 시간에 학생들은 자신의 최종 선택을 다른 친구들이 이해하고 받아들여 공감을 이끌어낼 수 있게 진지하고 집중하는 모습으로 자신의 생각을 정리한다.

학생1 나는 처음에 '주인공이 치유의 섬으로 가는 것을 거부했다면 더 행복해질 수 있을 것이다.'라는 입장을 선택했고, 최종 선택에도 변함이 없다. 왜냐하면 주인공에게는 가족이 있고, 가족과 헤어져 오랫동안 떨어져 사는 것이 결코 행복할 수 없기 때문이다. 다시 만났을 때 부모님은 너무 늙었다. 그리고 치유의 섬에 가지 않고도 행복해질 수 있는 방법을 스스로 찾을 수 있기 때문에, 스스로 선택하지 않고 치유의 섬에 갇히는 것이 불행한 것이다. 또 내가 작아졌을 때 예전의 나만큼 큰 거인이 나타났다. 그건 어딘가에 나처럼 남들과는 다른 누군가가 또 있다는 증거이다. 그 사람들을 만나서 행복할 수 있는 방법을 찾을 수 있다.

학생 2	나는 처음에는 '주인공이 치유의 섬으로 가는 것을 거부했다면 더 행복해질 수 있을 것이다.'라는 입장을 선택했지만, 최종 선택에서 반대 입장을 선택했다. 왜냐하면 처음엔 강제로 치유에 섬에 보내져서 매일매일 울었지만, 작아지고 난 다음엔 사람들의 차별과 비난이 친절함으로 바뀌어서 행복해졌다. 거인이었을 때 소외당하고 공격받으면서 사는 건 힘들고, 또 혼자만으로는 세상 사람들을 바꿀 수 없을 것 같아 주인공이 치유의 섬에 가지 않으면 더 불행해질 것 같다.

토론 후 활동
작가 질문으로 토론하고 게시판 꾸미기

"다름을 인정하고, 모두가 공존할 수 있는 세상이 되려면 무엇이 필요할까요?"

짝과 함께하는 IF~토론하기가 끝나면, 교사는 『다른 사람들』의 미안 작가가 학생들에게 제시한 질문을 공개한다.

『다른 사람들』은 비극의 악순환, 대물림을 보여 주며 끝을 맺는다. 그러나 궁극적으로는 문제의 인식을 거쳐 상호 존중의 문화가 정착되고 다양한 사람들이 자연스럽게 공존하는 사회를 희망하며 만든 이야기이다. 학생들이 외모의 다름뿐만 아니라 소수 의견에 대한 중요성, 다양한 다름의 인정도 중요하게 생각하길 바라는 마음에서 이 질문을 선정했다.

학생들은 수업을 통해 작가가 생각하는 바가 무엇인지 공감하게 되었고, 그 마음을 각각 크기와 색깔이 다른 종이 2~3장에 쓰고 별 모양 종이접기를 했다. 종이접기를 하는 시간은 작가 질문에 답을 쓰는 시간과 별 모양 종이접기를 배우는 시간까지 15~20분 정도 소요된다. 그림책 토론 수업을 정리하는 마지막 시간이며, 학생들이 가장 재미있게 참여한 시간이기도 하다.

별 모양으로 종이접기를 한 이유는 사람은 누구나 다 다르며 그 다름은 어떤 크기든, 무슨 색이든 다 아름답게 반짝이는 별로 알려

별 모양 종이접기 예시

인권존중 – 이해하고 배려하기

모든 사람들의 인권을 존중받아야 합니다. 그러기 위해서는 서로 이해하고 배려하는 마음이 중요하다고 생각합니다.

좋은 정치인

다양한 사람들이 공존하며 살 수 있는 법을 만들어 시행하는 것이 중요하다고 생각해 정직하고 좋은 정치인이 있어야 한다고 생각합니다.

사람들이 그들을 이해할 수 있는 마음

나와 다르다고 해서 무조건 틀리고 잘못 됐다고 생각하는 것이 문제인 것 같습니다. 다른 사람을 이해할 수 있는 마음이 필요합니다.

주고 싶었기 때문이다.

색종이에 '인권존중 – 이해하고 배려하기', '좋은 정치인', '사람들이 그들을 이해할 수 있는 마음', '장애인 차별 금지' 등 각자가 생각하는 다름의 인정과 공존을 위해 필요한 희망의 글을 써 넣었다. 그런 다음 학생들의 바람이 이루어지길 기대하고 바라는 마음으로 교실 게

별 모양 종이접기로 교실게시판 꾸미기

시판에 별들을 붙여 게시판을 꾸민다.

똑같은 사람은 없고, 심지어 쌍둥이들도 저마다의 개성이 있고, 다름이 존재한다. 그런데 우리 사회는 '다른 것은 틀렸다'라고 말하고 있는 것 같다. 내가 속한 사회가, 기성세대라는 어른들이, 학교에서조차도 모든 선택은 신중히 하라는 말로 다름에 대해 매우 조심스럽고 수동적으로 생각하게 하고 있는지 모른다.

학생들은 학교 안팎 어디서나 일상의 생활 속에서 다름을 인정받지도, 반대로 인정하지도 못하는 상황들과 마주치게 된다. 외모, 가족, 친구, 돈, 남들과 다른 가치관이나 삶의 방향 때문에 '너는 틀렸어.'라는 말을 듣는다면 움츠려 들고, 상처받게 된다. 그럴수록 자신을 인정하고 타인을 존중하며 살아갈 힘을 키우고 건강하게 살아야 한다. 그런 사람들이 많아질수록 사회는 다름을 인정하고 다양성을 존중하며 함께 공존할 수 있게 된다.

▶ **함께 읽으면 좋은 그림책**

『고슴도치 X』, 노인경 지음, 문학동네
『까마귀 소년』, 야시마 타로 지음, 비룡소
『말랄라』, 라파엘 프리에 글, 오렐리아 프롱티 그림, 씨드북
『뱀의 눈물』, 이윤희 글, 이덕미 그림, 하마
『우리가 바꿀 수 있어』, 프리드리히 카를 베히터 지음, 보림
『왜 나만 달라?』, 롭 비덜프 지음, 한림
『입 없는 아이』, 박밤 지음, 이집트
『조금 다르면 안 돼?』, 클레어 알렉산더 지음, 국민서관

생명과 공존에 대한 고민
『멋진 하루』

『멋진 하루』
안신애 지음
고래뱃속

아이디 우아한이 새로 산 악어가죽 핸드백을 SNS에 자랑한다. 부러워하는 댓글이 바로 달린다. 그리고 다음 장에는 사람들에게 잡혀서 고통스러워하는 악어들의 장면이 나온다. 새로 산 밍크모피 코트를 SNS에 추천한다. 이 글에 좋아요와 댓글이 주르르 이어지고 바로 다음 장면은 사람을 피해 공포에 떨고 있는 밍크들이다. 우아한의 남편인 아이디 고품격이 소가죽 의자를 SNS에 올린다. 좋아요 18개와 댓글 7개가 달리고, '나도 사고 싶다.'는 반응을 보인다. 그리고 다음 장에는 사람들이 소를 억지로 도살장에 끌고 가는 장면이 나온다. 우아한이 아쿠아리움에서 본 돌고래쇼 사진을 올린다. 유진님이 돌고래가 웃고 있다며 아이들이 정말 좋아할 것 같다고 댓글을 단다. 그리고 다음 장에는 포획당하는 돌고래가 나온다. 고품격이 친구들을 단톡방에 초대하여 자신이 본 그레이하운드 경주대회의 우승한 개 사진을 올린다. 친구들은 자신의 개도 대회에 참가시키겠다며 서로 우승을 장담한다. 그리고 다음 장에는 혹독하게 달리기 훈련을 받는 네 마리의 개 모습이 나온다.

　　인간은 스스로를 만물의 영장이라고 부른다. 그것도 모자라 자칭 호모 사피엔스(지혜로운 자)라고도 한다. 하지만 현재 인간의 행동은 만물의 영장답지 못하고 지혜롭지도 못하다. 인간의 잔인성, 폭력성, 욕심, 허영, 물질만능주의는 끝이 없이 뻗어나갔고, 동물들은 인간의 행복 앞에 처참히 죽어가고, 심지어 멸종 위기에도 처해 있다. 자본주의가 좋아하는 소비와 소유의 쳇바퀴에 갇혀 일말의 반성 없이 동물을 착취하고, 동물의 생명과 맞바꾼 상품을 소비한다. 인간은 동식물을 이용하고 파괴하며 인간의 편리와 이기를 추구하며 행복하게 살아왔다. 인간이 스스로 만물의 영장, 호모 사피엔스라고 하며 동물에게 고통을 주는 것은 옳은 일일까? 자신의 언어와 의지가 없는 동물은 비참하게 살아도 상관없을까? 약육강식의 먹이사슬에서 강자인 인간의 모든 행동은 용서될까? 진정한 휴머니즘이란 무엇일까? 『멋진 하루』는 이런 질문을 학생들과 이야기해 볼 수 있는 책이다.

"세상을 관찰하고
끊임없이 상상하고 질문하며
모두가 행복한 세상을 고민하다."
- 안신애

> **작가 소개**
> 그림 그리는 삶을 꿈꾸다 한겨레 그림책 학교에서 그림책을 공부했고 지금은 노냥이네 집사일과 함께 그림책을 만들고 있습니다. 『멋진 하루』는 처음으로 쓰고 그린 책입니다. 그린 책으로 『진짜 일학년 용돈 작전을 펼쳐라!』가 있습니다.

그림책 작가가 된 이유

초등학교 때 특별활동부가 있었는데 선착순이었을 거예요. 인원이 다 차 버려 미술부에 들어가지 못해 너무 속상했어요. 내성적인 아이라 선생님께 미술부에 들어가고 싶다는 말도 못하고 집에 가서 엄마 앞에서 펑펑 울어 버렸어요. 엄마가 저 몰래 담임선생님을 만난 다음 날 선생님께서 미술부는 인원이 다 차서 들어갈 수 없으니 대신 그림을 그려 오라고 하셨어요. 선생님은 제가 가져간 그림을 아이들 앞에서 칭찬해 주고 교실과 복도 벽에 걸어 주었어요. 그 후에도 저는 늘 그림과 함께했어요. 하지만 현실과 타협해야 하는 상황에서 그림과 멀어지게 되고, 그러면서도 늘 그림 그리는 삶에 대한 동경과 갈망이 있었어요. 여기저기 기웃거리다 그림책학교에 대해 알게 되었어요. 창피하지만 그전까지 그림책은 어린 아이들이 보는 책으로만 여겼을 뿐 깊게 관심을 가지지 않았거든요. 단지 그림이 좋아서 다니게 되었는데 그림책을 통해 위로받고 있는 저를 발견하게 되었어요. 왜 이제야 알게 되었나 하는 마음을 넘어 '나도 누군가에게 따뜻함과 재미를 줄 수 있는 좋은 책을 만들어 보고 싶다'는 욕심이 생기더라고요. 그렇게 빠지다 보니 이쪽 길로 들어서게 된 것 같아요.

그림책 작가의 장점

내가 하고 싶은 이야기를 나만의 방식으로 자유롭게 표현해 볼 수 있고 하나의 이야기를 완성시키기 위해 이런저런 탐색의 과정을 즐기기도 하면서 수많은 시간 동안 답을 얻기 위해 고민을 하고 끄적이다 어느 순간 이야기가 완성될 때, 그때의 뿌듯함은 정말 컸습니다. 그림책 안에 내가 오롯이 들어가 있는 거잖아요. 이러한 매력 때문에 지금도 그림책 작가의 삶을 꿈꾸며 살고 있는 것 같아요.

『멋진 하루』를 만든 계기

예전에 우연히 방송에서 '고기 랩소디'라는 다큐멘터리를 보게 되었어요. 동물과 인간의 공존에 대한 고민을 담고 있는 다큐멘터리였는데 사람들의 욕심 때문에 동물들은 늘 고통을 받으며 끔찍한 환경에서 살고 있었어요. 동물들이 살아가는 불편하고 잔혹한 진실을 적나라하게 보여 준 장면에서 저는 큰 충격을 받았어요. 그 영향 때문인지 그림책학교에서 기획을 할 때마다 동물권에 대한 생각이 머릿속에서 떠나지 않았습니다.

가장 애착을 느끼는 한 장면
모든 장면에 애착이 가지만 한 장면을 고른다면 원숭이 그림이에요. 원숭이가 지능도 높고 사람과 가장 많이 닮은 동물이어서 그런지 여러 분야에서 등장하고 동시에 학대당하고 있었어요. 그리고 학대를 견디는 원숭이들의 슬픈 눈빛이 잊히지 않아 그림을 그릴 때 감정이입이 많이 되었어요. 그러다 보니 스케치 과정에서 자꾸만 자극적인 묘사가 이루어져 적절한 선에서 그들의 현실을 잘 나타낼 수 있는 구도에 대해 오랫동안 고민해야 했어요.

앞으로의 계획과 한마디
처음에는 의욕이 앞서서 여러 주제를 가지고 이야기를 하고 싶었어요. 특히 아기자기하면서 밝고 유쾌한 그림책을 만들고 싶었는데 아직은 저의 능력 밖의 일인 걸 알았어요.

요즘은 '나'라는 그릇 안에 담겨 있는 것들을 찬찬히 들여다보고 있는데 사람의 마음, 감정에 대해 이야기하고 싶은 것 같아요. 그래서 사람들에게 잠시나마 따뜻함을 줄 수 있는 그런 그림책을 만들고 싶어요.

제가 가장 많이 들었던 말은 "그럼 뭘 먹어? 고기도 달걀도 생선도 먹지 말라고 하는 건 너무한 거 아니야?"라는 말이었어요.

▌원숭이가 학대당하는 장면. 자극적으로 묘사하지 않으면서도 현실적으로 표현되도록 오랫동안 고민했다.

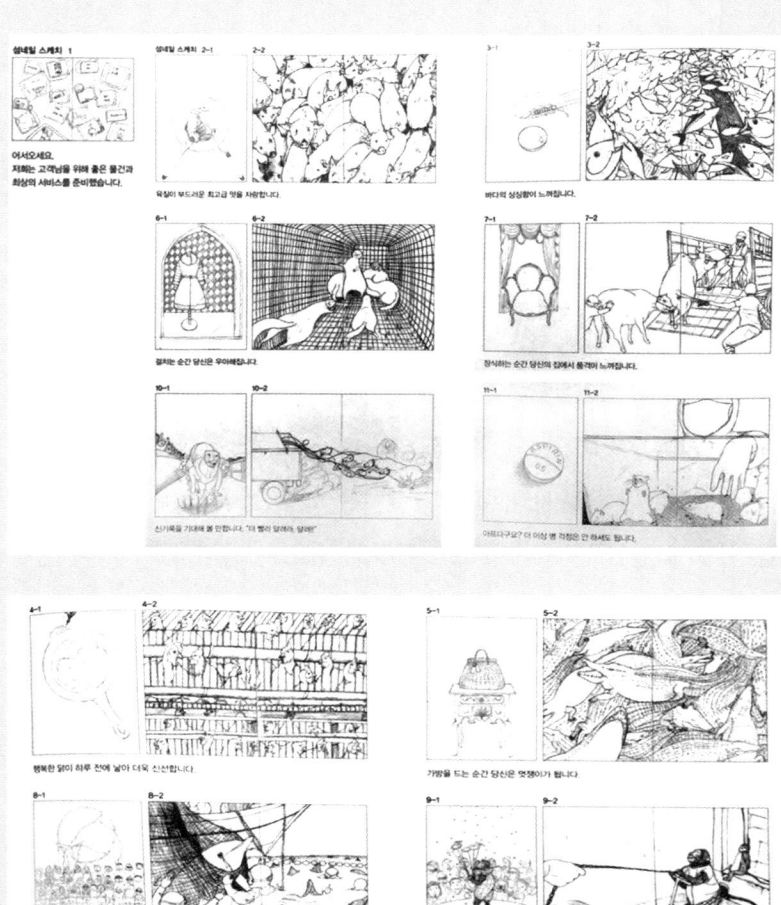

▌『멋진 하루』의 섬네일 스케치. 많은 고민 끝에 여러 장면이 수정되었다. 채색되고, 편집되어 출간된 장면과 비교해 볼 수 있다.

『멋진 하루』를 기획한 의도가 '채식주의자가 되자'는 건 아니에요. 내가 먹고 입고 즐기는 상품들이 어떠한 과정에서 만들어졌는지, 만들어진 과정에서 동물들의 권리는 보호되었는지, 나의 불필요한 소비로 인해 동물들이 고통을 받고 있는 건 아닌지에 대해 한 번쯤 생각해 보고 이야기 나누는 시간을 가졌으면 해요.

안신애 작가가 권하는 『멋진 하루』 읽기

독자들이 이 책을 볼 때 동물들이 나오는 장면에서 잠시 시선이 머물러 있었으면 좋겠어요. 끌려가기 싫어하는 동물들의 처절한 몸부림, 공포에 질린 눈빛들, 그리고 저항할 힘조차 남아 있지 않아 삶을 포기한 듯 축 늘어진 그들의 모습들을 보면서 동물들의 생명, 그들이 살아가는 환경에 대하여 진지하게 생각해 보는 시간을 가졌으면 좋겠어요.

　동물은 타고난 본성대로 살고 싶어 하고 고통도, 감정도 느끼는 살아 있는 생명체임을 알 수 있도록 동물에 대한 정확한 정보를 조사하여 사실을 전달해 줬으면 해요. 그리고 동물들이 무엇 때문에 어떠한 환경에서 자라며 어떠한 고통을 받고 있는지 객관적으로 보여줄 수 있는 사진이나 영상 자료를 같이 활용한다면 더욱 좋을 것 같아요.

『멋진 하루』로 토론 수업하기

토론 전 활동

딕싯카드로 멋진 하루 알아보기

그림책 『멋진 하루』를 읽기 전 자신이 생각하는 '멋진 하루'와 자신이 경험했던 '멋진 하루'를 발표하며 '멋진 하루'에 대한 일반적인 개념을 알아보는 활동이다. 그냥 말로 설명하는 것보다 그림카드를 이용하면 생각을 떠올리기 쉬워 부담감을 줄일 수 있다.

① 이미지 프리즘 카드, 딕싯카드, 솔라리움카드 등을 준비한다.(교실에서 준비할 수 있는 그림카드라면 무엇이든 상관없다.)
② 실물화상기를 이용하여 다양한 카드를 제시한다.
③ 멋진 하루를 설명할 만한 카드를 각자 한 장씩 고른다.
④ 전체 아이들에게 자신이 고른 카드의 번호를 말하며 설명한다.

교사	여러분이 생각하는 '멋진 하루'란 어떤 하루인가요? 딕싯카드를 활용하여 설명해 볼까요?
학생1	(가-2) 엄마가 예쁘게 화장하고 같이 외출하는 날입니다.
학생2	(다-3) 맛있는 음식을 많이 먹는 날입니다. 전 치킨이요.
학생3	(나-1) 원하는대로 모든 것이 이루어지는 날입니다.
학생4	(다-4) 여행가서 예쁜 풍경을 보는 날입니다.
학생5	(가-3) 공부 안 하고 핸드폰만 실컷 하는 날입니다.
학생6	(나-3) 가족들이랑 동물원 가는 날입니다.

그림 출처 : 딕싯카드(Revelations Expansion 버전, 예지 확장판)
딕싯카트 제조사, 수입처 : Libellud(Asmodee), ㈜코리아보드게임즈

> 토론 활동

생각톱니 토론

생각톱니*는 매튜 립맨**의 정신동작과 사고기술목록 등을 학생들이 쉽게 이해하도록 만든 용어로 질문을 만드는 전략이자 질문에 대한 답을 찾는 전략이다. 학생들의 머릿속에 질문이 생기면 답을 찾기 위해 나머지 생각톱니들이 맞물려 돈다는 것이다. 혹은 생각톱니에서 질문이 만들어졌다면 다른 톱니들이 따라서 돈다는 것이다. 생각톱니 토론은 교실 전체가 하나의 큰 생각톱니 덩어리가 된다. 토론 중에 교사와 학생이 다 함께 생각톱니 질문을 던져 토론을 전개해 나간다. 우리가 지금 어떤 생각톱니를 돌리고 있는지 메타인지적 인식과 함께 하기 때문에 좀 더 잘 생각하게 한다. 결국 학급공동체가 품게 된 질문에 함께 생각톱니를 돌리며 협력하여 공동체 나름의 답을 찾게 된다.

생각톱니 토론은 아이들이 질문기술이나 사고기술을 시각적으로 구체화하여 보여 주고 의식적으로 사용하도록 하는 토론기법이다. 자신의 머릿속에서 일어나는 작은 생각의 움직임을 이해하고 작동시켜 본다는 의미가 있다. 생각톱니 토론은 처음부터 시도하지 말고, 그림책을 읽고 생각톱니별 질문이나 문장을 만드는 연습부터 해

* 『지혜로운 생각을 키우는 철학수업 레시피』, 김혜숙 외, 교육과학사, 2017, p. 46.
** 어린이철학교육의 창시자로 미국 콜롬비아 대학교와 몽클레어 주립대 철학교수를 역임했다. 2010년 사망하기까지 고차적 사고력 교육(Thinking in education) 등을 저술하는 등 어린이 철학교육 연구와 보급에 힘썼다.

『지혜로운 생각을 키우는 철학수업 레시피』, 47쪽 참조

야 한다. 생각톱니 카드를 모둠별로 준비하는 것이 좋고, 교실 앞 게시판에 생각톱니 21가지를 게시해 놓으면 더욱 좋다. 아이들이 언제든 쉽게 수업시간에 활용할 수 있고, 스스로 생각의 움직임을 인지할 수 있기 때문이다. 카드가 준비되었다면, 아이들과 그림책을 읽고 생각톱니 질문이나 문장을 만들고 매칭게임(카드 맞추기)을 진행하여 생각톱니에 친숙해지도록 한다.

교사, 학생, 작가의 질문으로 토론 준비하기

[교사 질문]
"우리 생활 속에서 동물학대의 다른 예가 있을까?"
그림책 속에 나온 동물학대 말고 우리가 실생활에서 동물을 학대하는 경우가 더 많다는 것을 알리고 싶어서 이 질문을 선정했다.

[학생 질문]

"왜 제목이 '멋진 하루'인가?"

학생들은 그림책을 다 읽고 그림책 내용과 제목이 안 맞는다며 이 질문을 선정했다.

[작가 질문]

"동물들의 매일이 멋진 하루가 될 수 있도록 동물들을 위해 내가 실천할 수 있는 작은 약속은 어떤 게 있을까?"

우리가 일상생활에서 당연한 듯 누리는 행복이 동물들의 희생을 담보했다는 것을 알고, 각자 자신이 실천할 수 있는 방법을 제시하여 동물과 공존하고 싶어서 이 질문을 선정했다.

4인 1조 모둠을 구성하여 위 생각톱니 카드* 21장을 한 세트씩 배부한다. 그리고 그림책을 읽고 든 생각을 자유롭게 발표하고 교사는 기록한다. 그중에 가장 많은 지지를 받은 질문 하나를 학생 질문으로 선정한다. 학생 질문이 확정되면, 교사 질문과 작가 질문을 공개한다. 그리고 각각의 질문이 어떤 생각톱니에 해당하는지 알아본다.

교사   우리가 지금 세 가지 질문을 선정했습니다. 교사 질문은 생각톱니 중에 어디에 해당할까요?

---

* 어린이 철학교육 다음카페 토론수업레시피 자료방에서 다운로드 가능. (한국철학적탐구공동체에서 카드로 제작하여 판매 예정)

학생들	'예 들기'입니다.
교사	네, 맞습니다. 작가 질문은 어디에 해당할까요?
학생들	'대안 찾기'입니다.
교사	네, 맞습니다. 그렇다면 여러분이 선정한 학생 질문은 어디에 해당할까요?
학생들	'이유 찾기'입니다.

생각톱니 토론하기

토론을 시작하기 전에 동물들이 어떤 환경에서 살고 있는지 알 수 있는 영상자료와 사진자료(고기랩소디, 돼지구제역 대량 살처분, 베트남 르왁 커피 제조과정, 미니컵 강아지 사육과정 등)를 제시했다.

교사	먼저, '우리 생활 속에서 동물학대의 다른 예가 있을까?' 질문으로 토론을 해 봐요. 서로 토론하다가 생각톱니를 사용하여 다른 질문을 해 주는 학생은 모둠에 있는 생각톱니를 가져가는 것으로 해요. 일상 속에서 동물학대의 다른 예가 있다면 말해 줄래요?
학생1	우리는 동물실험을 한 샴푸를 써요.
학생2	뉴스에서 개를 던지고 밟는 어른을 봤어요.
학생3	뉴스에서 길고양이를 괴롭히고 죽이는 사람이 있다고 봤어요. 그걸 단톡방에 올린대요.
학생4	가족이랑 여행 갈 때 도로에서 죽은 고양이를 봤어요.

학생5	내 동생이 개미를 밟고, 잠자리 날개를 뜯으며 논 적이 있어요.
학생6	우리가 먹는 우유랑 스테이크요. 그것도 소에서 빼앗는 거예요.
학생7	명절 때 반려견을 고속도로에 버렸다는 뉴스를 봤어요.
학생8	돼지가 병에 걸렸다고 땅에 파묻어 죽이는 그림책을 봤어요.
학생9	코로나 백신도 동물실험으로 만들고 있어요.
교사	(아이들이 발표한 내용을 정리하며) 그러네요. 모두 적어 봤어요. 이 내용을 기준을 정해 나눌 수 있지 않을까요?
학생2	'분류하기' 생각톱니를 활용할 수 있습니다. 기준은 직접 동물을 학대하느냐 아니냐입니다.
교사	그런가요? 한 번 나눠 봅시다.

동물을 직접 학대하는 경우	동물을 간접 학대하는 경우
개를 던지고 밟는 경우 길고양이를 죽이고 괴롭힌 경우 개미와 잠자리를 죽임 돼지를 대량 살처분한 경우	동물실험 샴푸 사용 로드킬 당한 고양이를 지나침 우유랑 스테이크를 먹음 코로나 백신 개발

교사	같이 나눠 봤는데, 다르게 생각하는 친구 있나요?
학생5	코로나 백신이 개발돼서 우리가 사용하게 되면 간접 학대이지만, 코로나 백신을 개발하는 과정은 직접 학대입니다. 쥐한테 주사를 놓는 거잖아요.
교사	그러네요. 옮기도록 합시다.

동물을 직접 학대하는 경우	동물을 간접 학대하는 경우
개를 던지고 밟는 경우 길고양이를 죽이고 괴롭힌 경우 개미와 잠자리를 죽임 돼지를 대량 살처분한 경우 코로나 백신 개발	동물실험 샴푸 사용 로드킬 당한 고양이를 지나침 우유랑 스테이크를 먹음

교사   또 누가 생각톱니 질문을 이어갈까요?

학생9   (손을 들며) '이유찾기' 생각톱니 쓸게요. 왜 사람들은 동물실험을 계속 하나요? 동물들이 고통받는 걸 알면서도요.

학생3   사람한테 실험을 할 순 없으니까요. 실험하다가 사람이 죽으면 어떡해요?

학생6   사람은 죽으면 안 되고 동물들은 죽어도 되나요?

교사   학생 6이 '가치 고려하기' 생각톱니를 썼어요. 어떤 가치인가요?

학생5   '생명'입니다. 둘 다 생명이긴 하지만, 그래도 소중한 걸 꼽으라면 사람의 생명입니다. 우리가 물에 빠진 사람과 개를 구해야 하는 상황이라면 사람을 먼저 구하잖아요.

교사   네. 학생 5가 예를 들어 잘 설명해 줬어요. '예 들기' 생각톱니가 쓰였네요. 그런 상황에서는 사람을 먼저 구하게 되지요.

학생6   하지만 사람을 구하고도 또 구할 수 있다면 개도 구해야 해요. 제가 개를 키우기 때문에 그냥 포기할 수 없어요.

교사   맞습니다. 생명은 소중한 가치니까 그래야 마땅합니다.

학생7   '공통점과 차이점 찾기' 생각톱니요. 인간과 동물의 공통점

	과 차이점은 무엇인가요? 차이점 때문에 물에 빠졌을 때도 먼저 살아야 하는 게 인간인가요?
교사	이 질문에 누가 답해 볼까요?
학생1	인간과 동물은 둘 다 권리를 갖고 있는데, 인간은 인권이라고 하고, 동물은 동물권이라고 해요.
학생8	동물권이 뭐예요?
교사	누가 동물권에 대해 설명해 줄 친구 있나요? 설명하는 친구는 '개념 정의하기' 생각톱니 획득합니다.
학생8	동물권은 동물도 고통 없이 살아야 한다는 권리입니다.
교사	네. 맞습니다. 동물도 고통과 즐거움을 느끼는 생명체이고, 동물은 인간의 소유물이 아니지요. 다시 원래 질문으로 돌아가 봅시다. 인간과 동물의 공통점과 차이점은 무엇일까요?
학생10	인간과 동물의 공통점은 생명을 지녔다는 거고, 차이점은 언어를 사용하냐, 안 하냐입니다.
학생2	그런데 언어를 사용하냐, 안 하냐는 학대금지나 생명존중의 이유는 아닌 거 같아요. 갓 태어난 아기들은 언어를 쓰지 못 하지만 동물과 같은 대우를 받진 않잖아요. 자동차에도 '베이비 인 카(Baby In Car)'라고 써 있으면 가장 먼저 구해 달라는 뜻이라고 아빠한테 배웠어요.
교사	오류에 빠질 뻔했는데, 학생 2 덕분에 오류에 빠지지 않았네요. '오류찾기' 생각톱니 획득입니다. 인과의 오류네요.

교사	언어 사용의 차이점이 생명존중 우선권의 이유가 아니라면 무엇이 동물보다 인간을 더 중요하다고 판단하게 하는 걸까?
학생7	인간은 동물보다 지능이 뛰어나고, 만물의 영장이니까요. 그래서 동물보다 더 존중받고 동물을 이용해서 실험도 하는 것 같아요.
교사	인간이 만물의 영장이기 때문에 인간 이외의 생명체는 당연히 핍박받고 학대받고 착취당해도 된다는 건가요?
학생7	그건 아니지만, 인간은 그렇게 해서 살아왔어요.
학생3	인간이 동물을 학대한 측면도 있지만 그렇게 했기 때문에 인류가 발전한 것 같아요. 지금처럼 코로나 백신도 개발하고 말이에요.
교사	그러니까 학생 3의 말은 인간은 발전하기 위해 그렇게 할 수밖에 없다는 건가요?
학생3	네. 인간이 동물실험도 하지 않고, 동물의 가죽을 사용할 생각도 안 했다면 우리는 석기시대랑 똑같은 환경에 살고 있을 거예요.(상상하기 생각 톱니) 옷도 없고, 병에 걸리면 치료제도 없고요. 아마 빨리 멸종됐을지도 몰라요.
교사	맞습니다. 여러 가지 상황을 들어 잘 설명했어요. 그럼에도 불구하고, 우리가 동물이 행복하게 사는 세상을 고민해 보자는 거예요. 인간은 그렇게 살 수밖에 없는데, 인간만 행복한 게 아니라, 동물도 행복했으면 좋겠다는 거지요.
학생6	그렇다면 인간이 동물 말고 식물을 이용하거나 파괴하는

	건요? 그것도 생각해 봐야 하는 거 아닌가요?
교사	좋은 질문이네요. 이건 오늘 처음 나온 생각톱니인데, 뭘까요?
학생들	'다양한 관점에서 보기' 생각톱니요.
학생 9	인간은 식물을 먹을 수밖에 없는데……. 식물을 파괴하는 경우는 뭐가 있을까……? '예 들기' 생각톱니요!
학생 10	산에 있는 나무를 밀어 버리고 펜션을 만든다고 사회시간에 배웠어요.
학생 5	집에 장식한다고 꽃을 꺾는 사람도 있어요.
교사	학생 9가 인간은 식물을 먹을 수밖에 없다고 했는데, 고기인 동물도 먹고 있잖아요. 식물도 동물처럼 학대받는 경우가 있진 않을까요? 식재료로 먹히는 거 말구요. 만약 장미꽃과 당근이 학대받는다고 한다면, 어떤 경우일까요?
학생 6	장미꽃은 선물로 주고받고, 당근은 우리가 먹는 반찬인데요?
학생 1	장미꽃을 선물로 받았는데, 물도 안 주고 일찍 죽게 만드는 거죠.
교사	당근은요? 당근이 "나 학대받았어."라고 주장한다면 말이에요.
학생 10	전 당근 먹기 싫어하는데……. 전 당근 학대 안 해요.
학생 3	아니지! 당근은 우리가 먹어 줘야 하는데, 네가 안 먹고 버리면 그게 학대야!
교사	그것도 맞는 말이에요. 식물도 존재 이유가 있는데, 그 소

명대로 다 살지 못하고 이 세상에서 사라지면 그게 학대가 되지 않을까요? 장미꽃은 우리에게 아름다움을 주고, 채소는 우리에게 비타민을 주려고 하는데, 우리가 그 고마움을 지나쳐 버리고 무시한다면 그게 학대가 될 것 같아요. 식물에게 고마운 마음을 갖고 대하는 것! 채소가 우리 인간에게 오기까지의 힘든 과정을 알고 먹기! 아마 그것이 인간이 식물에게 할 수 있는 최선의 도리가 아닐까요? 저는 '가설 세우기' 생각톱니를 쓰겠습니다. 그럼 인간보다 더 지능이 뛰어난 동물이 출현한다면 인간도 생체실험이 대상이 되는 건가요?

학생 11 그건 오류예요. 이 세상이 생체실험의 대상이 되는 동물과 대상이 되지 않는 동물로 나뉘지 않아요.

교사 맞습니다. 둘로 나뉘진 않죠. '오류찾기' 생각톱니네요. 흑백 사고의 오류!

학생 1 선생님 질문대로 가설을 세우면 우리도 생체실험을 당할 수는 있어요. 아! '감정 고려하기' 생각톱니 쓸래요. 우리가 생체실험 대상이 되는 상상을 하니까……. 학대당하는 동물들의 심정은 어떨까요?

학생 3 매일 고통스럽고, 슬플 것 같아요.

학생 10 너무 아프니까 빨리 죽고 싶을 것 같아요.

학생 9 인간이 미워서 화가 날 것 같아요.

교사 학생 1이 '감정 고려하기' 생각톱니와 함께 '남의 입장에서

	서 보기'도 사용했어요. 동물의 입장에 서 보니 감정도 고려하게 된 거죠.
학생 8	'비교하기' 생각톱니요. 직접 학대가 더 잔인한 것이니까, 우리가 직접 학대는 하지 않고 간접 학대만 하며 살면 안 되나요?
학생 1	그림책에서는 간접 학대도 나쁘다고 말하는 것 같은데…….
교사	학생 1은 왜 그렇게 느꼈나요?
학생 1	멋진 장면 뒤에 동물들의 고통받는 사진이 나왔잖아요.
교사	학생 1의 말에 '숨은 전제 찾기' 생각톱니가 있어요. 누가 말해 볼까요?
학생 3	누군가 고통받는 건 나쁜 것입니다. 동물들이 고통받고 있습니다. 따라서 동물들을 고통받게 한 행동들은 나쁜 것입니다.
교사	좋습니다.
학생 2	그런데, 간접 학대조차도 하지 말라고 하면 인간은 어떻게 살아요? 우리가 고기를 안 먹고, 약도 안 먹고, 가죽제품도 안 쓰고 살 순 없잖아요.

학생들의 토론 중에 자연스럽게 작가 질문으로 이어졌다.

| 교사 | 작가님이 던진 또 다른 질문으로 넘어왔네요. '동물들의 매일이 멋진 하루가 될 수 있도록 동물들을 위해 내가 실천 |

	할 수 있는 작은 약속은 어떤 게 있을까?' 예요. 학생 2가 말한 것처럼 일종의 대안을 찾는 거죠.
학생8	동물실험을 하지 않은 제품을 찾아서 써요.
교사	그런 제품을 만들자고 주장하는 것은 크루얼티 프리(Cruelty-Free) 운동이라고 합니다. 토끼 마크(리핑 버니 인증 마크)가 그려져 있는 제품은 동물실험을 하지 않은 것이에요.
학생2	고기를 조금 덜 먹어요.
교사	고기를 좋아하는 친구들한테 채식주의자가 되라고 할 순 없으니 그 방법도 좋습니다.
학생4	엄마가 홈쇼핑에서 모피코트나 가죽소파를 사면 말려요.
교사	학생 4가 엄마를 말릴 수 있을지 모르겠지만 그 의도를 엄마한테 잘 말씀드린다면 효과는 있을 거라고 생각합니다. 뭐라고 말씀드릴 수 있을까요?
학생4	저 모피는 밍크의 털을 산 채로 벗겨서 만든 거니까 사면 동물한테 미안할 것 같다고 말할래요.
교사	어머니가 학생 4의 말에 깜짝 놀라실 것 같아요. 생각이 깊어졌다고 여기시겠어요.
학생6	돼지나 닭을 깨끗한 우리에서 키우고 자유롭게 움직일 수 있는 공간을 줘요. 아니, 아니, 그런 돼지나 닭을 우리가 사먹어요.
교사	동물을 깨끗한 환경에서 사육하여 품질을 보증하는 제도가 '동물복지인증제도'입니다.

학생 11	SNS에서 동물을 학대하여 만든 제품이 올라오면 '좋아요'를 안 줄 거예요.
교사	그것도 좋습니다. 여러분이 커서도 그 약속을 잊지 않았으면 좋겠어요. 겉으로만 좋아 보이는 아무 상품에나 '좋아요'를 줘서 필요 없는 소비를 조장하지 않는 거지요.

작가 질문이 어느 정도 마무리가 되면 학생 질문으로 토론을 이어간다.

교사	이제 여러분의 질문 '왜 제목이 멋진 하루인가?'로 넘어가 볼까요? 지금까지 토론을 하면서 이 질문에 대한 답을 찾은 친구도 있을 것 같아요. 선생님이 먼저 '개념 정의하기' 생각톱니를 쓰겠습니다. '멋지다'라는 게 뭘까요?
학생 10	행복하고 기분 좋은 것입니다.
학생 7	옷이 예쁘거나 새것일 때 '멋지다'라고 합니다.
학생 2	원하는 대로 일이 잘 되었을 때, 예를 들면 축구시합에서 골을 넣었을 때요.
학생 11	하고 싶은 것을 다 하는 사람이 멋지다고 생각합니다.
교사	여기서 '하고 싶은 것'이라는 것은 나쁜 행동이나 범죄는 아니죠?
학생 11	네. 그런 거 말고. 내가 그림도 잘 그리고, 노래도 잘하고, 공부도 잘하는데, 그걸 다 하고 싶고, 해내는 거요.

멋지다	1	행복하고 기분 좋은 것
	2	옷이 예쁘거나 새것일 때
	3	원하는 대로 일이 잘 되었을 때
	4	자신의 능력과 재능을 마음껏 발휘하며 사는 것

교사 그렇다면 자신의 능력과 재능을 마음껏 발휘하며 사는 걸 말하는 거네요. 그걸 '멋지다'라고 표현하는군요. 멋지다에 다양한 의미들이 나왔는데 이런 것들에 모두 동의하나요?

학생들 네.

교사 그렇다면 여러분들이 말한 것 중 작가가 '멋짐'의 의미로 사용한 것은 몇 번째에 해당할까요?

학생3 1번입니다. 왜냐하면 그림책에서 우아한 가족이 행복하고 기분 좋아 보였기 때문입니다.

학생9 4번입니다. 우아한 가족이 자신의 돈을 쓰며 실컷 쇼핑했기 때문입니다.

교사 돈을 쓰는 것도 재능에 속하는지 모르겠지만, 여러분 말대로 우아한 가족은 돈을 실컷 쓰며 행복해 보여요. 그런데 여러분이 그림책 제목이 내용과 맞지 않는다며 '왜 제목이 멋진 하루인가?'라고 질문을 던졌잖아요.

학생6 그건 작가님이 독자에게 충격적으로 동물들의 상황을 보여주고 싶어서 그런 것 같아요. 멋지지 않은데 '멋지다'라고 쓴 거죠.

교사	누구한테 멋지지 않다고 표현한 건가요? 우아한 가족? 동물?
학생6	동물이요. 동물의 기분이 안 좋으니까 멋진 하루가 아니잖아요.
학생9	선생님, 저는 우아한 가족도 멋지다고 생각하지 않습니다.
교사	왜요?
학생9	누군가를 고통스럽게 하고 자기 혼자 기분 좋은 것은 멋진 것이 아니라고 생각합니다. 그건 못된 거죠. 자기 밖에 모르는 것.
교사	그렇군요. 우리가 학교폭력 가해자를 멋진 학생이라고 하지 않잖아요.
학생4	그럼 제목이 완전 틀렸잖아요. 작가님이 일부러 의도한 게 맞네요.
교사	네. 여러분이 그렇게 생각하도록 일부러 제목을 지으신 것 같아요. 멋진 하루가 뭔지 고민해 보고, 어떻게 살아야 멋진 하루가 되는지 고민해 보라고 말이죠.
학생1	멋지게 사는 건 우리 생활 속에서 동물의 희생이 있다는 것을 알아채는 것 같습니다.
학생11	멋지게 사는 건 우리의 행복이 동물 덕분이라는 것을 알고 감사하는 거예요.
학생8	그리고 동물의 희생으로 만들어진 물건을 안 만들고, 안 쓰는 것입니다.
학생3	동물만이 아니라 식물한테도 감사해야 해요. 왜냐하면 인

	간이 동식물로 인해서 계속 살아왔으니까요.
교사	작가는 동물에 대해서만 그림책에서 말하고 있는데 여러분은 식물에게까지 시선을 돌렸네요. 동물학대로 만들어진 물건을 안 만들면 좋겠지만, 이미 만들어졌다면 덜 쓰고, 우리가 착한 소비를 통해서 동물복지상품을 만들도록 장려하는 방법도 있어요. 여러분이 아까 인간은 만물의 영장이라 어쩔 수 없이 그렇게 문명을 발전시켜 왔다고 했어요. 하지만 만물의 영장이라고 그들이 가진 생명, 감정들을 무시하고 함부로 지배하라는 건 아니에요. 더 애틋하게 보살피라는 거죠.
학생7	그렇다면 작가님은 만물의 영장인 인간이 동식물을 괴롭히지 않고 살아야 한다고 말하는 건가요?
교사	우리는 동식물을 먹어야만 살 수 있는 운명이에요. 그럼에도 불구하고 동식물을 아끼고 사랑하고, 학대받는 환경을 줄여주라는 것이죠. 그것이 인간이 할 일입니다. 만물의 영장이란 인간이 그걸 선택할 수 있는 위치에 있다는 거예요. 더 멋진 선택, 더 평화로운 선택을 해서 더 행복한 세상을 만들 수 있는 능력이 있다는 말입니다.
학생9	우리가 선택하는 거네요. 동물학대 제품 안 쓰기, 고기 덜 먹기, 급식시간에 채소 먹기, 음식에 감사하기 같은 걸요.
교사	네. 맞아요.
학생3	작가님이 왜 '멋진 하루'라고 했는지 알 것 같아요. 작가님

	의 소원을 쓰신 거예요. 실제로는 그렇지 않은데, 그렇게 됐으면 좋겠다고요.
학생1	'너희가 멋진 하루를 선택할 수 있는데, 어떻게 할 거냐?'고 물어보신 거네요.
교사	네. 맞습니다. 여러분이 약속한 작은 실천들을 하나씩 해 준다면 작가님이 말한 진짜 멋진 하루가 올 거라고 생각합니다. 그럼 토론을 하고 새롭게 알게 된 점이나 느낀 점이 있다면 발표해 볼까요?
학생11	우리 생활 속에서 동물들에게 고통을 주고 얻는 행복이 많이 있다는 것을 알았어요.
학생5	인간이 동물의 행복도 생각해야 한다고 생각합니다.
학생7	우리가 당연하게 생각하는 행복들이 동물들의 희생이란 걸 알았어요.
학생9	인간이 똑똑하면서도 잔인하다고 느꼈어요.
학생6	토끼 마크를 새롭게 알았으니까 앞으로는 마트 가서 찾아볼래요.
학생3	인간과 동식물이 모두 평화롭게 살았으면 좋겠어요.
교사	모두 잘 말해 주었습니다. 인간은 동물, 식물과 함께 살아야 하는 존재입니다. 탐욕스럽고 이기적인 소비문화와 생활 태도가 계속된다면 인간조차도 살 수 없는 위기의 세상이 될 겁니다. '다 함께 살자!'라는 연대의식과 여러분이 약속한 작은 실천이 중요합니다.

생각톱니	학생 질문
질문 만들기	왜 제목이 멋진 하루인가?(이유 찾기 생각톱니)
공통점 차이점 찾기	인간과 동물의 공통점과 차이점은 무엇인가?
상상하기	인간이 동물실험도 하지 않고 살았으면 어떻게 됐을까?
감정 살피기	학대당하는 동물들의 마음은 어떨까?
분류하기	동물 학대의 종류를 나눠 볼까?
비교하기	직접 학대와 간접 학대 중 무엇이 더 잔인한가?
비유하기	행복을 무엇에 빗대어 표현할 수 있을까?
이유 찾기	왜 사람들은 동물학대를 계속하는가?
추론하기	인간이 동물을 지배하는 건 인간이 만물의 영장이기 때문인가?
예 들기	일상생활 속에서 동물학대의 예를 찾아볼까?
대안 찾기	채식주의자가 될 수 없다면 대안은 무엇인가?
결과 예측하기	동물을 계속 학대하면 어떻게 될까?
개념 정의하기	동물권이란 무엇인가?
다르게 표현하기	평화를 다르게 표현해 볼까?
가치 고려하기	사람의 생명만 귀하고 동물의 생명은 안 귀한가?
장단점 찾기	육식의 장단점은 무엇인가?
남의 입장에 서 보기	내가 학대받는 동물이라면?
가설 세우기	만약 인간보다 지능이 높은 동물이 출현하면 인간도 학대받을까?
숨은 전제 찾기	'동물을 학대하는 것이 나쁜 행동이다'의 숨은 전제는 무엇인가?
다양한 관점에서 보기	인간이 식물을 파괴하는 경우는 없을까?
오류 피하기	언어사용의 유무가 생명존중의 우선권과 관련 있을까? (인과의 오류) 세상은 학대하는 동물과 학대받는 동물로 나뉠까? (흑백사고의 오류)

학생 질문은 교사 질문과 작가 질문을 아우르는 토론으로 마무리하기 위해 개념 정의하기 생각톱니를 사용하여 '멋지다'의 의미부터 파고 들어갔다. 학생들이 기존에 갖고 있던 '멋지다'의 개념을 토론 속에서 분석하며 명료화하고, 우리 학급에서 합의를 도출하고, 작가의 의도까지 알아본 것이다.

토론 마지막에는 학생들이 획득한 생각톱니 카드의 개수를 확인하고 토론 중에 사용하지 못한 생각톱니로 질문을 만들어 본다. 많은 질문이 나왔지만 대표적인 질문을 하나씩 정리해 본다. 표에서 음영처리 된 부분이 토론 후에 학생들이 새롭게 만든 생각톱니 질문이다.

> **토론 후 활동 1**
> **작가가 정한 부제 맞히기**

부제는 책의 부제목이라는 뜻이다. 제목에서 담지 못한 책의 성격을 더욱 명확하게 해 주어 붙이기도 한다. 작가의 질문을 받을 때 작가가 생각하는 부제를 물어보고 학생들이 알아맞히는 게임을 한다.

교사   토론 수업을 하기 전 안신애 작가님에게 연락해서 작가 질문을 받고 『멋진 하루』의 부제를 하나 정해 달라고 했어요. 작가님의 텔레파시를 받아 부제를 한 번 맞혀 보세요. 텔레파시 갑니다. 치지지직! 받았나요? 텔레파시 받은 친구는

	발표해 보세요.
학생1	'거짓말'요.
학생2	'동물들이 슬퍼요' 할게요.
학생3	'있어선 안 되는 하루'입니다.
학생4	'죽음의 하루'입니다.
학생5	'동물들의 고통'요.
학생6	'동물들의 슬픈 하루'입니다.
학생7	'최악의 하루'입니다.
교사	이 중에 텔레파시가 통한 한 명이 있네요.
학생들	우와! 진짜요?
교사	정답은 학생 5의 '동물들의 고통'입니다. 텔레파시 통한 걸 축하드려요. 작가님이 동물들의 고통에 관심을 갖자고 이런 부제를 정해 주셨어요.

토론 후 활동 2
표지 바꿔 그리기

그림책을 다 읽고 나면 『멋진 하루』에 어울리는 앞표지를 새롭게 꾸며 본다. 원래 앞표지는 바나나 나무가 있는 해변가에서 행복해 보이는 가족이 원숭이와 사진을 찍는 모습이다. 이때 원숭이 발목에는 쇠사슬이 묶여 있다. 아이들과 앞표지를 다시 보고 토론내용을 생각하며 '멋진 하루'에 어울리는 앞표지를 새롭게 그려 보기로 했다.

▌학생들이 바꿔 그린 『멋진 하루』 앞표지

동물실험을 하지 않은 화장품을 파는 가게입니다. '동물실험×'라고 표시된 진열대가 있고, 그 옆에 원숭이와 토끼들이 즐겁게 뛰놀고 있어요.

인간, 악어, 돌고래, 개, 원숭이가 모두 둥글게 손을 잡게 원을 그리며 돌고 있어요. 생명이 있는 모든 것들이 갇혀 있지 않고 자유를 누리는 행복하고 평화로운 세상을 표현하고 싶었어요.

학대받는 동물들이 행복하게 살고 있는 세상을 상상해 보았습니다. 울타리 없이 인간과 동물이 뛰어놀고 내가 호랑이에게 먹이를 주는 장면입니다.

동물들이 상처받지 않고 자유롭게 자연 속에 있는 유토피아를 그렸습니다. 실제로 이렇게 되었으면 좋겠다는 동물과 인간의 소망을 함께 담았습니다.

> 토론 후 활동 3

포스트잇으로 감상 댓글 달기

그림책에 포스트잇을 직접 붙이는 활동이다. 포스트잇에는 동물에게 하고 싶은 말이나 자신의 다짐과 약속, 그림책 댓글에 대한 댓글, 행복이나 평화에 대한 자신의 생각을 적었다.

우아한 가족이 효과 빠른 두통약을 자랑하는 장면에 대한 학생들의 댓글이다.

"알약도 이제 잘 먹겠습니다."

"우리가 아플 때 보건실에서 쉽게 먹는 알약에도 토끼의 눈물이 보여요. 감사합니다."

"이미 나쁘다고 알려진 화학약품의 실험을 멈춰 주세요."

우아한 가족이 건강란 1+1을 구입했다고 자랑하는 장면에 대한 학생들의 댓글이다.

"암탉아, 너희 달걀을 빼앗아 와서 미안해. 너도 병아리를 보고 싶어서 양계장을 뛰쳐나가고 싶겠지?"

"닭들이 좁은 양계장에서 힘들게 산다는 걸 알았다. 우리가 매일 달걀을 가져오니까, 살아있는 동안만이라도 넓은 마당에서 살았으면 좋겠다."

"계란말이에 시금치가 들어갔다고 바닥에 몰래 버린 적이 있어. 미안해. 너희들이 힘들게 낳은 달걀이라는 걸 알았어. 이제 절대 버리지 않을게."

우아한 가족이 강아지 경주대회에서 1등한 개 사진을 단톡방에 올린 장면에 대한 학생들의 댓글이다.

"행복이란 동물들도 잘 살아갈 수 있어야 한다는 것이다."

"강아지는 강제로 뛰라고 태어난 존재가 아닙니다."

"강아지야, 너희들이 원해서 뛰는 게 아니라 주인들의 욕심 때문에 뛰는 거 힘들지? 너희들도 인간들과 똑같이 사랑받아야 되는 존재인데, 너희들은 인간과 다른 동물이라고 의견을 존중받지 못하고 주인들의 욕심 때문에 대회에 나가서 뛰어야 하는 게 얼마나 힘든지 알아."

행복아쿠아리움의 돌고래쇼를 자랑하는 장면에 대한 학생들의 댓글이다.

"유진님, 돌고래는 정말 웃는 것이 아니라 조련을 당해서 억지로 웃는 거예요. 울고 있을 돌고래의 마음을 생각해 주세요."

"평화란 생명이 있는 모든 생명체에게 주어져야 한다."

인류가 생존하기 위해서는 다른 동식물의 도움이 없이는 불가능하다. 그런데 생존에 성공한 인간은 동식물의 도움에 감사하지 않았고, 오히려 불만족스러워했다. 동물들에 대한 가혹행위를 저지르며 과학, 산업, 경제 발전을 이루어야 했다. 인간이 만물의 영장이라고 당연시하며 이룬 성과 뒤에는 다른 생명들의 희생이 있었다. 인간의 탐욕과 이기심은 멈추지 않았고, 인간은 모든 생명체의 존속마저도 위협하는 환경파괴를 저지르고 있다. 인간이 모든 동식물에게 행하는 가혹한 학대가 옳은 것인지, 피할 수 없는 것인지, 피할 수 없다면 대안은 없는 것인지 학생들과 알아보았다. 생명작용이 공존과 상생이라면 우리의 행위 자체를 고민하고 선택해야 한다.

함께 읽으면 좋은 그림책

『레스토랑 sal』, 소윤경 지음, 문학동네
『울지 마! 동물들아』, 오은정 지음, 토토북
『돼지 이야기』, 유리 지음, 이야기꽃
『이빨 사냥꾼』, 조원희 지음, 이야기꽃
『사슴아 내 형제야』, 간자와 도시코 지음, 보림

서로의 마음을 알아가게 하는
『걱정 상자』

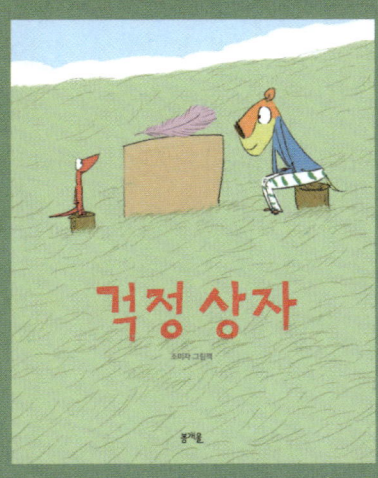

『걱정 상자』
조미자 지음
봄개울

도마뱀 주주와 호랑이 호는 함께 살고 있다. 도마뱀 주주는 걱정이 많다. 요즘 웃음도 줄어들었다. 호랑이 호는 주주의 걱정을 덜어 주고 싶다. 고민을 거듭한 호는 좋은 생각이 떠오른다. 바로 상자에다가 걱정을 담아서 멀리멀리 보내는 것이다. 주주의 걱정을 담은 상자를 커다란 새총으로 멀리 떨어뜨린다. 걱정 상자는 엄청 작아 보인다.

이밖에도 걱정상자를 잘 꾸며서 나무에 매달아 보기도 한다. 또 걱정상자를 그대로 두고 다른 생각을 하기도 한다. "괜찮아!", "할 수 있어." 등 힘이 되는 말 한마디를 하기도 한다.

이런 방법으로 해결이 되지 않을 때는 또 다른 친구 사자 부가 다른 방법을 알려 준다. "나도 같이 얘기해."라고 하며, 걱정 상자에 앉자 걱정 상자가 찌그러져 없어진다.

걱정을 보통 어떻게 해결할까? 걱정한다고 해결이 안 된다며 걱정을 무시하고 사는 경우도 있다. 시간이 약이지 하며, 걱정거리가 사라질 때까지 막연히 기다리는 사람도 많다. 기다리는 동안 전전긍긍하며 힘들어하기도 한다. 사소한 걱정이나 남들도 다하는 걱정거리 등은 주변 사람들과 함께 나누기라도 하는데, 정작 마음을 힘들게 하는 걱정은 나누기도 쉽지 않다. 가족이 걱정할까 봐, 걱정을 이야기하면 사람들이 자신을 불쌍하게 볼까 봐 등 수많은 이유가 걱정을 나누기 어렵게 한다. 그래서 걱정을 혼자 감당하는 경우가 많다.

『걱정 상자』는 걱정을 사라지게 하는 여러 가지 방법을 만화처럼 경쾌하게 풀어낸 작품이다. 주주와 호는 혼자서 걱정을 해결하지 않는다. 서로 힘을 모아 걱정을 해결한다. '다른 친구는 어떤 걱정을 할까?', '다른 친구는 어떻게 걱정을 해결할까?'라는 생각을 자연스럽게 하게 된다. 주주와 호가 함께 걱정을 해결하는 과정을 살펴보며, 독자도 실천해 보고 싶은 마음이 들도록 한다. 『걱정 상자』를 통해, 서로의 지혜를 모아 걱정을 해결하는 기회를 만들 수 있다.

> "고민과 걱정이 많은 사람들에게,
> 함께 힘을 모아 해결하고,
> 마음을 가볍게 하는 비결을 주다."
> – 조미자

작가 소개

홍익대학교 회화과를 졸업하고, 강원도 춘천에서 그림책 작업을 하고 있습니다. 쓰고 그린 책으로 『어느 공원의 하루』, 『거미가 줄을 타고 올라갑니다』, 『노란 잠수함을 타고』, 『바람이 살랑』, 『보글보글풍풍』, 『내 방에서 잘 거야』, 『걱정 상자』, 『불안』, 『토비와 나』, 등이 있으며 『마음이 퐁퐁퐁』, 『웃음이 퐁퐁퐁』, 『꼴뚜기』 등에 삽화 작업을 했습니다.

그림책 작가가 된 이유

어릴 적부터 그림 그리는 것을 좋아해 초등학교 때부터 미술부 활동을 했습니다. 당연히 대학 진학 시에도 별다른 고민 없이 순수미술을 선택하고 공부를 하게 되었습니다. 졸업 즈음 전업 작가로의 진로를 고민하던 중 친구가 그림책 한 권을 선물해 주었습니다. "미자의 동심을 위하여"라는 글을 적어서요. 그 책은 존 버닝햄의 『야, 우리 기차에서 내려!』였습니다. 그 책은 그간 잘 접해 보지 않았던 그림책에 대한 저의 선입견을 사라지게 해 주었습니다. 버닝햄의 그림책 속 풍경은 윌리엄 터너의 노을 풍경을 연상시켰으며, 버닝햄이 그려내는 선과 형태감의 표현은 현대화가 데이비드 호크니의 드로잉 작업도 연상시켰습니다. 그리고 이야기를 이어나가는 패턴과 작가의 전달 방식의 재치에 매료되었습니다.

그 후, 그림책 작가의 생활을 시작했고, 존 버닝햄, 앤서니 브라운, 퀀틴 블레이크, 장자크 상페, 브라이언 와일드 스미스, 윌리엄 스타이그, 로저 뒤바젱, 가브리엘 뱅상, 야노쉬, 하야시 아키코 등의 작가들을 알게 되었습니다. 좋은 작가가 너무 많았습니다. 혼자 그림책 더미를 만들어 출판사를 찾아다녔고, 우연한 기회로 『별 볼일 없는 4학년(창비)』의 삽화작업을 시작으로, 2000년 마루벌에서 첫 창작그림책 『어느 공원의 하루』를 출간하게 되었습니다.

그림책 작가의 장점

그림책을 만든다는 것은 분명히 매력적인 작업입니다. 제 머릿속의 이야기를 그림과 함께 책 한 권에 담을 수 있기 때문이죠. 그리고 영화나 뮤지컬처럼 많은 장비가 필요한 것도 아니죠. 제가 잘하는 것이 그림을 그리는 것과 상상(공상)을 하는 것이라 떠오른 이미지에 이야기를 만들고 한 장 한 장 그려나가는 작업에 즐거움을 느끼고 있습니다. 그리고 다른 작가의 좋은 그림책을 감상하는 것도 좋고요. 순수미술의 회화 작업 못지않은 그림책들을 접할 때면 자부심을 느낄 때도 있습니다.

대학을 졸업 후 춘천에 와서 화실도 하고 결혼을 하고 주기적으로 창작 그림책을 출간했습니다. 아이들을 가르치면서 창작 그림책을 출간하는 생활이 좋았던 거 같습니다.

20년 정도의 작가 생활에 글과 그림을 같이 한 16권 정도의 그림책을 출간했으니 1~2년 정도에 한 권 정도 출간한 듯합니다.(최근에는 출간 간격을 좁히고 있습니다). 다른 나라도 마찬가지겠지만, 창작 그림책을 만들고 출간하는 일은 참 어렵습니다. 그리고 1년에 한두 권 작업한 인세로는 생계에 전혀 도움이 되지 않습니다.

저는 창작 그림책 작업을 하지 않는 사이사이에 전집 형태의 삽화 일러스트 작업을 했습니다. 대부분의 작가들이 그렇게 하고 있는 것으로 알고 있습니다.

시간과 에너지의 소모가 큰 전집의 삽화 일러스트 작업을 하며 창작 그림책을 출간해 가는 일은 쉽지 않은 일입니다. 그래도 저는 다행스럽게도 지금까지 창작 그림책을 출간하고 있습니다. 그동안, 저의 생활에 경제적으로 도움을 주었던 전집 일러스트 작업을 후회하지는 않습니다. 작가도 생활을 해야 하니까요. 2019년부터는 전집 일러스트 작업을 하지 않고 창작 그림책에 집중하고 있습니다. 최근에 한국 그림책 작가의 창작 그림책 출간 권수가 외국작가에 비해 현저히 적은 편이라는 이야기를 들었습니다. 앞으로는 저의 색을 나타낼 수 있는, 많은 창작 그림책을 출간하려 합니다.

『걱정 상자』를 만든 계기

『걱정 상자』는 2017년 한솔수북에서 출간한 『내 방에서 잘 거야』, 『내가 싼 게 아니야』의 연장선상에 있는 작업입니다. 저의 둘째 아이가 실제로, 누나와 같이 쓰던 방을 독립하면서 겪은 일을 모델로, 기획하고 만들어진 『내 방에서 잘 거야』를 통해 아이 마음속 불안에 관심을 갖게 되었습니다. 그리고 두 번째 권인 『내가 싼 게 아니야』로 자연스럽게 이어져 걱정과 불안이라는 다음 작업의 키워드를 얻은 듯합니다. 아이의 마음속에도, 어른이 된 우리의 마음속에도 항상 존재하는 걱정과 불안의 감정을 정리해 보고 싶었습니다.

가장 애착을 느끼는 한 장면

호와 주주가 이야기하는 첫 장면을 좋아합니다. 예전에 '넘치는 날'이라는 컷툰을 그린 적이 있습니다. 『걱정 상자』의 맨 처음 발상 이미지입니다. 주주가 새가 될 뻔했어요. 『걱정 상자』의 초기 이미지 드로잉에서는 주인공이 주주의 모습이 작은 파랑새였습니다. 커다란 상자 가득 걱정을 적은 종이가 넘쳐나고, 그것을 바라보는 파랑새 장면을 떠올려 그려 보았습니다.

작업을 진행하면서 좀 더 단순하고 눈에 잘 보이는 작은 동물의 이미지를 생각하게 되었고, 빨간색의 작은 도마뱀을 생각하게 되었습니다. 제가 그림책의 주인공에게 빨간 옷을 입히는 것을 좋아해 도마뱀의 색을 빨갛게 했습니다. 작고 빨간 시무룩한 표정의 도마뱀이 작은 체구 안에 많은 걱정을 담은 모습이 재미있을 거라 생각했습니다. 주인공인 동물과 색이 달라지긴 했지만 많은 걱정을 담고 있는 작은 체구의 동물 표현은 초기의 콘셉트로 작업했습니다.

대비적인 효과를 강조하는 방향으로 초기 작업을 진행했습니다. 주주의 모습으로 도마뱀을 떠올린 후에 호의 모습을 상상해 둘이 함께 있는 이미지 컷을 러프하게 그려보았습니다. 걱정이 많아 우울

▌『걱정 상자』의 처음 발상 이미지

▌주인공을 바꾼 두 번째 이미지

▌걱정이 많은 주주와 호가 이야기를 시작하는 장면. 초기 작은 파랑새를 떠올렸던 주주의 이미지는 결국 빨간색 도마뱀으로 바뀌었고, 친구로 등장하는 호랑이는 파란색 옷을 입혀 색의 대비를 주었다.

한 친구의 모습을 그냥 지나치지 않고 돌아보는 친구의 모습을 떠올리면서요. 호는 처음부터 주주와 대비되는 덩치가 있는 모습을 상상했습니다. 명작 애니메이션이 곰돌이 푸에 나오는 호랑이 티거 캐릭터를 생각하게 되었고, 빨간 주주와 파란 옷의 호를 색과 사이즈 대비를 통해 화면 안에서의 리듬감을 주려고 했습니다.

두 번째 이미지를 그린 후, 그림책의 첫 장면인 풀밭에 앉아 있는 주주와 호의 모습을 그렸습니다. 우울한 얼굴로 걱정을 이야기하는 듯한 주주와 친구의 이야기를 들어주는 호의 모습으로요. 서로에 대한 마음은 서로에 대한 관심으로 시작된다고 생각합니다. 걱정을 이야기하는 주주, 그 걱정을 잘 들어주는 호의 모습으로『걱정상자』이야기를 시작하고 싶었습니다.

앞으로의 계획과 한마디

질문만 들어도 너무 설렙니다. 저는 공상을 좋아하는 듯합니다. 순간순간 다른 생각을 하기도 하고, 그림책에 대해 이런저런 발상을 하는 것을 좋아합니다. 지금은 삶에 대한 이야기도 다루고 싶고, 가족 간의 추억에 대한 이야기도 출간을 준비하고 있습니다.

흥미로운 판타지 그림책도 만들고 싶고, 더 깊이 있게 들어가는 감정 그림책에도 관심이 있습니다. 아이의 마음은 어른이 된 지금 저에게도 존재합니다. 어린 시절의 불안이나 추억이 남아 있는 것처럼요. 어떤 그림책은 아이에게는 더 어려울 수 있고, 또 어떤 그림책은 어른이 된 자신으로부터 너무 멀어진 이야기로 느껴진다 해도 우린 아이였고, 또 어른이 되어가는 시간을 겪을 테니까요.

그림책을 이해하고 공감하는 시간은 (꼭 그 당시가 아니더라도) 언젠가 존재한다고 생각합니다. 아이, 어른의 그림책이 따로 없는 것처럼요. 제 그림책과 닿는 아이와 어른들에게 그러한 시간을 기대해 봅니다.

20년 전 첫 창작 그림책인 『어느 공원의 하루』를 출간할 때, 그림책이 너무 심심하지 않은가 걱정을 했던 생각이 떠오릅니다. 저 나름대로는 삶의 풍경을 공원의 하루 일상에 빗대어 만들었지만, 독자들은 과연 이 알록달록하지 않은, 강한 힘도 없는, 그림책을 재미있게 봐 주실까 걱정했습니다. 하지만 마음속으로는 당장은 눈에 띄는 책이 아니더라도, 이 책의 그림과 이야기가 문득문득 독자 분들의 일상에 떠오를 때가 있을 거라는 믿음도 가졌습니다. 어쩌면 그 믿음으로 지금까지도 그림책을 만들고 있는 것 같습니다.

작가들은 저마다 세상을 보는 시각으로 그림을 그리고 이야기를 만들어 갑니다. 재미있는 일상에 대해, 우리의 생각과 추억에 대해, 어려움에 대해, 관계에 대해, 세상에 대해, 자신의 마음에 대해서요. 제 그림책의 글과 그림이 독자들의 마음에 닿아 함께 나누는 공감의 이야기가 되었으면 좋겠습니다.

조미자 작가가 권하는 『걱정 상자』 읽기

『걱정 상자』는 걱정을 사라지게 하는 내용으로, 그림을 그려 나갈 때 머릿속으로는 만화의 대사를 생각하며 작업했습니다. 무겁고 많은 양의 글보다는 슥슥 읽어 나가는 만화책 같은 느낌으로 읽는다면, 좀 더 경쾌하고 시원할 것 같다는 생각을 했습니다.

아이들이 호, 주주, 부의 역할을 정해 대사 부분만 읽어도 재미있을 것 같습니다. 호의 대사가 많겠네요. 그림책처럼 상자들을 이용해 간단한 상황극을 해도 좋을 것 같습니다.

각자의 고민이나 걱정을 적은 후 상자에 넣거나, 서로의 걱정에 대해 상담을 해 주는 상담사가 되어 볼 수도 있고요. 하지만 말하기 싫은 고민이나 비밀스러운 걱정이 있을 수 있으니 각자만의 좋은 방법 적기를 해 보세요.

『걱정 상자』는 자신의 마음에 대한 이야기입니다. 말하기 어렵거나 비밀스러운 이야기를 강요해서 발표를 시킨다면 또 다른 걱정을 남기게 될 것 같습니다. 자연스러운 상황에서, 발표는 하고 싶은 학생만 하게 하고, 비밀은 비밀로 두게 하고 마음으로 느끼게 하면 될 것 같습니다.

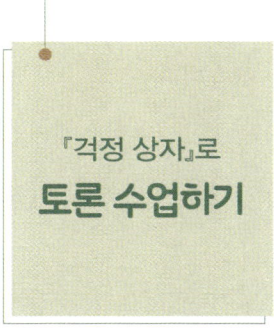

『걱정 상자』로
토론 수업하기

토론 전 활동
걱정 사연 쓰기

걱정 사연 쓰기 활동을 통해 해결하고 싶은 개개인의 걱정을 모은다. 나만의 걱정 사연을 쓰며 학생은 자신의 걱정을 구체적으로 표현하게 된다. 이를 통해 자신의 상황과 자신의 마음에 직면하게 된다. 자신의 걱정을 구체적으로 적어 보는 것 자체로 충분히 심리 치유 효과가 있다. 자신의 마음을 구체적으로 들여다보면 자연스럽게 걱정 해결의 단서를 얻기 쉽기 때문이다.

또한 다른 친구들이 쓴 걱정을 함께 살펴봄으로써, 자신과 친구들의 마음을 서로 비교해 볼 수 있다. 이 과정을 통해 자신만 걱정하는 것이 아니라는 사실도 알게 되며, 자신의 걱정뿐만 아니라 친구의 걱정도 함께 해결하고픈 마음도 생겨난다.

① 한 칸에 하나의 걱정을 최대한 구체적으로 적는다.(단, 민감한 정보는 쓰지 않도록 한다.)
② 활동규칙을 안내한다. - 누구의 걱정인지 찾지 않기, 친구들의 걱정이 이해되지 않아도 존중하기, 토론 전에는 해결 방법을 나누지 않기 등
③ 비슷한 걱정들을 묶어 분류한다.
④ 분류된 걱정의 특징을 나눈다.

각 걱정을 포스트잇에 쓴다. 한 장에 한 가지 걱정을 구체적으로 적는다. 포스트잇을 활용하는 이유는 적기 편하며, 나중에 모아서 붙였다 뗐다 하면서 분류하기 쉽기 때문이다.

걱정을 적어서 모을 때는 걱정의 제목과 구체적인 내용이 들어가도록 한다. 구체적으로 적으면 자신이 걱정하는 상황과 문제는 전보다 훨씬 분명해진다. 막연히 걱정했던 것들을 더 뚜렷하게 바라볼

[예시]

아빠가 영어에 대한 잔소리	너무 너무 힘들어요.
저의 아빠가 영어에 대한 관심이 많아서 항상 잔소리를 해. 저는 영어보단 수학을 좋아하거든요. 제가 영어학원을 가야하긴 하는데 코로나 때문에 못가는데 아빠가 계속 가라고 해요. 이런 상황 때문에 가끔 울기도 해요. 어떡해야 할까요?	항상 매일 매일이 불안감에 떨고 있는 것 같고, 감정기복이 너무 심해요. 갈수록 눈물이 많아지고, 짜증도 많아지고 힘들어서 울고, 우울해지고, 학교에서 밝은 척하지만 실제로는 매일 매일 힘들고 ... 어딜가든지 쫓아요.

수 있게 된다. 상황과 문제를 정확하게 바라볼수록 자신의 마음을 더욱 면밀히 관찰하게 되고, 자신의 걱정을 해결하는 데 큰 도움이 된다.

그리고 실제 또래 상담소 활동을 할 때 활동을 위한 준비이기도 하다. 또래 상담소는 다른 정보 없이 사연만 가지고 상담소 활동을 해야 하기 때문에, 사연이 구체적일수록 좋다. 다만, 개인의 걱정이 친구들에게 알려지면 곤란한 경우를 조심해야 한다. 그런 경우에는 공유할 만한 걱정만 기록을 하거나 누군지 특정하기 어렵도록 가명을 쓰는 등 민감한 정보는 적지 않는 것이 좋다.

학생들의 걱정들을 하나하나 살펴보면, 서로 비슷한 것들을 찾을 수 있다. 비슷한 상황에 처해 있거나, 성격이 비슷한 경우에는 걱정 또한 비슷할 수 있기 때문이다. 이때, 모은 걱정들을 비슷한 것끼리 묶는다.

비슷한 것끼리 묶는 과정은 '나만 이 문제로 힘든 게 아니구나.' 라는 위안을 주기도 한다. 그리고 공통적인 걱정이 나온다는 것은 그 문제들이 학생들에게 자주 있는 일이며, 그만큼 학생들에게 중요한 문제임을 알려 준다. 공통적인 문제를 함께 해결 방법을 찾는 경우에 좋은 점이 있다. 비슷한 문제를 가진 친구들의 공감은 어떤 공감보다 더 효과가 있고, 문제를 해결해 본 친구들의 경험담 또한 들을 수 있기 때문이다.

분류한 방법은 먼저 사연을 전체적으로 훑어보고 나오는 키워드를 뽑는다. 개개의 사연을 분류해 선생님이 읽어 주면 학생들은 선생님 목소리를 통해서 모든 학생의 걱정을 함께 읽는 효과가 있다. 학생들의 걱정을 비슷한 것끼리 묶으니 공부 문제, 관계 문제, 개인 문제 세 가지로 분류가 되었다. 초등학교 5학년 학생들이어서 대부분의 문제는 공부 문제보다 관계 문제가 더 많았다.

그리고 비슷한 것 중에서 더 비슷한 것끼리 묶는다. 학생의 활동 결과 공부 문제는 다시 세 가지로 나뉘었다. 공부를 하기 싫어서 공부에 집중이 안 된다는 것과 사교육에 대한 문제와 공부를 잘하고 싶다는 이야기이다. 관계 문제는 가족과의 문제와 친구와의 문제가 있었다. 그중에 친구관계 문제가 훨씬 더 많았다. 개인적인 문제로는 자신감 부족 문제가 다른 문제보다 훨씬 많았다.

> 토론 활동 1

질문 만들기 토론*

많은 학생이 질문보다 주어진 질문에 답을 찾는 것에 더 익숙하다. 공부든, 삶의 문제를 해결하는 상황에서든 올바른 질문을 던지는 것이 중요하다. 그런데 학생들은 질문하는 법이 익숙하지 않다. '질문 만들기 토론'은 루스 산타나와 댄 로스스타인이 미국의 빈곤 지역에 사는 학생과 성인을 교육하기 위해 20년간 직접 질문 형성 기법을 적용 및 수정한 방법이다.

---

* 『한가지만 바꾸기』(루스 산타나·댄 로스스타인, 사회평론아카데미, 2017)의 활동을 응용.

'질문 만들기 토론'은 특정 주제에 따른 '질문'만 만들어 보는 활동이다. 이를 통해 체계적으로 질문하는 방법을 익히고, 질문하는 즐거움을 알 수 있다. 질문을 만드는 과정 속에서 주제를 능동적으로 해석하고, 스스로 생각하며, 주체적으로 답을 찾으려는 마음도 길러진다.

자신에게 올바른 질문을 하는 것만으로 걱정이 자연스럽게 해결되기도 한다. 그래서 걱정을 해결할 때 스스로에게 묻는 질문은 매우 중요하다. 같은 종류의 걱정이라도 누구의 문제냐에 따라 해결책은 달라진다. 자신의 마음을 살피고, 자신의 상황을 고려하고, 진짜 문제가 무엇인지 확인해야 비로소 문제를 해결할 수 있다. 그러나 이런 과정을 거치지 않고 'A 같은 경우에는 B처럼 해야 해!'라고 하면 문제가 해결되기는커녕, 오히려 걱정거리가 더 커지거나 많아진다. 삶의 문제는 정답이나 공식이 있을 수 없다. 이때 필요한 것은 핵심 질문들을 찾는 것이다. 그리고 질문들을 통해 자신만의 방법으로 문제를 바라보고 해결할 수 있는 단서를 찾을 수 있다.

질문 만들기 토론은 『걱정 상자』에서 호호와 주와 부가 그랬듯, 문제에 따른 자신만의 답을 얻기 위한 핵심 질문을 여럿이서 함께 만들어 보는 것이다.

걱정을 해결하기 위한 질문 만들기

'걱정을 해결하기 위한 질문 만들기'라는 주제를 안내하고 질문을 만들어 보라고 했다. 이때 주제는 최대한 간결하고 분명하게, 주제에 대한 설명은 최대한 지양하는 것이 좋다. 왜냐하면 설명 가운데 선생님의 의도나 생각이 많이 반영되기 때문이다.

　질문 생성 규칙 4가지*를 설명한 다음, 이 규칙을 지키기 위해 어려운 점이나 구체적인 방안들을 서로 토론한다.

　① 가능한 한 많은 질문을 한다.
　② 어떤 질문이라도 토의·판단·답을 하기 위해 멈추지 않는다.
　③ 진술된 대로 정확하게 모든 질문을 적는다.
　④ 진술은 질문으로 바꾼다.

　4가지 규칙을 살펴보면, 가능한 한 많은 질문을 하는 이유는 다양한 아이디어를 얻기 위함이다. 질문의 질도 중요하지만, 질문의 양을 늘리는 과정에서 많은 고민을 하기 때문이다. 그리고 어떤 질문이라도 토의·판단·답을 하기 위해 멈추지 않는 이유는 질문을 자유롭게 만드는 데 어려움이 생기기 때문이다. 누군가가 답해 버리면 더 이상 그 질문은 의미가 없어질 수 있다. 동시에 질문이 좋은지 나쁜지에 대해 평가를 해 버린다면, 평가가 두려워서 질문을 던지기 힘든 경우가 생긴다. 진술된 대로 정확하게 모든 질문을 적는 이유는 질문자의 의도가 아닌 기록자가 이해한 대로 질문을 한 경우가 생기기 때문이다. 마지막으로 진술을 질문으로 바꾸는 이유는 이 수업의 가장 큰 목적과 맞닿아 있다. 진술을 하면 해결책에 대한

---

* 『한가지만 바꾸기』, 루스 산타나·댄 로스스타인, 사회평론아카데미, 2017, p. 96.

이야기를 하게 된다. 이 해결책은 정해져 있으며, 걱정을 하는 사람의 마음이나 상황 등을 반영하지 못한다. 반대로 질문을 만들면, 각자가 그 질문에 대해 답하면서 자신에게 맞는 답을 내릴 수 있다.

질문 만들기 활동은 이 토론의 가장 핵심적인 활동이다. 질문 만들기는 모둠으로 진행한다. 한 명이 기록자 역할을 하며, 다른 참가자들은 적극적으로 질문을 한다. 질문 만들기 과정에서 학생마다 질문을 만드는 개수의 차이가 있을 수 있다. 이때 질문 수보다 질문의 질도 중요함을 안내한다.

- 왜 그런 생각이 든 것 같나요?
- 앞으로 어떻게 되길 원하나요?
- 그때 마음은 어떤가요?
- 다른 경우에도 느끼는 걱정인가요?
- 그 걱정을 하는 이유는 무엇인가요?
- 그 걱정을 멈추지 못하는 이유는 무엇인가요?
- 자신의 탓이라고 생각하나요?
- 얼만큼 괴로운가요?
- 재밌게 놀면 괜찮아지지 않을까요?
- 어떻게 되면 좋겠나요?
- 지금 함께 있고 싶은 사람이 있나요?
- 도움이 필요하다면, 누구에게 이야기할 수 있을까요?
- 누가 해결해야 하는 문제인가요?
- 걱정을 해결하려면 필요한 것이 무엇인가요?

- 걱정을 시작한 때 어떤 상황이었나요?
- 무엇을 해결하면 그 걱정이 사라질까요?

질문 우선순위 정하기

질문의 우선순위를 정한다. 주제인 '걱정을 해결하는 법'에 도움이 되는 질문을 5개를 고른다. 먼저 질문을 만든 학생들이 왜 그 질문을 했는지, 질문을 통해 어떤 답을 얻을 수 있는지 이야기해 본다. 이야기를 들으면서 학생들은 모든 질문과 그 이유를 자세하게 기억할 수 있다. 들으면서 비슷한 내용의 질문은 하나로 합칠 수 있다. 그다음 효과적인 질문을 3~5개 각각 선택한다. 그중 가장 많은 선택을 받은 순으로 3개를 고른다. 필요에 따라 우열을 가릴 수 없는 질문은 3개 이상 고를 수 있다. 질문의 우선순위를 가리는 과정에

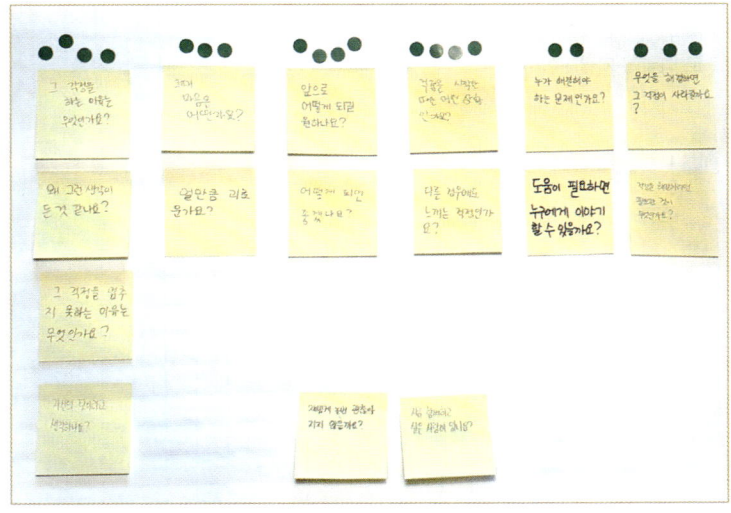

서 핵심적인 질문이 무엇인지, 다른 친구들의 생각은 어떤지, 궁금하지만 주제와 비교적 연관이 적은 질문이 무엇인지 자연스럽게 알 수 있다. 가끔씩 장난기가 많은 친구들은 장난기 섞인 질문을 발표하기도 한다. 그런데 이런 질문들은 그 질문에 대한 지적이나 비판 없이도, 우선순위를 고르는 과정에서 자연스럽게 가려진다.

투표를 통해 선정된 질문들(모둠 예시)

질문	득표수
걱정을 하는 이유는 무엇인가요?	4
왜 그런 생각이 든 것 같나요?	
그 걱정을 멈추지 못하는 이유는 무엇인가요?	
자신의 탓이라고 생각하나요?	
그때 마음은 어떤가요?	3
얼마나 괴로운가요?	
앞으로 어떻게 되길 원하나요?	4
어떻게 되면 좋겠나요?	
걱정을 시작한 때 어떤 상황이었나요?	4
다른 경우에도 느끼는 걱정인가요?	
누가 해결해야 하는 문제인가요?	2
도움이 필요하다면, 누구에게 이야기할 수 있을까요?	
무엇을 해결하면 그 걱정이 사라질까요?	3
걱정을 해결하려면 필요한 것이 무엇인가요?	
재밌게 놀면 괜찮아지지 않을까요?	0
지금 함께 있고 싶은 사람이 있나요?	0

걱정을 해결하기 위해 고른 질문 확인하기

선정된 질문 3개는 "걱정을 하는 이유는 무엇인가요?", "앞으로 어떻게 되길 원하나요?", "걱정을 시작한 때 어떤 상황이었나요?"이다. 이 3개 질문은 또래 심리 상담소 활동을 할 때 필수로 활용한다. 아쉽게 고득표를 했지만 선정되지 못한 질문은 사연에 따라 필요할 때 활용할 수 있도록 했다. 선정된 질문을 학생들과 함께 살펴보았다.

"걱정을 시작한 때 어떤 상황이었나요?"의 질문은 걱정 상황을 더욱 명확하게 이해하기 위한 질문이다. 이 질문을 통해 걱정 사연에서 다 드러내지 못한 이야기를 더 구체화해서 드러냄으로써, 걱정의 원인을 더 정확하게 파악하고 사연자의 마음을 더욱 깊이 이해할 수 있다.

"걱정을 하는 이유는 무엇인가요?"의 질문은 사연자 자신이 걱정 상황에서 어떤 점을 중요하게 여기는지 알기 위한 질문이다. 같은 걱정 상황도 사람의 마음이 다르기에 다르게 해석할 수 있다. 누구에게는 큰 문제가 아니지만, 다른 이에게는 심각한 문제일 수도 있다. 그렇기에 사연자가 걱정 상황을 어떻게 이해했는지 살펴보는 것이 핵심이다.

"앞으로 어떻게 되길 원하나요?"의 질문은 걱정을 어떤 방향으로 해결할지를 알려 준다. 어떤 사람은 걱정을 다른 누군가가 공감해 주기를 바라지만, 다른 사람은 그 상황이 왜 일어났는지 이해하기를 원하며, 또 다른 사람은 그 문제 자체를 해결하는 방법을 알기를 원하기 때문이다.

그 밖에 "그때 마음은 어떤가요?"라는 질문은 사연자가 얼마나 힘든 상황에 처해 있는지 감정이나 생각을 듣기 위한 질문이다. 이 질문을 통해 사연자는 자신의 마음을 더 구체적으로 표현할 수 있고, 상대방에게 공감을 받을 수 있는 기회를 얻는다. "무엇을 해결하면 그 걱정이 사라질까요?"는 사연자가 가지고 있는 문제 해결 방법을 파악하기 위한 질문이다. 사연자가 걱정 상황을 얼마나 어떻게 파악했으며, 자신 주변에 사람이나 기타 어떤 것이든 문제 해결에 활용할 수 있는지 알 수 있다.

질문 만들기가 끝나면 학생들과 함께 성찰한다. 이 과정을 통해 학생들은 어떤 점을 깨달았는지, 새로 생긴 궁금증을 자유롭게 나눈다. 학생들이 나눈 이야기다.

학생1 그냥 걱정에 대해 서로 이야기만 해 보는 걸로 생각했는데, 질문을 만드니까 새로웠어요.

학생2 질문을 만들고 고르면서, 저에게도 물어보게 되었어요. 답은 아직 잘 모르겠지만 조금 더 생각해 보면 나아질 것 같아요.

학생3 누군가에게 도움을 달라고 하기 전에, 제 스스로 생각해 볼 질문을 알게 되어서 좋아요.

학생4 다른 친구들이 이 질문에 어떤 대답을 할지 궁금해요.

학생5 또래 심리 상담소에서 이 질문들을 해 보고 싶어요.

학생6 제가 생각하지 못했던 질문을 알게 되어 좋았어요.

> 토론 활동 2

또래 심리 상담소

'또래 심리 상담소'를 통해 모은 걱정을 함께 해결하기 위해 질문을 활용해서 학생들이 심리 상담을 해 본다. 이 또래 심리 상담의 핵심은 해결책 제시가 아니라, 질문 제시다. 학생들이 심리상담가가 아니기에 해결책을 떠올리기 어려울뿐더러, 해결책을 준다고 해도 적절치 않을 가능성이 높다. 그래서 이 수업에서의 상담은 학생들이 걱정 사연자에게 질문을 던지고, 사연자는 그 질문에 대한 대답을 한다. 이 과정에서 학생들은 질문을 던지는 연습을 하게 되고, 사연자는 질문을 통해 자신의 문제를 더욱 자세히 들여다보거나 새로운 시각으로 바라보게 된다. 더 나아가 스스로 질문을 던져 보는 연습을 할 수 있다. 학생들은 질문을 주고받으면서 함께 힘을 모아 삶의 문제를 해결해가는 경험을 쌓아갈 수 있다.

모둠별 걱정 사연 정하기

모둠 학생들끼리 토의를 통해 하나의 사연을 고른다. 모둠 학생이 낸 걱정 사연을 골라야 다양한 질문에 대한 이야기를 할 수 있다. 만약 이것을 부담스러워한다면 가장 공감되는 사연을 고르는 것도 좋다.

1모둠: 공부 문제 - 사교육

아빠가 영어에 대한 잔소리가 많은데 어떡할까요?

저의 아빠가 영어에 대한 관심이 많아서 항상 잔소리를 해요. 저는 영어보단 수학을 좋아하거든요. 제가 영어 학원을 가야 하긴 하지만 코로나 때문에 못 가는데 아빠가 계속 가라고 해요. 이런 상황 때문에 가끔 울기도 해요. 어떡해야 할까요?

2모둠: 관계 문제 - 가족

엄마 아빠가 자꾸 일부러 말을 못 하게 하는 것 같아요.

엄마하고 아빠가 이야기하고 있을 때, 궁금한 게 생겨서 말을 안 할 때 물어보려고 하는데 말을 하려고 하는 순간 갑자기 대화를 시작해요. 결국은 포기하게 돼요.

3모둠: 관계 문제 - 친구

거절을 잘 못해요. 해결하고 싶습니다.

친구들과 놀 때마다 편의점에서 먹을 것을 사 먹을 때나 카톡을 할 때 애들이 '나 이거 사 주라, 우리 오늘 놀자? 학교 같이 가자?'라고 하는 말들이 저는 불편한데 거절을 못하니까 계속 친구들 말을 들어주게 돼요. 한번은 '싫어'라고 하니까 '왜? 왜 안 되는데? 왜?! 이유가 뭔데'라며 다그치는 일이 발생해요. 친구들과 사이가 멀어질까 봐 거절을 못하겠어요.

4모둠: 개인 문제 – 자신감

너무 힘들어요.

항상 매일매일 불안감에 떨고 있는 것 같고, 감정 기복이 너무 심해요. 갈수록 눈물도 많아지고, 짜증도 많아지고, 힘들어서 울고, 우울해지고 학교에서는 밝은 척하지만 실제로는 매일매일 힘들고, 어딜 가든지 주눅이 들어요.

5모둠: 공부 문제 – 공부 집중

공부할 때 자꾸 딴짓을 하게 돼요.

공부할 때 공부에만 집중해야 하는데, 자꾸 딴짓을 해요 저도 딴짓하기 싫은데 딴짓을 해서 엄마에게 꾸중을 들어요. 어떡할까요?

[1모둠의 첫 번째 대화]

모둠별로 한 명의 발표자를 선정한다. 이 발표자는 사연자 역할을 하고, 나머지 학생들은 질문자 역할을 한다. 먼저 사연자가 걱정을 읽으면, 나머지 참가자들은 '질문 만들기 토론'에서 선정한 질문을 통해 대화를 나눈다. 질문을 공격적으로 하면 사연자를 추궁하는 듯한 느낌을 줄 수 있다. 먼저 힘든 감정을 공감하는 말을 하고, 질문은 최대한 부드럽게 하는 것이 중요하다.

대화를 할 때 새로운 질문을 할 수도 있다. 단, 선정된 질문과 연관된 질문이어야 한다. 새로운 질문은 사연자의 이야기를 듣고, 그 이야기를 더 자세히 듣기 위해 하는 질문이어야 한다.

교사	한 명의 사연자는 모둠의 걱정 사연을 읽으세요. 참가자들은 사연자에게 만든 질문들을 활용해서 대화를 나누세요.
학생1 (사연자)	아빠가 영어에 대한 잔소리가 많은데 어떡할까요? 저의 아빠가 영어에 대한 관심이 많아서 항상 잔소리를 해요. 저는 영어보단 수학을 좋아하거든요. 제가 영어 학원을 가야 하긴 하지만 코로나 때문에 못 가는데 아빠가 계속 가라고 해요. 이런 상황 때문에 가끔 울기도 해요. 어떡해야 할까요?
학생2	많이 힘들겠어요. 아빠가 계속 학원에 가라고 할 때 어떤 마음이었어요?
학생1	가기 싫은데 계속 가라고 하니까 답답했어요. 짜증이 나기도 했고요.
학생2	답답하거나 짜증이 날 때, 어떻게 했나요?
학생1	참을 수밖에 없었어요. 아빠한테 화를 낼 수는 없으니까요.
학생3	힘들었겠어요. 말도 못 하고 참기만 해야 하니까요. 걱정을 시작한 때 어떤 상황이었나요?

학생1	아빠가 저를 볼 때마다 영어 공부 이야기를 해요. 영어 공부하냐고 물어보고, 영어 공부한다고 해도 더 해야 한다면서 학원을 가라고 해요.
학생3	언제부터 아빠의 영어 공부 이야기가 시작됐나요?
학생1	작년에는 안 그랬는데, 코로나 때문에 집에 오래 있으니까 그런 것 같아요.
학생4	앞으로 어떻게 되었으면 좋겠나요?
학생1	아빠가 영어 공부하라는 이야기를 그만했으면 좋겠어요. 그런데 영어학원 가기는 싫어요.
학생4	학원에서 영어 공부를 하기 싫은 이유는 무엇인가요?
학생1	매일 단어를 외우고, 시험을 봐요. 외우는 건 재미없는데, 시험을 못 보면 혼나요.
교사	시간이 다 되었습니다. 원하는 사연을 골라 원하는 모둠으로 이동하세요.

[1모둠의 두 번째 대화]

첫 번째 대화에서는 선정된 질문을 중심으로 대화를 나누었다. 두 번째 대화는 첫 번째 대화에서 나온 내용을 기반으로 더욱 상황을 분명히 하고, 해결할 단서를 찾는 방향으로 대화를 진행한다. 여기에서도 섣불리 해결책을 주기보다 사연자가 대답을 하면서 스스로 답을 찾아갈 수 있도록 질문을 던지는 것이 중요하다.

이때 새로운 참가자가 합류한다. 참가자들은 여러 사연을 들어볼 수 있는 기회가 주어지며, 사연자는 다양한 친구들의 질문을 받으면서 자신의 문제를 여러 각도로 살펴볼 수 있는 기회를 얻게 된다.

교사   사연자는 새 참가자들에게 모둠의 사연과 첫 번째 대화에서 나온 이야기들을 간단하게 소개해 주세요.

학생1   (사연 읽은 뒤) 첫 번째 대화에서 나온 이야기를 소개할게요. 아빠가 영어 학원을 가라고 했어요. 그럴 때마다 답답하고 짜증도 났는데, 아빠한테 화를 낼 수는 없었어요. 그래서 참았어요. 평소에는 안 그랬는데 코로나 때문에 집에 오래 있으니까 아빠랑 같이 있는 시간이 많아졌어요. 내가 집에서 공부 안 한다고 생각하니까 계속 학원에 가서 공부를 하라고 하는 것 같아요. 아빠가 영어 공부하라는 말을 안 했으면 해요. 영어 학원은 맨날 단어 외우고 시험을 봐요. 너무 재미없고 힘들어요.

학생5   아빠한테 말도 잘 못하고, 참을 때 많이 힘들었겠네요. 화를 내지 못하는 이유는 무엇인가요?

학생1   아빠한테는 화를 못 내요. 화를 내면 더 혼나요.

학생5   영어 학원을 다니기 싫다고 이야기해 본 적 있나요?

학생1   학원에 안 다니겠다고 해도 아빠는 안 들어요.

학생6   어떻게 되었으면 좋겠나요?

학생1   아빠가 영어 학원에 가라는 이야기를 안 했으면 좋겠어요.

학생6   집에서 영어 공부를 하면 아빠의 잔소리가 없어질까요?

학생1	그럴 것 같아요. 그런데 집에서는 영어 공부를 안 하게 돼요.
학생7	집에서 영어 공부할 때 마음이 어떤가요?
학생1	재미없고, 집중도 잘 안 돼요. 힘들어요.
학생8	어떻게 공부하면 재미있게 영어 공부를 할 수 있을까요?
학생1	모르겠어요.
학생8	영어가 재미있을 때는 있었나요?
학생1	영어 수업 때 BTS 노래 'Dynamite' 부를 때요.
학생9	BTS 노래 부를 때 재미있었던 이유는 무엇인가요?
학생1	영어는 싫은데 BTS는 진짜 좋아하거든요. 모든 노래가 다 좋아요. 유튜브에 있는 BTS 영상 보는 것도 좋아해요.
학생9	집에서 BTS의 노래로 영어 공부를 하면, 아빠가 잔소리를 하지 않을까요?
학생1	해 봐야 알 것 같아요. 그런데 BTS의 노래로 어떻게 공부해야 하는지 모르겠어요.
교사	시간이 다 되었습니다. 원하는 사연을 골라 원하는 모둠으로 이동하세요.

[1모둠의 세 번째 대화]

    세 번째 대화에서는 조금 더 구체적으로 문제를 해결할 단서들을 구체화할 수 있는 질문을 던진다. 이 대화가 진행될수록 사연자는 자신의 문제에 대한 구체적인 해결 방법을 조금씩 떠올릴 수 있게 된다. 이때도 참가자들이 새로운 참가자들로 바뀐다. 참가자들은 이때 세 가지의 사연을 듣게 된다. 각 친구들의 사연과 질문을 통해 얻은 내용들을 간접적으로 경험할 수 있는 효과가 있다.

교사   사연자는 새 참가자들에게 모둠의 사연과 첫 번째와 두 번째 대화에서 나온 이야기들을 간단하게 소개해 주세요.

학생1   (사연과 첫 번째 대화 요약) 두 번째 대화에서 나온 얘기를 소개합니다. 저는 아빠에게 화를 못 내고 참기만 했어요. 저는 아빠가 저에게 영어학원을 가라는 말을 안 했으면 좋겠어요. 집에서 영어 공부를 하면 아빠가 영어학원 가라는 말을 안 할 것 같은데, 집에서는 영어 공부를 하기 힘들어요. 집중도 안 되고, 재미도 없어서요. 저는 BTS를 좋아해요. 그래서 BTS 노래로 영어 공부를 어떻게 할까 이야기를 하다가 끝났어요.

학생10   영어 공부하는 것 때문에 많이 힘들겠어요. 하기 싫은데 아빠가 계속 하라고 하니까요. BTS의 노래 중에 영어 노래가 있나요?

학생1   네, 'Dynamite'요. 가사가 다 영어예요.

학생10   그중에 마음에 드는 가사가 있나요?

학생1   'I'm diamond, you know I glow up.'이요.

학생11   그 가사가 마음에 드는 이유가 있나요?

학생1   '나는 다이아몬드야. 너도 알잖아. 나는 빛나.'라는 뜻이 너무 좋아요. 저도 다이아몬드처럼 반짝이고 싶거든요.

학생 11	그 가사의 뜻은 어떻게 알게 되었어요?
학생 1	유튜브에 영어랑 한국말이랑 같이 나온 영상을 보다가요.
학생 11	영어 가사의 뜻을 알게 될 때 어땠어요?
학생 1	재밌었어요. 억지로 한다는 느낌은 안 들었어요.
학생 12	집에서 일주일에 한 곡씩 영어로 외울 수 있을까요?
학생 1	네. 두 곡도 할 수 있을 것 같아요.

> 토론 후 활동

왜·왜 어떻게·어떻게 (Why–Why how–how)[*]

왜·왜(Why-Why)를 통해 특정한 문제에 대해서 원인을 찾고 정리하고, 그다음에 어떻게·어떻게 (How-How)를 통해 원인에 대한 해결책을 세우는 방법이다. 또래 상담소 활동을 통해 진행된 내용을 Why-Why How-How 과정을 통해 정리하고, 구체적인 실천계획을 만들어 볼 수 있다.

먼저 왜·왜 (Why-Why) 활동을 통해, 걱정의 원인을 자세하게 파악한다. 가장 먼저 걱정을 적고 첫 번째 왜(Why)를 2개 찾는다. 각각 다른 것이어야 한다. 그리고 왜(Why)에 따른 원인을 2개씩 찾는다. 그다음 원인 중 하나를 골라 해결하기 위한 어떻게(How)를 2개 찾는다. 그리고 어떻게(How)에 따른 방법을 2개씩 찾는다. 또래 심

---

* 『토의·토론 수업방법 84』(4판), 정문성, 교육과학사, 2017, p. 257.

리 상담소 활동을 통해 원인과 해결 방법에 대한 단서를 충분하게 탐색해 보았기 때문에 나온 내용을 정리 및 이미지화를 통해 문제 해결 방법의 실천을 다짐해 볼 수 있다.

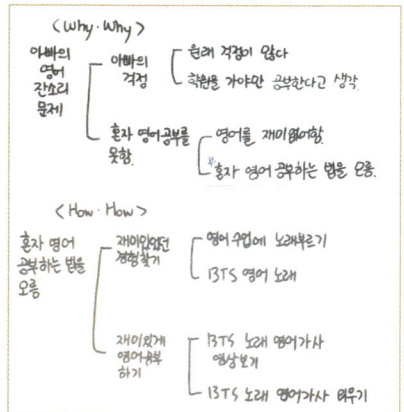

누구나 걱정이 있다. 걱정을 혼자 해결하기 어렵거나, 마음이 많이 힘들면 걱정에 직면하기 힘들어진다. 하지만 그냥 덮어 두면 잠시 동안은 문제가 사라진 듯 보이지만, 걱정은 점점 커져서 다시 돌아온다. 주주와 호가 함께 걱정을 해결하는 것처럼, 또래 상담소 활동을 통해 학생들이 마음을 모아 걱정 문제를 함께 해결하는 경험과 자신 스스로에게 질문을 던지면서 삶의 문제를 해결해 나가는 방법 또한 연습할 수 있다.

📗 함께 읽으면 좋은 그림책

『걱정이 너무 많아』, 김영진 지음, 길벗어린이
『걱정 많은 아기곰』, 제이닌 샌더스 글, 스테파니 파이저 콜먼 그림, 갈락시아스
『그 녀석, 걱정』, 안단테 글, 소복이 그림, 우주나무
『두더지의 고민』, 김상근 지음, 사계절
『불안』, 조미자 지음, 핑거
『블랙독』, 레비 핀볼드 지음, 북스토리아이

아픈 역사를 기억하는 법
『씩스틴』

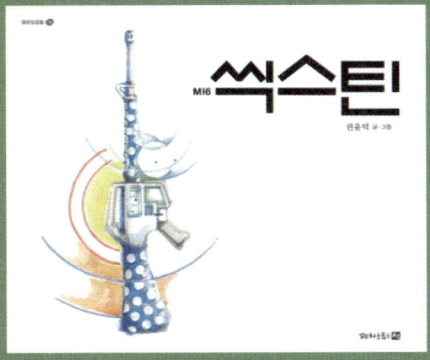

『씩스틴』
권윤덕 지음
평화를품은책

1980년 5월, 용맹스러운 계엄군 총 씩스틴이 임무를 완수하려 광장으로 간다. 광장이 온통 빨갱이 폭도들 세상이라고 생각한 씩스틴은 이 나라와 질서를 지키기 위해 특수 부대에서 교육받은 그대로 시민들을 향해 총부리를 대고 발포하기 시작한다. 명령대로 처음부터 단호하고 강경하게 진압하기 위해 골목 끝까지 쫓아가 전혀 무장하지 않은 폭도들을 해치운다. 폭도를 숨겨 주는 사람도 거침없이 처리하며 용감한 총싸움을 기대했지만, 맨손의 폭도들을 해치우는 시시한 싸움이다.

그런데 이상하다. 강경하고 단호하게 작전을 수행할수록 점점 폭도들이 늘어나고 광장은 가득 메워진다. 분명 저들을 조종하고 선동하는 사람들이 있을 거라 생각했지만 씩스틴은 갑자기 이상함을 느낀다. '민주주의 만세!'를 부르는 그들의 외침이 노래가 되고 함성이 되어 끝없이 모여드는 시민들을 보고 씩스틴은 더욱 혼란스럽다. 계엄군이 나를 지키고 내가 계엄군을 지킨다고 생각했던 씩스틴은 무장도 하지 않은 시민들이 총에 맞아 죽어가는 것을 보며 가슴이 답답해진다. 마음속으로 '제발 나오지 말라!'고 외친다. 한 사람씩 씩스틴의 총열을 빠져나가 핏물이 망울지며 오월 햇살 아래 씨앗 망울로 부서지는 모습을 보며 총알을 허공으로 날려 버린다.

대한민국 정부가 수립된 이래 참으로 많은 시민들이 민주주의를 외치며 저항하고 목숨을 잃었다. M16 소총이 계엄군으로 의인화된 이 그림책을 통해 지난 광주에서의 함성과 저항 정신을 기억하고 다시 돌아볼 수 있다.

'상부의 명령과 지시에 따라 시민들을 강경하게 진압하고 발포한 계엄군의 행동은 과연 옳은 것일까?', '민주주의를 외치며 광장으로 나오는 광주 시민들을 계엄군은 왜 빨갱이 폭도라고 생각했을까?', '계엄군이 강경하고 단호하게 작전을 수행할수록 죽음을 무릅쓰고 광장으로 나온 시민들이 점점 더 늘어난 이유는 무엇인가?'라는 질문들을 통해 민주주의는 결코 거저 얻어진 것이 아니라는 점과 시민들이 생명을 걸고 지키려고 했던 민주주의 실체는 과연 무엇인지, 시민사회의 민주성은 어떤 것인지에 대해서도 생각하게 된다.

작가 소개
서울여자대학교 식품과학과와 홍익대학교 산업미술대학원을 졸업하고, 이후 미술을 통해 사회참여 운동을 해 오다가 1995년 첫 그림책 『만희네집』을 출간했습니다. 동양 재료를 바탕으로 옛 그림의 아름다움을 그림책에 재현하려고 노력하고 있습니다. 지은 책으로 『시리 동동 거미 동동』, 『꽃할머니』, 『나의 작은 화판』 등이 있습니다.

"광장을 뒤흔드는 색동빛 함성이 화면 가득 번져 나가며 나에게 속삭인다. 울컥⋯⋯그래도 설레지 않냐고. 폭력과 죽음의 무게에 짓눌릴 때마다 하얀 화판은 가볍게 훨훨 날아가자고 속삭인다."
- 권윤덕

그림책 작가가 된 이유

그림책은 글과 그림이 서로 연결해 가면서 시공간을 만들고 이야기를 풀어 나갑니다. 독자 역시 글과 그림을 오가며 상상력을 키우게 됩니다. 어느 장면에서는 오래 머물며 침잠하게 되고, 또 어느 장면에서는 그다음 장면이 궁금해 책장을 획획 넘기기도 합니다. 그림책은 내가 하고자 하는 이야기를 그림책이라는 예술작품으로 다양한 연령대 사람들과 소통할 수 있어서 좋은 것 같습니다. 그리고 독자가 볼 때마다 머무르고 싶은 장면이나 떠오르는 자기만의 생각이 다양한데, 삶의 궁금증과 호기심을 유발하고 서로 나눌 수 있는 통로가 그림책이라는 것도 매력적입니다. 그림책만큼 더 좋은 예술이 또 있을까 하는 생각이 그림책 작가로 이끌게 되었습니다.

그림책 작가의 장점

내가 관심을 갖고 있는 소재를 바탕으로 스토리를 만들고 나만의 속도대로 그림을 그려 나가는 과정이 좋았습니다. 몇 년이 걸리더라도 모르는 것은 배워 가며 글을 쓰고, 그림을 고치고, 완성할 때까지 스스로 어떻게든 그려 가면 되는데, 이처럼 나만의 속도 조절이 가능한 창작세계의 자유로움이 그림책 작가의 장점이라고 생각합니다.

『씩스틴』을 만든 계기

가족과 함께 캐나다 밴쿠버에 머물고 있을 때였습니다. 2016년 10월 말경 밴쿠버에서도 날마다 한국에서 벌어지는 촛불 집회를 유튜브로 찾아보았습니다. 그전까지 내가 기억하는 시위는 주로 경찰이 최루탄과 물대포를 쏘고, 시위대의 돌멩이와 화염병이 그에 맞서는 폭력을 동반한 모습이었죠. 그런데 넉 달이 넘도록 매주 광장에서 열린 촛불 집회에는 수십만의 시민들이 촛불을 들고 나왔고 경찰도 강압적으로 시위대를 진압하지 않았습니다. 충격이었습니다. 각자의 주장을 담은 다양한 피켓을 들고 구호를 외치고 토론하고 노래도 부르는 장면을 뉴스로 접하며 가슴이 뛰었습니다. 그와 동시에 제가 대학생이었던 1980년 광주를 떠올리게 되었습니다. 민주주의를 지키기 위해 무기를 들었던 5·18을 어떻게 이야기할 수 있을까? 멀리서 평화적인 촛불집회를 지켜보며 그것을 있게 한 36년 전 광주를 이야기해야겠다고 마음먹게 되었습니다.

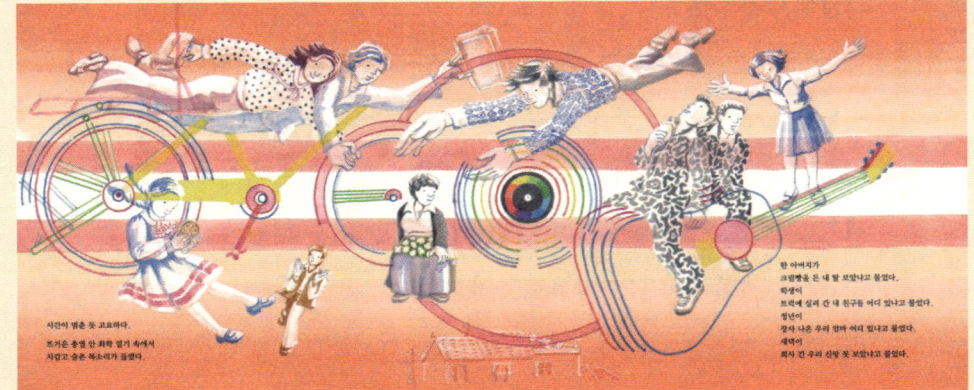

■ 가장 애착을 느끼는 장면

스케치 첫 번째 그림

스케치 두번째 그림

스케치 세번째 그림

스케치 네번째 그림

가장 애착을 느끼는 한 장면

『씩스틴』은 모두 23장의 그림이 각각 앞뒤로 연결되어 있습니다. 내가 애착을 느끼는 장면은 그림책 전체 구성에서 중요한 역할을 차지하고 있어 그림을 그릴 때 부담이 컸습니다. 이 장면은 앞에서부터 이어져 온 이야기와 감정을 잘 담아서 결론으로 이끌어 가는 역할을 하고 있기 때문입니다. 이 한 장면에 담아야 할 내용은 씩스틴이 발포를 거부하는 동기가 독자에게 충분히 전달되어 공감을 이끌어 낼 수 있을 것, 총열 안의 공간임을 독자가 알 수 있어야 할 것, 처절하게 울부짖는 소리를 은유적 표현으로 담아낼 것, 사람들의 마음을 열기 위해 아름답게 표현하지만 무섭고 끔찍한 상황이었음을 가늠할 수 있도록 할 것, 소중하게 일궈 왔던 일상의 정점을 담아낼 것, 웃음소리, 노랫소리, 가족과 친구들의 소리 등 가장 아름답고 행복한 순간들을 시각적으로 표현할 것, 꿈을 담을 것 등이었습니다.

총열 안으로 사람들이 빨려 들어오는 앞 장의 그림과 연결해 보면 작가의 의도가 더 선명하게 보입니다. 주황색은 총열 안의 열기입니다. 그림 중앙을 가로지르는 흰 선은 총알이 나가는 길입니다. 그 길에 사람들을 배치해 발포 상황을 상상할 수 있게 했습니다. 과장된 손짓과 떠다니는 모습으로 상상의 공간임을, 또한 기타, 팝송, 나팔바지 등 소품들로 일상의 소중함을 떠올릴 수 있습니다. 드로잉 과정을 보면 알 수 있듯 제일 많이 망치면서 완성한 그림입니다. 이 그림을 끝내고서야 책이 완성되었습니다.

앞으로의 계획과 한마디

작업 중인 그림책은 베트남전에 참전했던 한 군인의 이야기입니다. 『꽃할머니』 마지막 장면에 베트남 여성이 나옵니다. 2010년 『꽃할머니』를 출간하면서 베트남전에 참전한 우리 이야기를 마저 해야 『꽃할머니』의 주제가 완성된다고 생각했습니다. 일본군 '위안부' 문제에서는 피해국이지만 베트남 민간인 희생과 관련해서는 가해국이기도 하니까요. '위안부' 할머니들의 증언, 제주 4·3건이나 5·18 민주화운동 희생자들의 증언은 베트남 전쟁 시기 민간인 학살이 있었던 곳의 생존자 증언과 많이 비슷했습니다.

1964년부터 1937년까지 총 4만 7,872명(연 인원 32만 5천여 명)의 한국 군인이 베트남전에 다녀왔습니다. 이분들은 아직도 우리 사회에서 누군가의 아버지로, 할아버지로, 삼촌으로, 동네 할아버지로 함께 살아가고 있습니다. 이분들의 아픔과 동시에 참전의 의미를 반성적으로 이야기하고 공감할 때가 되었다고 생각합니다.

권윤덕 작가가 권하는 『씩스틴』 읽기

나에게 5·18 광주는 하얀색입니다. 아스팔트 바닥 핏물 위에 부서져 내리는 햇살처럼, 반사되어 하얗게 반짝이며 아른거리는 하얀색입니다. 오월 광장 시민들 틈에서 하얗게 다시 피어오르는 생명과 희망의 하얀색입니다. 그래서 씨앗 망울도 하얀색으로 표현한 것입니다.

우리는 특별한 계기가 주어지지 않으면, 자신의 행동을 돌아보거나 잘못을 뉘우치지 않습니다. 이 점은 5·18 가해자들도 마찬가지 아닐까요? 명령을 내린 사람은 그 사람 입장에서 공공질서 유지를 위해 결정한 것일 뿐이라고 주장할 것이고, 명령을 수행한 사람은 국가의 명령에 따랐을 뿐이라고 강변할 것입니다. '씩스틴'처럼 가해자였던 사람이 자신의 과거를 평생의 짐으로 안고 사는 경우도 있을 것입니다. 그들은 누군가의 아버지로, 남편으로, 친구로, 동료로 오늘도 살아가고 있을 테지요. 명령에 따랐을 뿐이라고 항변하는 사람들은 가해자인가요? 피해자인가요? 가해자, 피해자로 구분하는 것은 어떤 의미가 있을까요? 이런 질문에 우리는 어떻게 답할 수 있을까요? 여러분은 씩스틴을 통해 가해자와 피해자를 구분하고 단죄하며 잘잘못을 가리는 것도 중요하지만, 우리의 역사적 사실을 교훈 삼아 무엇을 배울 수 있을지를 고민하고, 앞으로 우리 사회에서 부당한 폭력이 더 이상 반복되지 않으려면 무엇이 필요한지에 대해서도 깊이 생각해 보았으면 합니다.

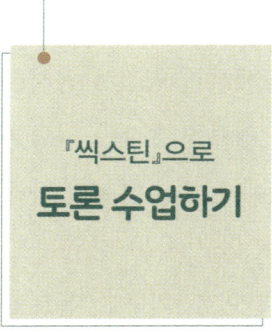

『씩스틴』으로 토론 수업하기

토론 전 활동 1

프롤로그 읽기로 역사적 배경 이해하기

씩스틴은 면지에 군부를 연상할 수 있는 이미지가 그려져 있고 프롤로그에서 신군부의 개념과 계엄령이 발효된 시점 등을 간략하게 제시하고 있다. 학생들이 제5공화국 탄생과 5·18민주화운동이 일어난 역사적 배경을 알아야만 씩스틴을 제대로 이해할 수 있다. 그래서 프롤로그를 먼저 읽는다.

또한 5·18에 대한 역사적 사실을 5·18기념재단 홈페이지를 통해 기록물과 영상 자료*로 살펴본다. 계엄군에 의해 진압당한 이후 5·18민주화운동은 한때 북한의 사주에 의한 폭동으로 매도당하기도 했으나 진상규명을 통한 끈질긴 투쟁으로 1996년 국가가 기념

---

* 기억해야 할 5·18민주화운동, 5·18 기념재단(http://www.518.org)
  5·18 영상 증언 다큐, 5·18기념재단 The May 18 Memorial Foundation

- **헌법 전문 일부**
  유구한 역사와 전통에 빛나는 우리 대한 국민은 3·1운동으로 건립된 대한민국 임시 정부의 법통과 불의에 항거한 4·19 민주 이념을 계승하고, … 모든 사회적 폐습과 불의를 타파하며, 자율과 조화를 바탕으로 자유 민주적 기본 질서를 더욱 확고히 하여…
- **헌법 제1조**
  ① 대한민국은 민주 공화국이다.
  ② 대한민국의 주권을 국민에게 있고, 모든 권력은 국민으로부터 나온다.
- **헌법 제37조 2항**
  ② 국민의 모든 자유와 권리는 국가 안전 보장·질서유지 또는 공공복리를 위하여 필요한 경우에 한하여 법률로써 제한할 수 있으며, 제한하는 경우에도 자유와 권리의 본질적 내용을 침해할 수 없다.

하는 민주화운동으로 인정받는다.* 2001년에는 관련 피해자가 민주화 유공자로, 5·18묘지는 국립묘지로 승격되었다. 5·18민주화운동은 한국 민주주의의 분수령이 되는 1987년 6월 항쟁의 동력이 되어 민주주의 쟁취와 인권 회복으로 이어지게 된다.

그리고 그림책 토론 활동에 들어가기 전 『씩스틴』과 관련하여 탐구해 보아야 할 법적 이념을 제9차 대한민국 헌법 조항으로 확인한다. 우리 헌법 전문과 제1조 2항에 비추어 볼 때 국가의 존재 이유는 그 나라 국민의 안전과 생명, 재산, 기본권을 지키기 위함이다. 물론 기본권이 함부로 남용됨을 방지하기 위해 제37조 2항에서는 기본권 제한 규정도 두고 있다. 시민들이 불의한 국가권력 횡포에 저항할 때 질서유지를 이유로 폭력으로 탄압하는 것이 과연 타당한

---

* 대법원은 1997년 5·18 사건 판결문을 통해 당시 계엄군이 강력한 진압이었음을 인정하고 두 전직 대통령에게 징역형과 추징금을 선고했다. (대법원 선고 96도3376 전원합의체 판결, 1997.4.17.)

지, 민주국가의 법 이념 중 정의 이념과 법적 안정성 이념이 충돌할 때 과연 어떤 기준으로 판단해야 하는지를 생각해 본다.

> 토론 전 활동 2

민주주의 핫 플레이스 찾기

토론 활동을 하기 전 먼저 '민주주의 관련 핫 플레이스'를 찾아보도록 한다. 우리나라 또는 다른 나라에서 민주주의를 대표하는 장소가 과연 어디인지를 휴대전화로 검색하고 스케치하듯 그려 본다. 이때 스케치한 그림과 함께 두세 줄의 짤막한 이유도 덧붙인다.

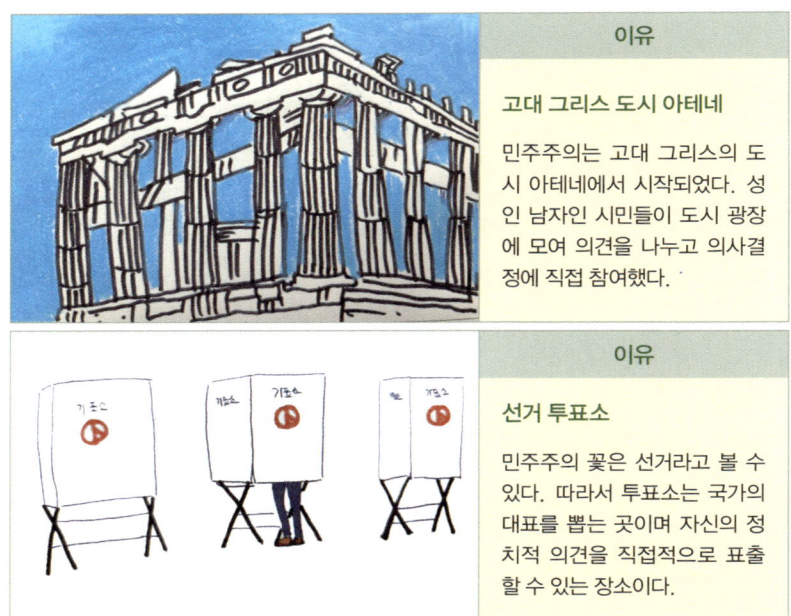

	이유
	고대 그리스 도시 아테네 민주주의는 고대 그리스의 도시 아테네에서 시작되었다. 성인 남자인 시민들이 도시 광장에 모여 의견을 나누고 의사결정에 직접 참여했다.
	선거 투표소 민주주의 꽃은 선거라고 볼 수 있다. 따라서 투표소는 국가의 대표를 뽑는 곳이며 자신의 정치적 의견을 직접적으로 표출할 수 있는 장소이다.

	이유
국회의사당	국회의사당은 국민이 뽑은 대표자 국회의원들이 모여서 다양한 의견을 나누고, 국민들에게 필요한 법률을 제정하는 장소이다.

	이유
광화문 광장	대규모 촛불집회가 벌어진 광화문 광장은 현직 대통령 탄핵의 도화선이 된 기념비적인 장소이고, 시민들의 정치적 의지를 보여 준 대표적 장소이다.

	이유
헌법 재판소	헌법은 민주주의와 국민의 권리를 보장하는 대한민국의 가장 상위법이고, 헌법 재판소는 국민의 권리를 보장해 주는 최후의 보루 헌법을 수호하는 기관이다.

    학생들이 가장 많이 떠올린 장소는 촛불집회가 일어난 광화문 광장과 대통령·국회의원 등 시민들의 대표를 뽑는 선거 투표소였다. 서울 강북구의 4·19국립묘지나 국립현충원 사진도 제시되었다.
    이 외에도 재미있고 의미 있는 장소도 있었는데, 가령 우리 일상

에서 민주주의가 중요하다고 생각한 학생은 학급 교실을 사진으로 찍었다. 상식 있고 교양 있는 시민을 키우는 곳이 민주주의 대표 장소라고 생각하는 학생은 학교의 전경을 찍어 제시하기도 했다. 이 활동으로 본격적인 수업을 하기 전에 학생들이 '민주주의!' 하면 바로 떠올리는 상징적 장소가 어디인지 살짝 엿볼 수 있었다.

토론 활동
질문형 의미지도 토론

의미지도*는 글의 구조가 읽기 능력 신장에 효과적이라는 연구를 바탕으로 고안된 것이다. 이번 토론에서는 그림책 이야기를 바탕으로 질문의 의미와 이유를 연결하는 질문형 의미지도로 변형해 진행했다. 그림책은 독자가 읽고 각자의 의미 부여에 따라 다양한 해석이 가능하다. 따라서 각자가 의미를 부여하고 해석하여 만든 질문을 바탕으로 토론하며 모둠에서 서로 의미가 연결되는 질문을 범주화한다. 다음으로 질문들을 서로 연결하는 활동인데, 질문을 만들고 연결할 때 그에 대한 이유나 연관성을 밝혀서 학생들이 자기 생각의 흐름을 한눈에 파악할 수 있도록 도와주는 토론 활동이다.

---

* 의미지도는 텍스트 요약을 위한 표가 아닌 다양한 의미의 마인드맵 형태로 구성된다. 이는 텍스트의 주제를 파악하기 위한 도구이며, 중요한 상위 정보와 하위 정보의 구별, 텍스트의 구조가 어떻게 이루어지는 파악하는 방법을 설명하는 구조이다. (천경록, 「도해 조직자 지도가 독해에 미치는 효과」, 국어교육 제89집, 1995)

학생들은 점과 점으로 서로 떨어져 있는 질문들을 의미와 해석을 중심으로 연결해 봄으로써 그림책이 함축하고 있는 주제에 한층 더 깊이 접근할 수 있게 된다. 그림책에 표현된 글과 그림의 배치, 이미지와 상징을 생각해 보고 텍스트와의 관련성, 색과 형태, 등장인물과 상황, 배경이 어떻게 연결될 수 있는지를 고민하게 된다. 또한 그림책을 매개로 하여 사회 문제의 원인과 결과, 현실에서의 쟁점, 비판할 점을 찾아가게 하는 장점이 있다.

개별 활동 : 질문 만들기

학생 개인당 포스트잇 10장씩 나누어 주고 포스트잇 한 장에 질문 하나씩만 쓰도록 안내한다. 학생들은 각자 그림책을 읽고 궁금한 부분을 질문으로 만든다. 질문은 많이 만들수록 좋다. 당시 사회적 상황이나 배경, 등장인물의 표현이나 표정에 대한 질문, 그림책 속 이미지, 작가에게 물어보고 싶은 점, 자신에게 적용해 볼 수 있는 점, 오늘날 우리에게 시사하는 점 등 다양한 관점에서 그림책을 이해하며 문장 형태로 질문을 쓰도록 안내한다.

학생들은 여러 관점에서 질문을 만들었다. 계엄군 입장에서, 주인공 씩스틴 입장에서, 시민들 입장에서 그림을 보고 또 보고 읽는다. 토론하기 전 민주주의를 대표하는 장소를 찾아보라고 한 활동이 있었기 때문인지, 그림이 상징하는 의미를 생각하려고 애쓰는 모습이 보였다. 그림책 전반에 흐르는 색깔과 원이 주는 의미, 씨앗 망울 등 이미지에 대한 질문도 쏟아졌다. 학생들이 만든 질문은 다음과 같다.

[계엄군과 씩스틴에 대한 질문]

- 상부의 명령에 따라 시민들을 강경하게 진압하고 발포한 계엄군의 행동은 과연 옳은가?
- 계엄군이 민주주의를 외치며 광장으로 나오는 광주 시민들을 '빨갱이'라고 생각한 이유는 무엇일까?
- 상부의 명령에 따랐을 뿐이라는 계엄군의 항변은 정당화될 수 있는가?
- 명령에 따랐던 계엄군은 가해자인가? 피해자인가? 그런 구분은 어떤 의미가 있는가?
- 당시 계엄군들이 이후 자신의 잘못을 사과하고 용서를 구한 사례가 있는가?
- 지금은 계엄군의 잘못된 행동임이 밝혀졌다. 계엄군이 자신의 행동을 사과하게 하려면 어떻게 해야 할까?

[자기성찰적 질문]

- 내가 만약 당시 광주 학생이었다면, 시위에 참여했을까?
- 내가 만일 계엄군이었다면, 나는 부당한 명령에 복종했을까?
- 계엄군 입장으로 친구나 가족을 시민군으로 만난다면 나는 어떻게 행동했을까?
- 혹시 나도 모르게 남에게 폭력을 행했던 적은 없었나?

[사회 문제로 확장·적용할 수 있는 질문]

- 5·18 당시 광주 시민들은 광장으로 나와 주먹밥을 건네고, 음료수를 내오고, 죽은 몸을 닦아 주고 헌혈을 한다. 시민들이 죽음을 무릅쓰고 이렇게 할 수 있었던 근원적 힘은 무엇이었을까?
- 씨앗 망울은 씩스틴에게 광장 시민들은 점점 많아질 거라고, 그것이 우리의 무기라고 말한다. 오늘날 우리 사회를 지키는 무기는 과연 무엇일까?
- 역사적으로 자유와 평등, 민주주의를 지키기 위해 오랫동안 민중들이 투쟁해 왔다. 민주주의는 많은 사람들이 생명을 걸고 권력과 투쟁하면서 지켜야만 유지되는 것일까?

[작가에게 물어보고 싶은 질문]

- 작가는 왜 씩스틴 관점에서 5·18 광주를 그린 것일까?
- M16을 의인화한 목적은 무엇일까?
- '내 총열 안에 씨앗 망울이 살고 있다.'는 의미는 무엇일까?
- 이 책에서 씨앗 망울은 광장에서 희생된 영혼을 의미하는가?
- 그림책 뒤표지에 씩스틴과 커다란 씨앗 망울이 함께 원을 그리고 있는데 이것은 무엇을 상징하는가?
- 시민들의 죽음과 희생이 꽃이나 밝은 색깔로 표현되어 있는데, 그 이유는 무엇인가?
- 그림책에 자주 등장하는 아스팔트의 '노란색 선'은 무엇을 상징하는가?

- '시간이 멈춘 듯 고요하다.'는 장면에서 원과 원을 둘러싸며 총구와 기타, 시민들의 자유로운 일상을 하나의 그림에 표현하고 있는데, 이 장면은 어떻게 탄생한 것인가?
- 광장과 민주주의를 시각적으로 전달하기 위해 그림책에서 표현된 상징들은 어떻게 탄생하게 된 것인가?
- 작가는 왜 씩스틴(계엄군)이 광장을 지키는 시민들과 함께하는 것으로 이 책의 결말을 맺었을까?

학생들은 여러 관점에서 질문을 만들었다. 계엄군 입장에서, 주인공 씩스틴 입장에서, 시민들 입장에서 그림을 보고 또 글을 보고 두 번, 세 번 다시 읽는다. 토론하기 전 민주주의를 대표하는 장소를 찾아보았기 때문인지, 그림이 상징하는 의미를 생각하려고 애쓰는 모습이 보였다. 그림책 전반에 흐르는 계엄군과 흰색 씨앗 망울 색깔의 대비, 원이 주는 의미 등 이미지에 대한 질문도 쏟아졌다.

질문을 연결하며 의미지도 토론하기

질문으로 의미지도를 그리며 토론하는 과정은 다음과 같다. 4명이 한 모둠이 된다. 각자 3~4개의 질문을 만들었기 때문에 모둠원이 4명인 경우 12개 이상 질문이 나온다. 모둠원은 모든 질문들을 모아서 토론을 통해 가장 많이 도출된 카테고리(범주)를 정하고 분류한다. 범주를 규정하는 것도 구분하는 것도 모두 모둠원들이 스스로 결정하도록 한다. 예를 들면 주제별인지, 등장인물별인지, 상황별인지, 가치별인지, 중요한 이미지에 대한 구분인지를 토론을 통해 정하는 것이다. 모둠마다 주로 많이 나온 질문들이 있으므로 그리 어렵지 않게 카테고리를 나눌 수 있다. 그런 다음 카테고리별 질문을 전지에 배열한다. 포스트잇을 그대로 붙이든, 매직펜으로 직접 쓰든 상관없다. 마지막으로 질문과 질문을 연결하는 선 위나 아래에 두 개의 질문이 서로 어떤 연결고리를 갖게 되는지를 토론하여 간략히 적도록 한다.

모둠별로 토의하면서 학생들은 각자 자기 생각의 출발점이 어디인지를 다시 한 번 되짚어 보게 된다. 나와 다른 생각을 하는 친구의 질문과 그 이유를 듣고 호기심의 영역이 서로 다름도 인정하게 된다. 질문을 분류하며 이유를 추론해 나가면서 그림책의 핵심 쟁점을 찾고 자신들이 의미를 부여한 주제 속으로 들어갈 수 있다.

학생들이 만든 질문은 토론을 통해 범주화하여 배치하고 연결하는 과정에서 하나의 질문이 다른 질문으로 꼬리를 물듯 연결되는 것을 볼 수 있다. 반드시 그런 것은 아니지만, 대체로 그림책에 표현된 스토리나 등장인물의 감정에 대한 사실적, 구체적 질문에서 점차 복잡하고 다층적 의미를 내포한 질문으로 연결되는 경향이 나타난다. 학생들은 질문을 분류하고 연결하는 과정에서 그 질문들이 왜 서로 관련이 있다고 생각하는지, 어떤 연결고리로 이어질 수 있는지를 함께 토론함으로써 자신들의 생각을 다시 한 번 생각해 보는 메타인지 과정을 거치게 된다.

학생1   계엄군은 왜 시민들에게 총을 겨누었을까요? 시민들이 처음부터 무장을 하고 시위에 나선 게 아닌데 계엄군은 공수부대를 이끌고 탱크와 함께 시민들을 강력하게 진압을 했습니다. 과연 시민들은 무슨 잘못을 했길래 이런 상황을 당해야 하고 폭도라고 불렸는지 이해되지 않아요. 원래 군대의 역할은 그 나라 국민의 생명과 안전을 지키기 위해 존재하는 건데요, 군대가 무엇을 해야 하는지 제대로 판단을 하지 못한 거라고 생각해요.

학생2   앞서 배운 존 로크의 사회계약설에 의하면, 여기 시민들의 행동은 저항권에 해당하는 정당한 시위였다고 생각해요. 합법적 절차를 거치지 않고 권력을 잡은 부당한 권력 횡포에 당시 광주 시민들은 방관하지 않고 민주적으로 저항했

계엄군의 행동에 대한 질문 잇기

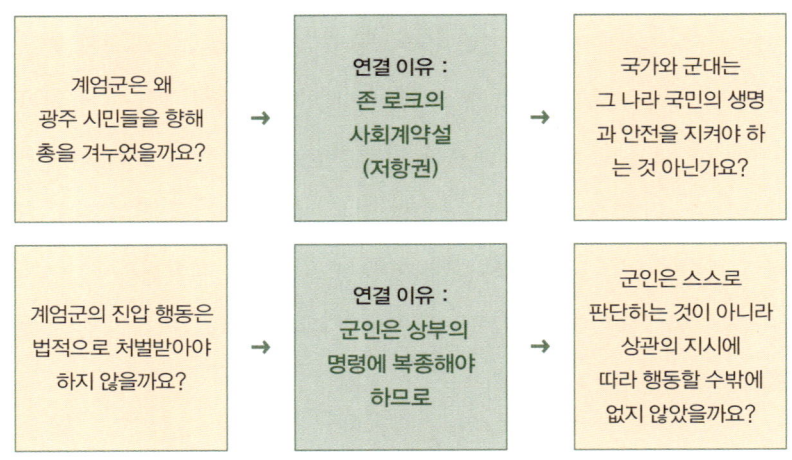

다고 볼 수 있어요. 따라서 계엄군의 행동은 사회계약설에 의한 계약 파기 사례에 해당된다고 생각합니다. 합법적 정당성을 얻지 못한 권력을 지키기 위해 시민들의 생명과 재산, 안전을 위해 존재하는 국가로서의 본래 목적을 스스로 깨 버린 거라고 볼 수 있어요.

학생 3   그렇다면, 계엄군의 행동은 당연히 법으로 처벌해야 하지 않을까요? 무장하지도 않은 시민들을 향해 무차별 사살하고 오히려 폭도라고 규정하며 처참하게 짓밟았어요. 있을 수 없는 일입니다.

학생 4   단순히 계엄군의 행동만 본다면 처벌해야 하는데, 문제는 그 계엄군인들도 본인 스스로 판단하는 게 아닙니다. 군인은 명령에 복종하는 것이 엄격한 규칙인데, 상부의 지시와 명령을 거역할 수 없었을 거라고 생각해요. 명령에 복종한 계엄군의 행동에 대해 과연 법적으로 처벌할 수 있을까요?

학생 2   아무리 군인이라도 스스로 판단할 수 있지 않았을까요? 상부의 명령이 부당함이 확실하다면 그 명령을 거부했어야 한다고 생각합니다. 그것이 정의 이념에도 맞는 것이니까요. 아무리 군인이라도 이유도 없이 자기 형제이기도 한 국민을 사살하라는 명령은 따르면 안 된다고 생각합니다. 여기 그림책의 주인공 씩스틴도 그런 점에서 나중에 허공에다 총을 쏘며 혼란스러워한 것 같아요.

학생 1   시민들이 거리로 나와 시위한 일이 왜 폭도라고 불리게 되었을까요? 당시의 국가는 언론, 출판, 집회, 결사의 자유 등 헌법에 보장된 기본권이 제대로 지켜지지 않은 상황이었다고 합니다. 권력의 정당성과 합법성을 인정받지 못한 정부에 대해 시위를 한 것이 사회질서를 해치는 것이었을까요? 그것이 법적 안정성의 이념에 의한 것이라면 정의 이념 관점에서는 어떻게 볼 수 있을까요?

학생 2 법치주의 목적이 정의를 실현하는 것이라고 본다면, 바르고 옳은 일을 위해 나선 광주 시민들이 오히려 칭찬을 받아야 한다고 생각합니다. 민주주의와 법치주의가 제대로 지켜질 수 있도록 목소리를 내고 참여하고 직접 행동으로 보여 준 그들은 정의 이념에 합당한 시민들이었다고 생각합니다. 물론 많은 희생이 따르고 아픔이 있었지만, 이들의 행동은 정의를 위한 거룩한 희생이라고 봅니다.

학생 3 그렇다면 정의와 법적 안정성이 서로 충돌할 때 국가 입장에서는 무엇을 기준으로 판단해야 할지 궁금합니다.

학생 1 우선은 정의 이념에 충실해야 하지 않을까요? 법적 안정성

정의와 법적 안정성 충돌에 대한 질문 잇기

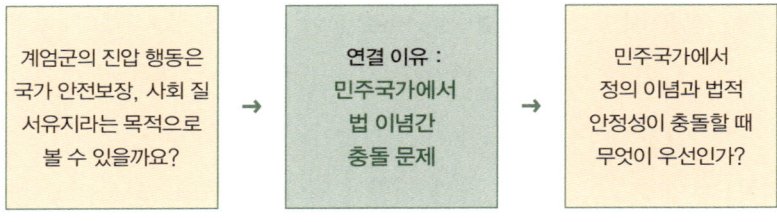

도 물론 중요하지만, 정의가 무너진다면 그 나라의 존립도 위태로워진다고 생각합니다.

학생들은 대체로 계엄군의 행동이 잘못되었다고 생각하기에 계엄군과 씩스틴의 행동에 대하여 가장 많은 질문을 만들었다. 질문을 만들고 토론하며 교과 시간에 학습한 현행 헌법(9차 개정) 조문을 활용하여 법치주의와 민주주의 관계, 사회계약설, 계엄군에 대한 법적 처벌 문제, 역사적 반성과 사과, 용서의 문제, 정의 이념과 법적 안정성 이념간 충돌 문제에 대해서도 언급했다. 폭력과 폭력 아닌 것에 대한 구분이 명확해지는 세상, 민주주의와 시민들의 역할에 대해 생각하며 질문을 이어갔다.

학생1   그림책을 보면서 내가 당시 광주에 살았더라면 과연 어떻게 행동했을지 생각해 봤어요. 사람들이 죽어가고 무장한 군인들과 탱크가 점령한 무시무시한 광장으로 나갈 수 있을까요?

자기 성찰에 대한 질문 잇기

| 만약 당시 광주에 살던 학생이라면, 나는 광장으로 나가 시위에 참여했을까요? | → | 연결 이유 : 1960년 4·19혁명에서도 청소년들이 민주화를 외치며 참여했다. | → | 가족을 위해, 옳은 일을 위해서라면 학생들도 참여해야 하지 않을까요? |

학생 2	나도 마찬가지인데, 그림책에서 학생들이 피를 흘리며 죽어가는 모습을 그리고 있는데, 아마 나라면 무서워서⋯⋯ 그래도 만약 내 부모, 형제, 친구들이 나가서 돌아오지 않거나 혹시 잘못된다면 나도 가만히 있지 못할 것 같아요. 역사적으로 볼 때 1960년 4·19혁명에도 학생들이 민주화를 외치며 광장에 나갔고, 촛불집회에서도 청소년들은 함께 참여했어요.
학생 3	그러고 보니 우린 모두 비슷한 생각을 하고 있네요. 생명이 위태롭더라도 가족과 친구들, 많은 시민들이 정의를 위해 함께 싸우고 있다면, 나도 광장으로 나갈 것 같아요.
학생 4	그림책에서도 점점 광장으로 시민들이 나오고 사람들이 많아진다고 했어요. 씩스틴은 제발 사람들이 나오지 않기를 바랐지만 점점 광장에 사람들이 몰려나왔다고 했어요. 이것이 시민들의 힘이었다고 생각해요. 아마 그때 광주 시민들도 같은 마음이었을 것 같아요.

『씩스틴』은 학생들로 하여금 스스로를 많이 돌아보게 한 그림책이다. 5·18민주화운동뿐 아니라 우리나라 현대사에 있었던 굵직한 민주화운동에는 사실 자신들과 비슷한 또래 학생들이 주도적으로 참여했음을 역사적 사실을 통해 알고 있었기 때문이다. 내 가족, 친구와 같은 이들이 계엄군 총칼에 무참히 짓밟혀 꽃 같은 나이에 희생되었음을 이야기하며 힘겨워하기도 했다. 시간이 흘러 5·18민주

토론을 통해 완성된 의미지도

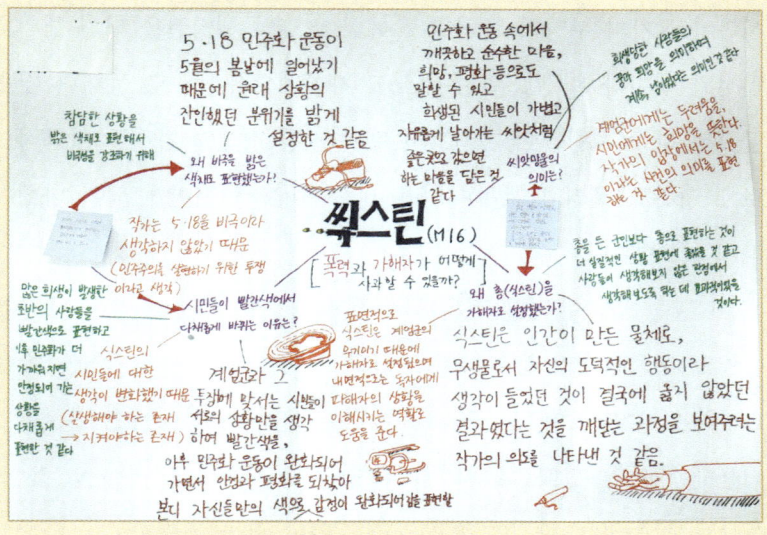

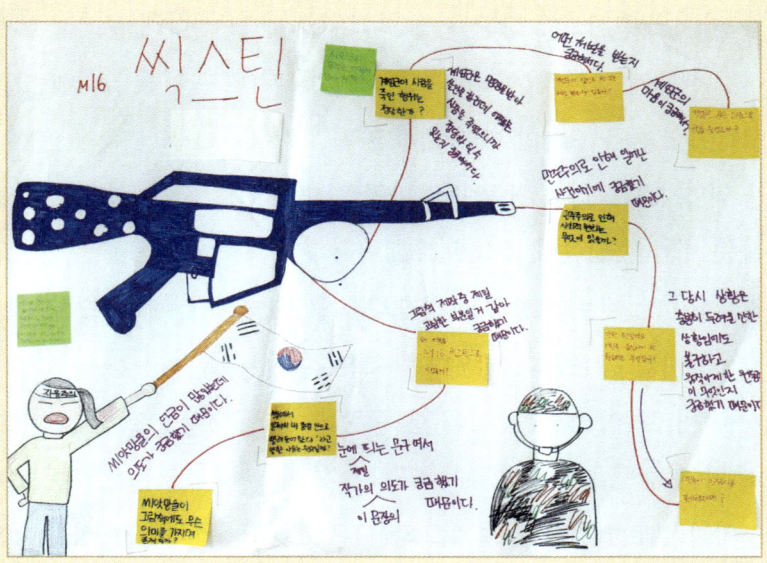

화운동 기록물은 2011년 유네스코 세계기록유산으로 등재되었다. 시민이 국가의 부당한 폭력에 맞서 스스로의 생명권을 지킨 행위로 인정된 것이다. 학생들은 유네스코 세계기록유산으로 등재된 것을 알고서 광주 시민들이 지키고자 했던 저항 정신의 가치를 역사적으로 조명하고 우리나라뿐 아니라 세계에서도 인정받게 되어 다행이라며 안도했다.

이 활동에서 유의할 점은 학생들이 질문을 도구로 삼아 생각을 나누고 질문들끼리 분류하며 연결할 때 반드시 논리적이어야 함을 요구하지 않아야 한다. 또한 수준 높은 질문이 아니어도 괜찮다고 허용해 주어야 한다. 왜냐하면 질문은 그 자체로 의미가 있고, 질문으로 활동하는 과정에서 학생들은 이미 질문을 범주로 구분하고 좀 더 정교화시키고 상위 질문과 하위 질문을 생각해 보려고 노력하기 때문이다. 따라서 교사는 학생들의 생각의 유희를 격려해 주고 그들이 도움을 요청할 때 개입하면 된다.

의미지도 그리기 활동이 끝나면 각 모둠별로 활동 결과를 발표하는 시간을 갖는다. 모둠별로 그림책에서 도출한 질문들을 어떻게 전개했는지, 질문과 질문을 연결하는 연결고리에 대해 왜 그렇게 생각하는지를 공유한다. 배운다는 것은 다른 사람의 생각과 나의 생각을 비교하며 상호 검증을 통해 좀더 나은 생각으로 발전시키고 또 다른 대안을 모색해 보는 활동이다. 이것이 각 모둠별 토론으로 그치지 않고 시간을 들여 발표하는 과정을 거쳐야 하는 이유이기도 하다.

『씨스틴』으로 토론하는 동안 학생들이 가장 궁금해 했던 점은 '5·18민주화운동을 왜 M16 총으로 형상화하고 대표 이미지로 선택했을까?'라는 질문이었다. 토론 활동이 끝난 후 권윤덕 작가의 의도를 말해 주었다. 학생들이 경험하지는 않았지만, 1980년 우리나라 현대사에 있었던 역사적 아픔이 과거의 이념적 갈등으로 고착되기를 원치 않고 가해자와 피해자 모두의 입장에서 이미지를 고민한 끝에 M16을 의인화해 표현했음을 알게 되었다. 그것이 광주 시민들의 바람이기도 했다는 점을 강조했다.

　1960년 4·19혁명을 비롯한 5·18민주화운동, 1987년 6·10민주항쟁 등 우리나라 현대사에서는 시민들의 민주주의에 대한 열망이 있었다. 이러한 열망이 사회적 분열과 고통, 갈등을 평화적 촛불집회로 승화시키는 동력으로 이어졌음을 생각해 보는 시간이 되었다.

토론 후 활동
연상 이미지 그리기

그림책이 말하고 있는 주제와 메시지를 이해하고 토론한 후 자기만의 해석으로 그림책을 정리하는 토론 후 활동으로 연결한다.『씨스틴』은 민주주의 발전 과정 단원에서 이루어진 그림책 수업이다. 토론을 마친 후 민주주의 제도를 유지, 발전시키는 이미지를 그리고 글로 정리한다. 더불어 민주주의를 해치는 이미지도 그려 보고 서로의 관계를 비교하면 더 좋다. 그것이 행동이든, 장소이든 상상 속의

민주주의를 발전시키는 것과 해치는 것

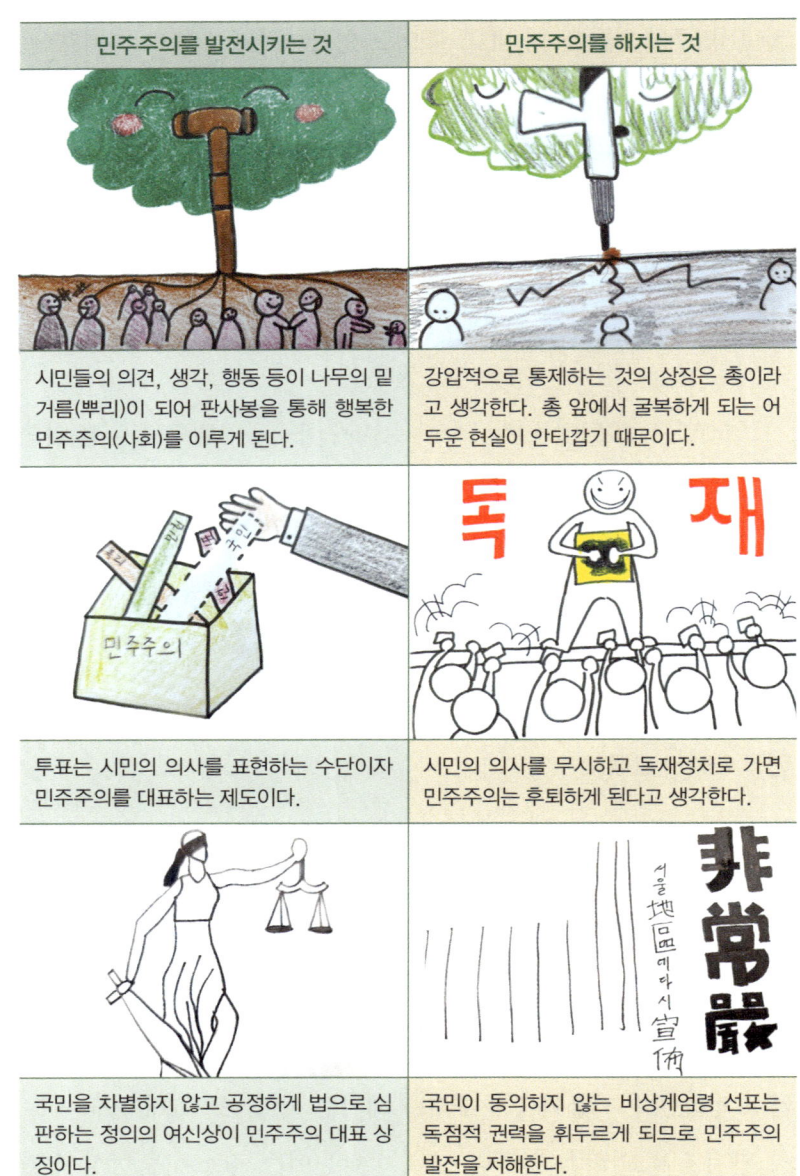

생각이든 왜 그러한 이미지가 떠오르는지 구체적 이유와 함께 정리한다.

인류가 어렵게 투쟁하며 한 국가, 사회를 유지하는 제도로 만들어 온 민주주의는 어쩌면 쉽게 깨어질 수 있는 연약한 그릇과 같다. 오랜 시간에 걸쳐 절대 권력을 삼권으로 분리시키고 서로 감시하며 사회·정치적 시스템으로 만들어 왔지만, 시민들이 정치에 무관심하다면 언제 또 깨질지 모르는 유리그릇이다. 학생들은 우리 현대사의 고통, 저항의 현장들을 들여다보는 과정을 통해 시민들의 아픔을 간접적으로 공감하게 되었다. 5·18민주화운동은 피해자와 가해자 모두 아파해야 하는 상황이었다. 그 비참한 현장 속에서도 사람이 있고, 가족이 있고. 공동체가 있었다. 마지막 열흘, 서로 보듬어 준 광주의 시민들처럼 학생들도 우리가 함께 지켜내야 할 가치가 무엇인지를 알고 그것을 지키도록 노력하게 되는 내적 힘을 얻게 된다.

📗 함께 읽으면 좋은 그림책

『나무도장』, 권윤덕 지음, 평화를품은책
『어둠을 금지한 임금님』, 에밀리 하워스부스 지음, 책읽는곰
『오늘은 5월 18일』, 서진선 지음, 보림
『운동화 비행기』, 홍성담 지음, 평화를품은책

- **참고 도서**
『나의 작은 화판』, 권윤덕, 돌베개

작가가 들려주는 그림책 이야기와 10개의 토론 수업
작가와 함께 하는 그림책 토론 수업

1판 1쇄 발행　2021년 6월 10일
1판 3쇄 발행　2023년 4월 28일

지은이　　　　그림책사랑교사모임

펴낸이　　　　한기호
책임편집　　　오선이
편집　　　　　여문주, 박혜리
본문 디자인　　양선애
본부장　　　　연용호
마케팅　　　　윤수연
경영지원　　　김윤아
인쇄　　　　　예림인쇄
펴낸곳　　　　(주)학교도서관저널
출판등록　　　제2009-000231호(2009년 10월 15일)
주소　　　　　서울시 마포구 동교로 12안길 14(서교동) 삼성빌딩 A동 3층
전화　　　　　02-322-9677
팩스　　　　　02-6918-0818
전자우편　　　slj9677@gmail.com
홈페이지　　　www.slj.co.kr

ISBN 978-89-6915-102-5 03370

책값은 뒤표지에 있습니다.